मैं जहाँ-जहाँ चला हूँ

[संस्मरण]

मैं जहाँ-जहाँ चला हूँ

डॉ. ज्ञानेश्वर मुळे

अनुवाद
प्रा. शशि निघोजकर

राजकमल प्रकाशन

मूल मराठी पुस्तक 'माणूस आणि मुक्काम' का अनुवाद

ISBN : 978-81-19159-68-0

मूल्य : ₹495

पहला संस्करण : 2023

प्रकाशक : राजकमल प्रकाशन प्रा.लि.
1-बी, नेताजी सुभाष मार्ग, दरियागंज
नई दिल्ली-110 002
शाखाएँ : अशोक राजपथ, साइंस कॉलेज के सामने, पटना-800 006
पहली मजिल, दरबारी बिल्डिंग, महात्मा गांधी मार्ग, प्रयागराज-211 001
वेबसाइट : www.rajkamalprakashan.com
ई-मेल : info@rajkamalprakashan.com

आवरण : अनवर हुसेन
रेखांकन : सुखदा भावे केळकर

मुद्रक : बी.के. ऑफसेट
नवीन शाहदरा, दिल्ली-110 032

MAIN JAHAN JAHAN CHALA HUN
Memoirs by Dr. Gyaneshwar Muley
Translated by Shashi Nighojkar

INDIA
राजपथ
RAJPATH

क्रम

दिल्ली : देश का आईना

मेरा भारत...दिल्ली की सड़क पर खड़े होकर देखते हुए। कोई गाड़ी बहुत धीमे, तो कोई गाड़ी बहुत तेज़ी से, कोई गाड़ी धुआँ फेंक रही है तो कोई हॉर्न बजा रहा है। एकदम नई मर्सिडीज़ दौड़ी जा रही है तो उसी के साथ लगभग तीस-चालीस साल पुरानी फिएट भी किसी तरह दौड़ रही है...किसी दमा के रोगी की तरह... खाँसते हुए। इनके बीच में से मोटरसाइकिल वाले भी; जहाँ से और जैसी भी जगह मिलती है...दौड़ रहे हैं। हर पल मृत्यु के साथ खेल चल रहा है। हाईकोर्ट के पास गतिरोधक यानी कि स्पीड ब्रेकर है। धड़ाम से गाड़ी ऊपर-नीचे होती है, उछल जाती है। सड़क पर सफ़ेद रंग की रेखाएँ खींचकर गाड़ियों के लिए कतारें बनाई गई हैं लेकिन कोई दाईं ओर तो कोई बाईं ओर मनमाने ढंग से गाड़ियाँ मोड़ते हैं। कभी हॉर्न बज उठता है तो कभी ब्रेक।

यह जो सड़क है...मेरे दफ़्तर की ओर जाती है। प्रतिदिन मुझे इस सड़क पर मेरा भारत दिखाई देता है। यह दिल्ली महानगर है और भारत की राजधानी। राजधानी मतलब देश में जो 'परिपूर्ण या फिर सम्पूर्ण' है; उसका प्रतीक। राजधानी का अर्थ है—देश का प्रमुख प्रतिनिधि। देश की समस्त सुन्दर बातों का प्रतिबिम्ब, देश की सामर्थ्य, सम्पन्नता का दर्पण। देश की साहित्य, कला और विज्ञान की सर्वश्रेष्ठता का प्रतिरूप। विभिन्न देशों के प्रतिनिधि, राजनयिक, पर्यटक-यात्री, प्रतिष्ठित व्यक्ति आते हैं और उनके लिए सुसज्जित बनाकर रखे हुए संग्रहालय को ही राजधानी कहते हैं। संक्षेप में यदि मेरा भारत सम्पन्न और शक्तिशाली है तो इसकी यह सम्पन्नता... यह सामर्थ्य आसानी से दिखाई दे सके; ऐसा स्थान मतलब राजधानी—नई दिल्ली।

दुर्भाग्य की बात यह है कि कुछ बातों को छोड़ दें तो सम्पन्न भारत का, समर्थ भारत का दृश्य दिल्ली की सड़क पर आज भी दिखाई नहीं देता। मुझे तो दिल्ली की यह ठाठ-बाट कभी-कभी ऐसी लगती है जैसे कोई गरीब आदमी कर्ज लेकर अपनी बेटी की शादी बड़ी धूमधाम और ठाठ-बाट से कर रहा हो। नई दिल्ली सुन्दर है...आकर्षक है। राजपथ, जनपथ, तिलक मार्ग, अकबर रोड आदि अलग-अलग

नामों से सज़ी-धजी सड़कें हैं। संसद, केन्द्रीय सचिवालय, इंडिया गेट जैसी मन को प्रसन्न और आनन्दित करनेवाली वास्तुओं अथवा इमारतों के उदाहरण हैं लेकिन यह सारा वैभव हमें अंग्रेज़ जाते हुए दे गए (हमने सिर्फ़ सड़कों का नामकरण किया) यह विचार मन में झाँकते ही न जाने क्यों मन बड़ा बेचैन, आकुल हो जाता है। ये इमारतें अंग्रेज़ों के समय की हैं इसलिए बुरी हैं; ऐसा इसका अर्थ नहीं है लेकिन ये इमारतें इस देश की पराधीनता और गुलामी जैसी बीमारी की प्रतीक हैं; इसमें भी कोई सन्देह नहीं है। अंग्रेज़ों के चले जाने के बाद विगत पचास वर्षों में दिल्ली में भव्य और सुन्दर ऐसे कितने ही भवनों का निर्माण करवाया गया। जिस नई दिल्ली को लुटियन की दिल्ली कहते हैं; वैसी दिल्ली का निर्माण स्वतंत्रता के बाद क्यों नहीं करवाया जा सका। व्यापार और उद्योगों के लिए बनवाई गई इमारतें हैं लेकिन इन सभी के इर्द-गिर्द झुग्गी-झोंपड़ियों की संख्या भी बढ़ने लगी है। अब दिल्ली सामर्थ्य, सम्पन्नता का प्रतीक न रहकर धुआँ, भीड़, प्रदूषण, बढ़ती आबादी, गन्दी राजनीति, स्वार्थ, अपराध, कार्यअक्षमता का प्रतीक बन गई है।

राजधानी को सम्पन्न भारत, समर्थ भारत का सपना देखना चाहिए। यहाँ के राजनीतिक नेताओं और सरकारी अधिकारियों के हाथ में देश की नब्ज है, प्रशासन की बागडोर है। ऐसा होते हुए भी सम्पन्न और समर्थ भारत के सपने को साकार करने की धुन जिस पर सवार हो गई हो; ऐसा एक भी आदमी इस राजधानी में मिलता नहीं है; यह भी एक सच्चाई है, यथार्थ है।

हमारे देश में अपनी संस्कृति और अतीत का गौरवगान करने की परम्परा चली आ रही है। प्राचीन भारत के विज्ञान, संस्कृति, दर्शन, विचार, स्थापत्य, नगर संरचना और जीवन-शैली के साथ-साथ अन्य विषयों की महानता बघारने की तो मानो हमें आदत हो गई है। हर स्थान पर, हर भाषण में नारे लगाना, वादे करना, नई-नई सुविधाओं की खैरात बाँटना चलता रहता है। एक ओर अतीत का गौरवगान और दूसरी ओर वर्तमान को धूल में मिलाते हुए हम जी रहे हैं। परिणाम यह हुआ है कि भविष्य में निश्चित रूप से हमें क्या करना चाहिए; इसका मार्गदर्शन करनेवाले विचारकों और नेताओं का बहुत बड़ा अभाव हो गया है। संक्षेप में; भारत कल भी (विगत डेढ़-दो सौ वर्ष) सम्पन्न-समर्थ नहीं था और आज भी सम्पन्न-समर्थ बनेगा; इसका भी ढाँचा कोई स्पष्ट करके बताता नहीं है।

मेरे दफ़्तर की ओर जानेवाली सड़क मुझे अपने देश के गुण-दोषों की भली-भाँति दर्शन कराती है। घर से निकलते समय मेरे मन में यह विचार आना कि अब मुझे यातायात यानी कि ट्रैफिक का सामना करते हुए दफ़्तर जाना है; बहुत अखरता है। ऐसे अप्रिय और चुभनेवाले विचार-ख़याल से प्रारम्भ होनेवाला दिन 'सम्पन्न

और समर्थ' कैसे होगा, कैसे बनेगा! जहाँ मेरा निवास है; वहाँ से मुख्य सड़क तक पहुँचने में चार-पाँच स्पीड ब्रेकर मिलते हैं। इस देश की दिशा प्रगति की न होकर 'गतिरोध' अर्थात स्पीड ब्रेकर की है। हर कोई दूसरे के दोष दिखाकर उसकी राह में बाधाएँ निर्मित करने के कार्य में व्यस्त दिखाई देता है। मैं गतिरोधक को 'कार ब्रेकर' कहता हूँ क्योंकि गतिरोधक यानी कि स्पीड ब्रेकर के कारण रीढ़ की हड्डी तो टूट जाती ही है, साथ ही; गाड़ियों की रीढ़ भी भंग होती है। साथ ही; गति कम नहीं होती है। क्योंकि ऐसी बाधाओं के कारण गति कम करनेवाला हमारा समाज नहीं है। आम जनता को गाड़ी टेढ़ी-मेढ़ी, आड़ी-तिरछी चलाने की आदत लगी है; फिर ऐसी जनता को गतिरोधक अर्थात स्पीड ब्रेकर का महत्त्व समझने का क्या कारण है! 'गतिरोधक' अर्थात स्पीड ब्रेकर भारतीय समाज की मानसिकता का प्रतीक है। पूरी दुनिया में मुझे तो कहीं भी गतिरोधक यानी कि स्पीड ब्रेकर दिखाई नहीं दिए। बहुत हुआ तो सफेद रंग की पट्टियाँ होती हैं। इन पट्टियों को देखकर ड्राइवर अपने-आप गति धीमी कर देता है। हमारे यहाँ गतिरोधक बनाने की कल्पना इस विचार से स्वीकार की गई है कि लोग दायित्वपूर्ण अर्थात ज़िम्मेदार नागरिक नहीं हैं। आसपास बस्ती है, रिहायशी क्षेत्र हैं, स्कूल हैं, छोटे-छोटे बच्चे हैं, यह जिसकी समझ में नहीं आता; ये गतिरोधक उनके लिए हैं। ये सभी पढ़े-लिखे, प्रशिक्षित, उच्च शिक्षित लोग सड़क पर किस तरह गाड़ियाँ चलाते हैं; यह देखने लायक होता है।

सबसे पहले तो यह सड़क 'मेरे बाप की है' इस अन्दाज़ में गाड़ी चलाने का चलन है। राजधानी में तो हर व्यक्ति 'अति विशेष व्यक्ति' ही होता है। रास्ते कुछ बताते हैं; राजधानी के रास्ते पूरे देश के बारे में बहुत कुछ बताते हैं।

मंत्रालय और बन्दर

दिल्ली के केन्द्रीय सचिवालय में और उसके आसपास मनुष्य और बन्दर का जितना नजदीक का सम्बन्ध है, शायद ही उतना कहीं और दिखाई दे। उनका मंत्रालय में आना-जाना, रहना सिर्फ़ चिन्ता का विषय नहीं रह गया है। फिर भी यह सिरदर्द किस तरह दूर किया जा सकता है और स्वयंसेवी संस्थाओं (और बन्दरों) की भावनाओं को आहत न करते हुए उनको कैसे, कहीं और बसाया जा सकता है; इस बात पर अनेक विद्वान अधिकारी अपना दिमाग़ खपा रहे हैं। गलियारे में समय तथा अनुशासन का पालन न करते हुए ये हमारे पूर्वज बड़े आत्मविश्वास के साथ आते-जाते रहते हैं। जब मैंने सितम्बर में अपने इन पूर्वजों को पहली बार देखा तो मुझे मंत्रालय के इस रूखे-सूखे और नीरस वातावरण में हलका-फुलका दिल

बंदर
समस्या
सुखदा 19

बहलाव और मनोरंजन का साधन भी है; यह जानकर प्रसन्नता हुई लेकिन शीघ्र ही यह भी समझ में आ गया कि इन बन्दरों ने साउथ और नॉर्थ ब्लॉक में अपने काम का दायरा बढ़ाने का अभियान चला रखा है। फाइलों और मंत्रालय का दायरा बढ़ाते रहना; यही नौकरतंत्र का काम होता है; ऐसा माननेवालों को इन बन्दरों के अधिक कार्य करने के बारे में बताना भी आवश्यक है। सुना गया है कि नगर/शहर विकास मंत्रालय के साथ-साथ कई महत्त्वपूर्ण मंत्रालयों में 'बन्दरों और मंत्रालय के बन्दरों' से सम्बन्धित समस्याओं पर अनगिनत फाइलें खोली गई हैं। इन फाइलों का आकार-प्रकार भी बढ़ रहा है तथा बन्दरों से सम्बन्धित समस्याएँ भी। फाइलें खोलने से यदि समस्याएँ ख़त्म हो जातीं तो देश की हालत ऐसी दिखाई नहीं देती लेकिन 'मर्कटमसखरापन' प्राणिवैज्ञानिकों के लिए अध्ययन करने का विषय नहीं रह गया है। डार्विन ने यह कहते समय कि मनुष्य की उत्पत्ति बन्दर से हुई है; बन्दर और मनुष्य, दोनों का भी गहराई से अध्ययन किया होगा, इस सम्भावना को नकारा नहीं जा सकता। मर्कटलीला और मानवलीला में समानता पाई जाती है; कहीं इसीलिए तो बन्दरों ने सचिवालय को अपनाया नहीं होगा?

भारतवासियों और बन्दरों के बीच डार्विन के समय के पहले से ही सम्बन्ध रहा है; यह मुझ जैसे इतिहास का उथला अध्ययन करनेवाले छात्र को भी ज्ञात है। रामायण में बन्दरों ने जो भूमिका अदा की है; वह शायद मनुष्य और बन्दर के बीच का पारस्परिक सहयोग था और इस सहयोग को प्रथम महान और दो राष्ट्रों को जोड़नेवाली परियोजना कह सकते हैं। बन्दर को 'वानर' सम्बोधित कर हमारे (मनुष्य) पूर्वजों ने बन्दर और मनुष्य के सम्बन्ध को बहुत पहले ही मान्यता प्रदान की है।

अर्थात कौन-किसकी नकल करता है; इस बारे में कहना अथवा भाष्य करना आसान नहीं है। बचपन में एक कहानी पढ़ी थी। कहानी में टोपी बेचनेवाले की टोपियाँ बन्दर चुरा लेते हैं और टोपीवाले की लाख कोशिश करने पर भी बन्दर टोपियाँ वापस नहीं करते। अन्त में टोपीवाले ने अपने ही सिर पर पहनी टोपी ज़मीन पर पटक दी। यह देखकर बन्दरों ने भी टोपीवाले की नकल उतारी। बन्दर के इस आचरण में हमेशा ही सही तालमेल होगा; ऐसा नहीं है। क्योंकि दिखाई देता है कि मंत्रालय के बन्दरों ने विरोध करने का निश्चय किया है। ये बन्दर दफ़्तर का समय समाप्त होने पर अपने मनपसन्द विभाग में घुसकर वहाँ की फाइलों को खा जाते हैं। 'मैं ही सही अथवा मेरी ही लाल' कहकर शेख़ी बघारनेवाले बन्दरों ने लाल फीते द्वारा अपना मालिकाना हक जतानेवाले नौकरतंत्र की भर्त्सना करने का निश्चय किया है, ऐसा ही दिखाई देता है। बन्दरों के इस पराक्रम के कारण कई विभागों

के कामों का बोझ हलका हो गया है। यही नहीं बल्कि सुनने में आया है कि कई समस्याएँ हल भी हो गई हैं। मर्कटमसखरापन को मराठी में 'मर्कटचेष्टा' कहते हैं। चेष्टा का अर्थ हिन्दी में 'प्रयत्न अथवा प्रयास' होता है। यदि बन्दरों का प्रयास यह अर्थ भी लें तब भी आपत्ति नहीं होनी चाहिए। मंत्रालय में बार-बार चक्कर काटनेवाले आम आदमी को परेशान देखकर बन्दरों का हृदय तड़प उठा हो और इसीलिए इन बन्दरों ने फाइलें फाड़ने का निर्णय किया हो; तो इस सम्भावना से इनकार नहीं किया जा सकता। लेकिन हमारे इन पूर्वजों ने अपने अस्तित्व से इस नौकरशाही को तंग और त्रस्त कर छोड़ा है कि दफ़्तर का समय पूरा होते ही ये बन्दर दफ़्तर में रुक न सकें; इसलिए शाम होते ही सुरक्षाकर्मी लोहे की छड़ें अथवा सरिया लेकर इन बन्दरों को मंत्रालय से खदेड़ने के कार्य में जुट जाते हैं। लेकिन बन्दरों ने मनुष्य की इस उद्दंडता को आत्मसात कर लिया है और इसीलिए वे वहाँ से टस-से-मस नहीं होते बल्कि इतने महत्त्वपूर्ण मंत्रालय से हमें भगाया, हड़काया जा रहा है; यह देखकर कुछ बन्दर मुँह बिचकाकर, दाँत किटकिटाकर गालियाँ देते हैं तो कुछ आने-जानेवालों पर हमला करने में भी संकोच नहीं करते। इन बन्दरों ने भारतीय परम्परा का पालन करते हुए परिवार विस्तार का भी कार्य चलाया है। अपने परिवार का मुखिया बनकर बड़े दर्प के साथ विचरण करनेवाले बन्दरों के दर्शन करना; प्रतिदिन की चर्या बन गई है।

इसी के साथ, दिन-दहाड़े बड़े अधिकारियों के निरीक्षण में एक-दूसरे से आलिंगनबद्ध होते हुए प्रणयलीला में रमण होनेवाले बन्दर भी हैं। लगता है कि इन बन्दरों के लिए मनुष्य ने अब तक कोई आचारसंहिता अथवा आचरण नियमावली बनाई नहीं है। बचपन में हनुमान जी के प्रभाव में रहने के कारण प्रत्येक बन्दर को भगवान समझकर प्रणाम करते थे। माना जाता था कि बन्दर का जूठा पानी पीने से अथवा उसकी जूठन खाने से बन्दर खाँसी ठीक हो जाती है। इसलिए ननिहाल अथवा ददिहाल में हम बन्दरों को खाने के लिए मूँगफली, गन्ना देते और बीच में ही उनको वहाँ से खदेड़ देते। जब हमें विद्यालय में बताया गया था कि बन्दर हमारे पूर्वज हैं; तब हमें आश्चर्य हुआ। आज भी मुझे यही लगता है कि ये बन्दर हमसे बुद्धिमान हैं क्योंकि वे हमसे जल्दी फ़ाइलों का निपटारा करते हैं। यही नहीं बल्कि फाइलों का निपटारा करने से किसको फायदा होगा और किसको नुक़सान, इसकी परवाह नहीं करते। इन बन्दरों को खदेड़ने में, भगाने में यदि मंत्रालय सफल होता है तो हमारी फाइलों का रंग और भी मैला-कुचला, गन्दा होता जाएगा। इतना ही नहीं; दिल्ली में मेरे दिन भी रूखे, नीरस होनेवाले हैं; इसमें सन्देह नहीं था। जय बजरंग बली।

विविधता से भरपूर एकात्मता

रोज़ शाम के समय टहलने-घूमने जाते समय सड़क की नेमप्लेट की तरफ़ मेरा ध्यान चला ही जाता है। लेकिन आज वही नेमप्लेट देखते हुए एक नई बात मेरे ध्यान में आई। सबसे ऊपर हिन्दी में 'राजपथ' लिखा था। उसके बाद अंग्रेज़ी। उसके बाद फिर से दो और लिपियों में लिखा था। मुझे वे दो लिपियाँ पढ़नी नहीं आतीं परन्तु पहचाननी आती हैं। वे लिपियाँ हैं—उर्दू और गुरुमुखी (पंजाबी भाषा की लिपि)। इन दो लिपियों में भी 'राजपथ' लिखा हुआ है; यह मेरे ध्यान में पहली बार आया। फिर मैंने दूसरी सड़कों की नेमप्लेटें देखीं तो सभी ओर ये नेमप्लेटें चारों भाषाओं में लिखी हुई थीं। भारत की यह विविधता दिल्ली में बार-बार क़दम-क़दम पर दिखाई देती है लेकिन इसे मैं उसमें छुपी एकात्मता मानकर चल रहा हूँ।

लेकिन इन इकट्ठी चार भाषाओं की नेमप्लेटें देखीं तब यह भी अनुभव हुआ कि इस एकात्मता को हमें जतन करके रखना ही होगा। आज पूरे देश में संकीर्ण प्रान्तीयता, भाषायी, धार्मिक और जातिगत मुद्दों पर जो ध्रुवीकरण हो रहा है; उसका अनुभव करते समय एक देश के रूप में उसकी गौरवशाली विविधता और उसी समय बड़ी प्रखरता से सामने आनेवाली एकात्मता की रक्षा करना बहुत आवश्यक हो गया है। मैंने थोड़ी सी आँखें खोलकर देखा तो ध्यान में आया कि दिल्ली में एकात्मता का भंडार ही खुल गया है। अरे भाई! एक व्यक्ति के रूप में हमें अपनी प्रादेशिकता, संस्कृति, भाषा, परम्पराओं-तीज-त्योहारों को टिकाए-बनाए रखना महत्त्वपूर्ण होगा भी लेकिन उससे भी अधिक महत्त्वपूर्ण मुझे यह लगता है कि इस विविधता में हमें खुलकर सराबोर हो जाना चाहिए।

अब...यही देखिए न! टंगटुरू प्रकाशम यह नाम मैंने कभी भी सुना नहीं है। दिल्ली में आन्ध्र प्रदेश भवन के सामने चौराहे पर इस तेलुगु नेता की प्रतिमा लगी हुई है। वहाँ से आगे बढ़ने पर कोपरनिकस सड़क पर महाराष्ट्र भवन से लगकर ही पंजाब, हरियाणा और हिमाचल प्रदेश भवन हैं। बाक़ी राज्यों के भवन नई दिल्ली के विभिन्न हिस्सों में बिखरे हुए हैं। आन्ध्र प्रदेश भवन में आन्ध्र के व्यंजनों का स्वाद लिया जा सकता है तो राजस्थान भवन में राजस्थान के व्यंजनों का। महाराष्ट्र सदन में पूरनपोली भी मिलने लगी है। ये सभी भवन मतलब उन राज्यों के दूतावास ही समझ लीजिए क्योंकि एक तरह सम्पूर्ण भारतीय स्तर पर स्वयं की स्वतंत्र अस्मिता प्रदर्शित करने का अवसर सभी राज्यों को प्राप्त हुआ है। सिक्किम भवन की बनावट बिलकुल सिक्किम ढंग की है। आन्ध्र भवन में निरन्तर कोई-न-कोई तेलुगु कार्यक्रम चलता रहता है।

भारत की विविधता को देखने के और दो स्थान हैं। उनमें एक है बाबा खड़क सिंह (खड्‌गसिंह) सड़क। बाबा खड़क सिंह मार्ग पर प्रत्येक राज्य के विशेष उत्पादों अथवा वस्तुओं के विक्रय के स्थान हैं। महाराष्ट्र का त्रिमूर्ति, मध्य प्रदेश का मृगनयनी, केरल का कैराली, तमिलनाडु का पूमपुहार, गुजरात का गुर्जरी ऐसे विशिष्ट अपने-अपने नाम देकर ये विक्रय केन्द्र खड़े किए गए हैं। यह सम्पूर्ण भारत की एक छोटी प्रतिकृति है। यहाँ उस-उस प्रदेश की विशेषतापूर्ण वस्तुओं अथवा उत्पादों को खरीदा जा सकता है। यहाँ बनारसी साड़ियों से लेकर मुरादाबादी ताँबे-पीतल की वस्तुओं तक की सभी वस्तुएँ मिलती हैं। हमारे भारत और उसकी विविधता को देखना है तो यहाँ एक चक्कर लगाना पर्याप्त है। ऐसा ही अन्य एक और स्थान है—प्रगति मैदान। अब यह मैदान नहीं रहा। यहाँ बहुत बड़ी इमारतों का तथा सभागारों का निर्माण हो रहा है। यहाँ तो प्रत्येक राज्य की अपनी इमारत ही है। यहाँ हर वर्ष नवम्बर महीने में अन्तरराष्ट्रीय प्रदर्शनी का आयोजन किया जाता है। उस समय सारी इमारतें धो-पोंछकर चमकाई जाती हैं। प्रदर्शनी लगने पर यहाँ का वातावरण दिवाली जैसा बन जाता है। गणतंत्र दिवस के अवसर पर होनेवाली परेड में प्रत्येक राज्य की झाँकी को स्थान प्राप्त रहता है। प्रदर्शनी में प्रत्येक राज्य बढ़-चढ़कर हिस्सा लेता है। एक-दूसरे से होड़ मची है; ऐसा वातावरण। दक्षिण भारत का मसाला डोसा, पंजाब दी मक्के दी रोटी, बंगाल की मिष्टीदोई और रसगुल्ला, महाराष्ट्र की पाव-भाजी...सब कुछ मिलता है, दिल खोलकर खाया जा सकता है। महाराष्ट्र के पवेलियन में यह महसूस होता है कि महाराष्ट्रीयन स्टॉल के लिए नई कल्पनाओं और नई प्रस्तुति की आवश्यकता है।

दफ़्तर में काम करते समय तो इतने सारे भिन्न-भिन्न प्रदेशों के अधिकारियों और कर्मचारियों के साथ काम करना पड़ता है कि कौन-किस प्रदेश का है और कौन-कौन सी भाषा बोल रहा है; इन सभी बातों का विस्मरण हो जाता है और हम सभी एक हैं, एक ही देश के नागरिक हैं; यह भावना जड़ पकड़ने लगती है...पनपने लगती है। मेरे कमरे के बाईं ओर शर्मा नाम के सज्जन हैं तो दाईं ओर केरल के कुट्टी हैं। इनके आगे पूर्वोत्तर राज्य के श्री. मांग हैं...उनके बाद लखनऊ के त्रिपाठी हैं तो उनके आगे ओडिशा के पटनायक आदि-आदि हैं। प्रत्येक की भाषा, लोकसंस्कृति, उच्चारण-लहज़ा और तो और हाव-भाव, मुखमुद्रा का रंग-ढंग भी एक-दूसरे से भिन्न हैं लेकिन हैं तो सभी भारतीय। यह विविधता चतुर्थ श्रेणी के कर्मचारियों से लेकर न केवल ऊपर तक अर्थात सचिवों तक बल्कि राज्यमंत्री और कैबिनट स्तर के मंत्रियों तक...सभी ओर दिखाई देती है। ऐसे समय जाति-पाँति, धर्म-प्रान्त का विचार मन को छूता भी नहीं है। यद्यपि हम अलग-अलग प्रान्तों-प्रदेशों से आए हैं

फिर भी हमें एक धागे में पिरोनेवाली एक सच्चाई है...और वह है—भारतीयता... भारतीयता। और यही सच्चाई भुलाई नहीं जाती।

हमारा देश इतने सारे वंशों...इतनी सारी नस्लों के समूहों से बना है; इस पर विदेश में अनगिनत लोगों को विश्वास नहीं होता। यह देश कई देशों को मिलाकर बना है; ऐसा वर्णन विदेशी लोग हमारे देश के विषय में करते हैं। जापान में मुझसे मिलने जापानी बन्धु आते थे। आते समय वे अपने साथ भारतीय नोट लेकर आते थे। नोट पर विभिन्न भाषाओं में लिखे 'दहा रुपये', 'दहा रुपियाँ', 'दश रुण्यकाणि', 'धा रुपया' जैसे शब्द दिखाकर प्रश्न पूछते—आपके देश में क्या सचमुच इतनी भाषाएँ बोली जाती हैं? मेरे 'जी हाँ' कहते ही वे अपना मुँह लोटे की तरह गोलाकार फाड़कर मुझे देखते रह जाते। फिर...स्थिर होकर पूछते, "आप एक-दूसरे के साथ किस भाषा में बोलते हैं?" मेरे यह कहने पर "अंग्रेज़ी, हिन्दी या फिर किसी भी भाषा में अथवा हाव-भाव की भाषा में," तब भी उन्हें सन्तोष नहीं होता था। वे आश्चर्यभरी मुखमुद्रा के साथ लौट जाते। जापान के एक चेहरेवाले, एक भाषा बोलने वाले, एक वंशीय संस्कृति की पृष्ठभूमि में भारत देश को समझना कठिन है।

लेकिन दिल्ली में कार्य करते हुए यह अनुभव होता है कि यहाँ देश को जोड़नेवाले अलग-अलग सूत्र, डोर हैं। यद्यपि ये सूत्र, डोर स्वतंत्र हैं फिर भी वे एकत्रित आने से भारत नाम का वस्त्र बुना गया है। संसद इस एकात्मता का उत्तम उदाहरण है। इस देश के वयस्क मतदाता अपनी इच्छा से अपने प्रतिनिधि चुनकर यहाँ भेजते हैं। ये प्रतिनिधि देश के कोने-कोने से यहाँ इकट्ठे आते हैं और बढ़-चढ़कर अपना पक्ष रखते हैं। संसद में होनेवाले वक्तव्यों, भाषणों को सुनना एक सुखद और रोमांचित कर देनेवाला अनुभव होता है। विविधता क्या होती है; यदि इसके दर्शन करने हों तो प्रत्येक व्यक्ति को एक बार घंटे-भर के लिए क्यों न हो; संसद में जाना चाहिए। यहाँ इकट्ठे हुए जनप्रतिनिधियों के पहनावे, भाषा, उच्चारण-लहज़ा, यहाँ तक कि हाव-भाव द्वारा विविधता के दर्शन तो होते ही हैं; साथ ही; जब ये सभी जनप्रतिनिधि पद पर आसीन लोकसभा अध्यक्ष को सम्बोधित करते हुए अपने विचार व्यक्त करते हैं; तब ध्यान में आता है कि वे देश के संविधान को आदरणीय मानकर बोलते हैं। सोमनाथ चटर्जी की बांग्ला ढर्रे की हिन्दी, वेंकया नायडु की तेलुगु शैली की हिन्दी, विखे पाटील की मातृभाषा ढंग की हिन्दी, बंगारु लक्ष्मण की विशुद्ध स्वयंसेवी हिन्दी, पासवान की बिहारी हिन्दी, यशवन्त सिन्हा की 'प्रशासनिक' हिन्दी; ये सभी छटाएँ देश की एकात्मता के अद्‌भुत लक्षण हैं। दिल्ली में एकात्मता की ये निशानियाँ बार-बार मिलती हैं और प्रान्तीय भावनाओं को उनके सीमित दायरे में लौटा ले जाती हैं।

दिल्ली में और एक स्थान है जहाँ विविधता में एकता, एकात्मता का अनुभव किया जा सकता है; वह स्थान है—राजघाट। वहाँ आप किसी भी समय जाएँ... स्त्री-पुरुष, बच्चे-बूढ़े, सूट-बूट से लेकर लुंगी-धोती पहने हुए सभी तरह के लोग देश के दूर-दूर के प्रदेशों से यहाँ राजघाट पर दर्शन करने आते हैं। महात्मा गांधीजी अपनी मृत्यु के चौवन वर्षों के बाद भी इस देश की जनता को इकट्ठे लाने का कार्य कर रहे हैं। बीच-बीच में हमारे समकालीन नेता भी राजघाट पर आते हैं परन्तु उनका आना एकात्मता के लिए न होकर अकसर मीडिया के कैमरे के लिए होता है या तो फिर महात्मा के जन्मदिवस या स्मृतिदिवस पर। महात्मा जी ने जिस ढंग से समस्त भारत को इकट्ठा किया और उसे देश के स्वतंत्रता अभियान में जुटाया; वह करने के लिए अन्दर धधकती आग और तीव्र छटपटाहट की आवश्यकता होती है। आज वह किसी नेता के पास है क्या? यह देखना हो तो समाचार-पत्र और टीवी देखें।

एक बात तो तय है; इस देश में सदियों से सभी भाषाएँ बोलनेवाले और संस्कृति का पालन करनेवाले लोग रहते हैं। इतिहास के पृष्ठों पर कई बार दंगे-फसाद, विवाद-युद्ध हुए होंगे लेकिन यह देश युग-युग से अपने आँचल में सभी को समाता आ रहा है। इस देश को बाहर से देखनेवालों को विस्मय होता होगा कि इतनी विविधताओं-विभिन्नताओं से भरा-पूरा यह देश इकट्ठा कैसे रह रहा है लेकिन मुझे जितना सह्याद्रि पर्वत मेरा अपना लगता है; उतना ही हिमालय भी अपना लगता है। कृष्णा और पंचगंगा नदियाँ जितनी मेरी अपनी लगती हैं; उतनी ही नर्मदा, ब्रह्मपुत्र और साबरमती भी।

इस स्थिति में, इस पृष्ठभूमि में...कुछ कारणों से देश में अराजकता पैदा करनेवालों और इतिहास का हवाला देकर यह देश अमुक जनसमूह का है; ऐसा कहनेवालों को सच कहें तो फिर एक बार यह देश क्या है; यह समझाने और सिखाने की आवश्यकता है।

बसन्त ऋतु में चहचहाती दिल्ली

दिल्ली की बसन्त ऋतु हमेशा ही मुझे उलझन में, असमंजस में डालती है। वह अचानक आती है; बिना कोई पूर्व सूचना दिए। वह चारों ओर दृष्टिपात करती है... मानो सभी ओर उसका अपना ही साम्राज्य फैला हुआ हो। मज़े की बात तो यह होती है कि कुछ समझें; इसके पहले ही यह साम्राज्य उसका हो जाता है। वह कण-कण में व्याप्त हो जाती है। नीम, पीपल के पेड़ पुराने पत्तों को त्यागकर नई कोंपलें ओढ़ लेते हैं।

अचानक रंग-बिरंगी तितलियाँ अपनी ही मस्ती में चारों ओर मँड़राने लगती हैं जैसे कि दिल्ली उनकी अपनी ही हो। कोयल अपनी कूक को विराम नहीं देती।

अचानक आनेवाली यह बसन्त ऋतु राजधानी के गड्ढों-खाइयों से भरे जीवन में सुख की अनुभूति तो देती ही है। साथ ही; यहाँ की घिनौनी राजनीति, निरंकुश व्यापारीकरण, दलाली, प्रतिदिन के जीवन में व्याप्त पानी, बिजली, प्रदूषण जैसी समस्याओं का कुछ समय के लिए विस्मरण करा देती है।

इन दिनों बहस का राष्ट्रीय विषय गुजरात के दंगे हैं। इस विषय पर क्या प्रतिक्रिया दें और किसे दें; यही मेरी समझ में नहीं आ रहा है। गुजरात की एक बड़ी कम्पनी का उपकार्यकारी निर्देशक मित्र कल मुझसे मिला। "क्या चल रहा है आपके गुजरात में?" मेरे इस प्रश्न का मित्र का दिया हुआ उत्तर यह था कि "यदि इस घड़ी में गुजरात में चुनाव होते हैं तो मुख्यमंत्री ज़बरदस्त बहुमत से चुनकर आएँगे।"

गुजरात के दंगे-फसाद, भरत शाह को मिली ज़मानत, अफरोज़ को मिली ज़मानत, इज़रायल के हिंसक पैंतरे, राजधानी के कई हिस्सों में होनेवाली पानी और बिजली की अनियमित आपूर्ति जैसी स्थितियों में इस बसन्त ऋतु का आगमन होता कैसे है; इसका अचरज होता है। बालकनी में घंटों खड़ा होकर मैं इस ऋतु के विभिन्न रंगों का अनुभव करता हूँ। अभी-अभी होली मनाई गई है। प्राकृतिक और रासायनिक रंगों में शहर के लोग, सड़कें, मकान सभी रँग गए थे। ये सारी बातें मुझे दूर से ही अच्छी लगती हैं। शराब पीकर हुड़दंग मचाना, औरतों-लड़कियों के साथ छेड़छाड़ करना, ऊँची आवाज़ में स्टीरियो लगाकर शहर-भर में घूमना जैसी बातों को समाज अनिवार्य परम्परा के रूप में स्वीकारता है; इसका दुख नपुंसक मालूम होता है क्योंकि मैं इस प्रवृत्ति के विरुद्ध विद्रोह कर खड़ा होनेवाला नहीं हूँ। होली का अर्थ वसन्तोत्सव है। वसन्त का अर्थ जीवनोत्सव है। ऐसे पवित्र ऋतुचक्र के प्रारम्भिक उत्सव के लिए पुलिस की कड़ी व्यवस्था रखनी पड़ती है; यह हमारी त्रासदी है। इस प्रक्रिया में हिस्सा न लेना ही मेरे हस्तक्षेप करने का एकमात्र रास्ता है।

लेकिन इससे अधिक महत्त्वपूर्ण इस अवधि में आनेवाली प्रकृति की रंगपंचमी होती है जो बहुत विस्मित कर जाती है। मेरे मकान के सामने अशोक के पेड़ हैं जो दो-चार दिनों में हरे-भरे हो उठे हैं। आम के तम्बियारे पत्ते, उनके पारदर्शी रेशे, अब खिलने लगा बौर। सुप्रीम कोर्ट के बग़ल में दिखाई देनेवाले पेड़ों ने साक्षात नीले-से रंग के पत्तों का लबादा ओढ़ रखा है। इंडिया गेट के बग़लवाले गुलमोहर के पेड़ अभी तो पूरी तरह पर्णहीन, पत्तेरहित हैं। कुछ सप्ताहों में खिलनेवाले लाल फूलों की यह तैयारी है। यह नवोन्मेष शालिनी प्रकृति लगातार पीड़ा पहुँचाने वाले

अत्याचारी मनुष्य नामक प्राणी से कितना स्नेह करती है! इसी बात की याद करा देती है—दिल्ली की यह बसन्त ऋतु।

अपनी बालकनी से बरगद, पीपल, नीम और गुलमोहर आदि पेड़ों पर दिखाई देनेवाले पक्षियों की गिनती करना मैंने छोड़ दिया है। हमेशा दिखाई देनेवाले कबूतर, कौए और तोतों के अलावा कई रंगों की मैनाएँ मैंने देखी हैं। अपनी ही अकड़ में अपनी दुम को आगे-पीछे घुमानेवाले काले-सफ़ेद पक्षी भी अनेक हैं। हमेशा दिखाई देनेवाले।

इन दिनों चम्पत हैं। कोयल की कूक अब सुनाई देने लगी है। प्रकृति की एक सम्पूर्ण कविता बसन्त ऋतु के बहाने सामने आती है। इसमें पेड़ों के रंग, पक्षियों की ध्वनियाँ उद्देश्य बन जाती हैं।

जीवन के सौन्दर्य का अनुभव करा देनेवाली बसन्त ऋतु से मैं बेहद हर्षित हूँ। ऐसे सकारात्मक, उम्मीद भरे क्षणों-पलों के लिए जीएँ, यही इस ऋतु का सन्देश है। जीवन में बहुत सारी अच्छी बातें होती रहती हैं; उधर भी मैं देखूँ; ऐसा बसन्त ऋतु को लगता होगा। अपने तरीक़े से रंग बिखरते रहें, रंग बदलते रहें, गाएँ, नाचें, खुलकर हँसें; यह सब कहते-कहते बसन्त मुझे फिर एक बार जीवन के समीप ले जा रहा है और मुझे नया सा अनुभव हो रहा है कि इस झुंडतंत्र और गुंडातंत्र में जाने-अनजाने कई अच्छी बातें हैं। रोज़ कई नई-नई बातें हो रही हैं।

एक महीने पहले दिल्ली में प्रत्येक ड्राइवर को सीट बेल्ट लगानी ही चाहिए; यह नियम लागू हुआ। अब गाड़ी चलानेवाले लगभग सभी ड्राइवर इस नियम का पालन कर रहे हैं। दिल्ली के अधिकांश स्कूटरसवार हेलमेट का उपयोग करते हैं। सिगनल की लाल बत्ती होने पर 'रिलैक्स' शब्द दिखाई देते हैं। खुशी होती है कि हँसी-मजाक का बोध अब भी जीवित है। पाँच-दस वर्ष पूर्व नई दिल्ली में सार्वजनिक स्वच्छतागृह (प्रसाधन कक्ष) का अभाव था। अब प्रत्येक आवश्यक जगह पर सार्वजनिक स्वच्छतागृह का नवीनीकरण और सुसज्जीकरण चल रहा है। साथ ही; सुशोभीकरण की परियोजनाएँ चलाई जा रही हैं। इस वर्ष के दिसम्बर तक मेट्रो रेल का प्रथम चरण पूरा हो जाएगा और उसका उद्घाटन किया जाएगा।

संक्षेप में...बहुत सारी नई-नई बातें हो रही हैं; होनेवाली हैं। 13 दिसम्बर को संसद पर हुए हमले के बाद सुरक्षा व्यवस्था और कड़ी हो गई है। इसी के साथ और एक अच्छी बात हुई। दिल्ली में मनमानेपन ढंग से अपनी गाड़ी पर लाल बत्ती लगानेवालों की संख्या बढ़ गई थी। अब तो...ये लाल बत्तियाँ नियम के अनुसार हटा दी गई हैं। बुरा सिर्फ़ इस बात का लगता है कि हममें से ही कुछ अधिक पढ़े-लिखे और ऊँचे पदों पर विराजमान लोग क़ानून का पालन करते नहीं हैं। यही नहीं बल्कि

क़ानून को ताक पर रखकर अपने लिए स्वतंत्र क़ानून बनाते हैं।

यह सब कुछ बदले जाने की सम्भावना है लेकिन इसके लिए स्वयं को भीतर से बदलना आवश्यक है, यह सन्देश देनेवाला वसन्त मेरी बालकनी, खिड़की में से इशारा कर रहा है।

एक तो भी गर्मी अनुभव करनी चाहिए

वित्त मंत्रालय के पास गाड़ियाँ पार्किंग करने की जगह है। वहाँ पानी का सार्वजनिक नल है लेकिन वहाँ घड़े लेकर पानी भरने के लिए कोई नहीं आता है। नल से मुँह लगाकर पानी पीनेवाले कर्मचारी भी मुझे कभी भी दिखाई नहीं दिए। दूसरों का मुँह सुखाते समय उन्हें इस सार्वजनिक नल का पानी पीने की आवश्यकता महसूस नहीं होती होगी। उनके लिए इमारतों के भीतर ठंडे पानी का प्रबन्ध किया गया है। एक बार अचानक यह सार्वजनिक नल किसके लिए है; यह पहेली हल हो गई। एक बन्दर एक हाथ से टोंटी दबाए रखकर (क्योंकि टोंटी दबाए बिना पानी तो आता नहीं है) नल से मुँह लगाए गटगट पानी पी रहा था। पानी पीकर मन तृप्त हुआ तो डालियाँ कूदकर वह चम्पत हो गया। तभी झट से दूसरी डाल से एक दूसरा बन्दर आ टपका। उसके बाद तीसरा, चौथा...इस तरह क़तार लगाकर बन्दर पानी पी रहे थे।

पानी के लिए इनसान को ही नहीं बल्कि बन्दरों को भी क़तार लगाने के लिए विवश करती है; वह है—दिल्ली की गरमी। पिछले तीन वर्षों से मैं यह दृश्य देखता आ रहा हूँ और अब फिर से वही दृश्य दिखाई देने लगा है। इसका अर्थ यह है कि बन्दरों के पास जो सहनशीलता है; वह हमेशा इनसान में दिखाई देती ही है, ऐसा नहीं है। पूर्व-पश्चिम दिल्ली के साथ-साथ अब दक्षिण दिल्ली के सम्पन्न क्षेत्र में भी पानी की किल्लत बार-बार दिखाई दे रही है। चिराग़ दिल्ली के निवासियों को किसी भी हालत में पानी दिया जाए; यह आदेश यहाँ के न्यायालय ने दिया है लेकिन न्यायालयों के आदेश से समस्याएँ हल हो जातीं तो कितना अच्छा होता!

जैसे रूस का शीतकाल वैसे दिल्ली का ग्रीष्मकाल। विदेश में भारत कहते ही उन्हें याद आती है—यहाँ की गरमी। एक बार एक रूसी व्यक्ति ने मुझसे पूछा, भारत में कितनी ऋतुएँ हैं? तब मैं उसे बसन्त, ग्रीष्म, शरद, शिशिर आदि ऋतुओं के बारे में बताने लगा तो वह मुझ पर हँसने लगा। उसे पुस्तकीय ज्ञान नहीं चाहिए था। मुझे बीच में ही रोकते हुए वह बोला, "देखिए...मैं जानता हूँ कि आपके यहाँ तीन ऋतुएँ हैं। पहली ऋतु गरमी, दूसरी ऋतु प्रचंड गरमी और तीसरी ऋतु चिलचिलाती, भयावह गरमी।" इस बात पर हम दोनों खिलखिलाकर हँस पड़े।

इस समय दिल्ली में ऐसी ही चिलचिलाती, भयावह गरमी पड़ रही है। जिस प्रकार स्वामी समर्थ जी ने मूर्खों के लक्षण बताए हैं; वैसे ही इस गरमी के कई लक्षण बताए जा सकते हैं। पेड़ों की छाँव में गाड़ी पार्क करने के लिए जगह नहीं मिल रही है; इसका अर्थ गर्मी प्रारम्भ हुई है। दोपहर और रात में घर-घर से कूलर की आवाज़ आने लगी है कि समझ जाइए—गरमी प्रारम्भ हुई। इंडिया गेट के दोनों ओर के पक्के तालाबों में अनगिनत लड़के तैरने लगे, डुबकियाँ लेने लगे कि मान लेना चाहिए—दिल्ली में गरमी की शुरुआत हो गई है। यह सूची और लम्बी खींची जा सकती है लेकिन यह सूची बनाते-बनाते बीच में तकलीफ़ जैसी होने लगे तो समझ जाइए कि दिल्ली की इस भयानक गरमी ने चारों तरफ अपना राक्षसी जाल फेंक दिया है और स्वयं घोड़े बेचकर सो गई है।

दिल्ली की गरमी और उससे होनेवाली बदहाली को लेकर लिखना आसान है परन्तु अनुभव करने की बात करें तो बहुत कठिन है। मेरे यहाँ मुम्बई से कुछ अतिथि आए। हम भी तो मुम्बईवासी हैं। गरमी क्या होती है; इसका अनुभव केवल हमीं को है; सुबह जागे तो उनकी आँखें लाल दिखाई दीं। कहने लगे, "पूरी रात नींद नहीं आई।" मैंने हँसते हुए कहा, "हमारे यहाँ मच्छर-वच्छर तो नहीं हैं। गरमी से हैरान होकर वे कब के हिमालय जा चुके हैं।" वे परेशान होकर बोले, "अब मुझे भी हिमालय में जाना होगा।" मैंने उनके कमरे में जाकर देखा। कमरे में एक बाल्टी में पानी और गीला तौलिया था। वे सज्जन रात-भर पानी से शरीर को गीला करते हुए बैठे थे। वे अतिथि आठ दिनों के लिए आए थे लेकिन तीन दिन में ही मुम्बई की गरमी की ओर पलायन कर गए।

गरमी के लाभ वैसे भी बहुत कम हैं और लगता रहता है जैसे हम चौबीस घंटे भट्ठे में बैठे हुए हैं। यह भी अनुभव होने लगता है मानो शरीर में केवल साँस लेने की शक्ति रह गई है। सड़क पर पाँच-दस मिनट चलेंगे तो लगता है कहीं गश खाकर गिर न जाएँ। गाड़ी में बैठो तो (और गाड़ी यदि धूप में पार्क की होगी तो) स्टियरिंग इतना गरम हो जाता है कि हाथ झुलस जाते हैं। (यह अतिशयोक्ति नहीं है) सुबह नौ के नल में इतना गरम पानी आता है जैसे कि नगर निगम ने पानी उबालकर भेजा हो। आम दिनों में लुका-छुपी का खेल खेलनेवाली बिजली तो और भी ज्यादा कामचोर बन जाती है। केन्द्रीय मंत्रालय से तो (वित्त मंत्रालय भी) वह ग़ायब हो ही जाती है लेकिन इस वर्ष तो उसने अपना प्रभाव (या अभाव?) सीधे संसद को भी दिखाया।

दिल्लीवालों ने ऐसी भीषण गरमी को सहने का एक विज्ञान आविष्कृत किया है और वह है—कूलर। यहाँ सिर्फ़ 'कूलर' नाम का यंत्र दिखाई देता है। दिल्ली में

अप्रैल महीने में यदि सबसे अधिक खरीद-बिक्री होती है तो वह कूलर की होती है। जिनके पास पुराने कूलर हैं; उन्हें कबाड़ रखे जगहों से बाहर निकाला जाता है। जिस तरह पहले गाँव में बरसात से पहले मिट्टी के मकानों के खप्पर छवाए जाते हैं; वैसे ही यह कूलर नाम के जीव के; जिसे ठंड के दिनों में किसी कोने में फेंक दिया जाता है; पंखा, पम्प आदि पुर्जों की विधिवत जाँच की जाती है। इसके बाद पिछला परदा बदला जाता है। इसके पश्चात खिड़की अथवा उस जैसी किसी जगह पर उसे स्थानापन्न किया जाता है और तब कहीं जाकर वह सक्रिय बन जाता है। कूलर के मूल्य के अनुसार कूलर की आवाज स्कूटर से लेकर विमान तक की आवाजों जैसी होती है। कूलर के चलते किसी दूसरी ध्वनि अथवा आवाज के घर में प्रविष्ट होने की सम्भावना नहीं रह जाती है। जैसे ग़रीबों के लिए मूँगफली काजू की तरह मूल्यवान होती है वैसे ही कूलर ग़रीबों और मध्यवर्गियों का ए.सी. ही है।

लेकिन मैं बिना डरे, बिना घबराए इस दिल्ली की गरमी का सौन्दर्यपान किस प्रकार किया जा सकता है; इस सोच में हूँ। इस जानलेवा गरमी की पृष्ठभूमि में अमलतास (बहावा) और गुलमोहर ऐसे सज-धजकर बैठे हैं कि हम उनके प्यार में गिरफ़्तार हो जाएँ। अमलतास के पेड़ एक ही समय में कभी शबनम तो कभी शोला महसूस होते हैं। ये फूल झूमर की तरह डालों पर लटके रहते हैं। गुलमोहर का वर्णन तो क्या करें! सिर्फ़ आँखों को ही नहीं बल्कि मन को भी अपने वश में करता हुआ मुझे कविता की तरह अपने में लपेट लेता है। नई दिल्ली इन दिनों में जितनी हरीभरी रहती है; उतनी वह और दिनों में नहीं होती। यही तो प्रकृति की पहेली है। हरेभरे होने के बावजूद पेड़ चूँ तक नहीं करते। मानो सरकारी आदेश का पालन करते हुए चुपचाप खड़े हैं। राजपथ पर गाड़ी चलाते समय भरी दोपहर में पानी चमक उठता है। यह कोई 'धोंगरा' या 'बरसात' नहीं है...यह तो मरीचिका है, मृगजल है। राजधानी के राजपथ पर दिखाई देनेवाला (सचमुच का) मृगजल। इन दिनों हमेशा अपने साथ पानी रखना जरूरी होता है क्योंकि वह मृगजल ही होता है।

जामुन की छाँव में दिल्ली

यदि आपको शंका हो रही है कि दिल्ली और जामुन का क्या सम्बन्ध हो सकता है तो मई-जून में नई दिल्ली के फ़िरोज़शाह मार्ग पर दोनों ओर खड़े हरेभरे पेड़ों की पंक्तियों के नीचे चलना चाहिए। पैदल चलनेवाली पटरी जामुनी रंग में रँगी होती है। जहाँ भी पाँव पड़ते हैं; वहाँ जामुन होते हैं। बचपन में एक कहानी पढ़ी थी; जिसका अर्थ संक्षेप में यह है कि एक आलसी आदमी जामुन के पेड़ के नीचे लेटा हुआ

था। एक जामुन नीचे टपकता है और आलसी आदमी की मूँछों में अटक जाता है लेकिन वह उस जामुन को मुँह में सरकाने का कष्ट तक नहीं उठाता। लेकिन ऐसे आलसी लोगों को भी उत्सव लगे और पेड़ के नीचे मुँह 'आ' करके खड़े रहने पर मुँह जामुनों से भर जाए; ऐसा जामुन का पर्व दिल्ली में मनाया जाता है।

मुझे लगता है कि शासनकर्ताओं की दृष्टि आसपास की वस्तुओं, घटनाओं और लोगों द्वारा व्यक्त होती है। यही नहीं बल्कि यह दृष्टि बताती है कि किसी शहर की हवा की शुद्धता, वहाँ के प्रशासन की गुणवत्ता क्या है? राजधानी दिल्ली के शासनकर्ताओं के बारे में हम रोज़ पढ़ते हैं, सुनते हैं, बोलते हैं। इसमें यादगार अथवा स्मरणीय कितना रहेगा; यह तो समय ही बताएगा लेकिन नई दिल्ली की जिन कई बातों को देखते समय आज भी अंग्रेज़ों की अथवा उस समय की (कहा जाता है कि अंग्रेज़ों के शासन में लोग इतने सुरक्षित थे कि वे निर्भय होकर लाठी से सोना बाँधकर विचरण कर सकते थे, शर्त यह है कि आपके पास स्वर्ण होना चाहिए) याद आती है और उसमें जामुन के पेड़ों का समावेश होता है।

फ़िरोज़शाह मार्ग, मोतीलाल नेहरू मार्ग के जामुन के पेड़; जिन्हें उस समय लगाया गया था; आज फल-फूल गए हैं। जामुन वर्ष-भर हरे रहते हैं लेकिन गरमी के दिनों में उनकी शान, उनका वैभव कुछ और ही होता है। दिल्ली की गरमी में तो उसकी छाँव बहुत ही सुखद और राहतभरी होती है। अंग्रेज़ों ने प्रत्येक मार्ग पर एक-एक पेड़ लगाया अर्थात प्रत्येक प्रजाति के पेड़। तुगलक रोड पर पीपल के पेड़ों की विस्तीर्ण छाँव, तिलक रोड पर इमली पर छाई बहार तो कस्तूरबा गांधी मार्ग पर (पहलेवाली कर्ज़न रोड) कड़वे नीम का पेड़। सौभाग्य से आज ये सारे पेड़ ऊँचे और छायादार हो गए हैं। नई दिल्ली की सम्पन्नता और समृद्धि में इन पेड़ों का बहुत बड़ा योगदान है।

लेकिन इन वृक्षों में जामुन का पेड़ ही वृक्षराज है। क्यों? कोई गोरा साहब मेरी ही तरह जामुन का शौक़ीन अर्थात 'जामुनप्रेमी' होगा। जामुन को दिल्ली का वृक्षराज कहने का कारण यह है कि दिल्ली की सबसे सुन्दर सड़क 'राजपथ' मार्ग है और इस 'राजपथ' के दोनों ओर कई किलोमीटर फैली हरियाली पर जामुन के पेड़ों की क़तारें-ही-क़तारें लगी हुई हैं। जामुन जैसे पेड़ को यह 'राज' स्थान क्यों मिला? मेरे इस प्रश्न का उत्तर किसी ने नहीं दिया है। आम को 'फलों का राजा कहिए, गुलमोहर को 'ग्रीष्मसम्राट' कहिए, नीम को 'स्वास्थ्यराज' कहिए लेकिन राजधानी का वृक्षराज 'जामुन' ही है।

जामुन कहते ही मेरे मन में यादों की भीड़ लग जाती है। जामुन के खट्टे-मीठे स्वाद से जुड़ी अनगिनत यादें हैं। ऐसा नहीं कि वे सारी यादें जामुन से जुड़ी हुई हैं।

उनमें गाँव है, नदी है, गाँव की बहार है। अब देखिए न। जब-जब मैं राजपथ पर अथवा इंडिया गेट की हरियाली पर चला जाता हूँ तब ये जामुन मुझे पुकारते हैं, बुलाते हैं। मन में अचानक ढोल बजने लगते हैं और उत्स्फूर्त रूप से कवि महानोर की पंक्तियाँ मुँह से प्रकट होने लगती हैं...

'जांभूळ पिकल्या झाडाख़ाली ढोल कुणाचा वाजं जी' (पके जामुन के पेड़ के नीचे किसका ढोल बजता है?) प्रत्येक ढोल एक-दूसरे से भिन्न होता है; यह समझने में ज़िन्दगी के कई साल बीतने पड़ते हैं। कभी मुझे मैं ही दिखाई देता हूँ—नदी पर झुकी जामुन के पेड़ की डाली से गोता लगाते हुए। कभी याद आती है—जामुन के रंग में रँगा अंग-अंग। फिर मैं अपनी ही पंक्तियाँ गुनगुनाता हूँ।

ती सुटी उन्हाळ्यामधली जांभळे खात घालवणे
झाडावर सांज सकाळी जांभळात रंगून जाणे

गरमी की छुट्टियाँ जामुन खाते बिताते हैं
साँझ-सकारे पेड़ों पर जामुन में रँग जाते हैं

दिन-भर जामुन खाकर शाम के समय घर लौटते हैं तो घर में भी ढेर सारी जामुनें। जामुन का इतना प्रभाव है कि रंग भी उसी के नाम का। पाठशाला में इन्द्रधनुष के रंग याद रखने के लिए एकमात्र 'तानापिहिनिपाजा' (हिन्दी में लानापीहनीभूजा) शब्द बताया गया था। इसमें अन्त में आनेवाला अक्षर 'जा' अर्थात जामुन है।

बीज का स्वभाव है कि जहाँ पड़ता है; वहाँ उगता है। हमारे गाँव में बरसात के शुरू होते ही कोने-कोने में जामुन के पौधे उग आते। उसके पत्ते इतने मुलायम और कोमल होते कि उन्हें छूने में भी भय लगता। कुचले-मसले गए तो क्या करेंगे। उन कोमल पत्तों का तोते जैसा रंग मन पर जादू कर देता। इन पत्तों से जामुन की गन्ध आती। कम-से कम हमें तो वैसा ही आभास होता।

राजधानी में मिलनेवाली जामुनें आकार में थोड़ी छोटी होती हैं। हर बात को बढ़ा-चढ़ाकर दिखाना है; ऐसा यहाँ का नियम है। सड़क पर लगे जामुन के पेड़ भी बड़े-बड़े, विशालकाय हैं लेकिन जामुन छोटे हैं।

गाँव में डालियों पर चढ़कर बैठते और घोड़ा-घोड़ा खेलते। वैसा करना तो यहाँ सम्भव नहीं है। अब वह आयु भी बीत गई है। जामुन का मौसम शुरू होते ही यहाँ की सड़कों पर ठेकेदारों का अधिकार हो जाता है। वे लोग पेड़ों पर चढ़ने के बजाय नीचे सिर्फ़ चादरें फैला देते हैं। उन चादरों पर अपने-आप जामुनों के ढेर लग जाते हैं। जामुन-ही-जामुन।

कभी-कभी किसी जामुन की नीचे झुकी डाल पर टूट पड़नेवाले लड़के दिखाई देते हैं और बहुत अच्छा भी लगता है। कहा जाता है कि एक बार नेहरू जी राजपथ से चले जा रहे थे। उन्हें कुछ बच्चे रोते हुए दिखाई दिए। नेहरू जी ने ड्राइवर से गाड़ी रोकने के लिए कहा। वे उन बच्चों के पास पहुँचे। उनकी पूछताछ की।

"बच्चों...क्या हुआ? क्यों रो रहे हो?"

"हम न! हम पेड़ पर चढ़कर जामुन खा रहे थे। तभी यहाँ के पहरेदार ने हमें पकड़ लिया...डाँटा...और कहा...फिर से आए तो टाँगें तोड़ूँगा।"

नेहरू जी उन बच्चों को लेकर पहरेदार के पास पहुँचे। नेहरू जी को देखते पहरेदार हाथ का डंडा फेंककर दौड़ता हुआ आया। नेहरू जी ने कहा, "अरे भाई, ये बच्चे जामुन नहीं खाएँगे तो क्या मैं खाऊँगा?" ध्यान में रखो...इन बच्चों को बिलकुल तकलीफ़ मत दो। खाने दो उन्हें जामुन।"

पहरेदार के पास और कोई चारा नहीं था। नेहरू जी बच्चों के साथ गप्पें लगाते हुए गाड़ी की ओर लौटे। उस दिन से इंडिया गेट के आसपास की हरियाली पर लगी बाड़ें अदृश्य हो गईं। आज भी दिल्ली के इस प्रतिष्ठित स्थान पर कोई भी बैठ सकता है...खेल सकता है...दोनों ओर बँधवाए गए तालाबों में डुबकियाँ लगा सकता है।

सिर्फ़ अब नेहरू जी जैसे सहृदयी नेता नहीं रहे हैं और जामुन के पेड़ इतने ऊँचे बढ़ गए हैं कि बच्चे उतना ऊँचा चढ़ ही नहीं सकते।

इतिहास के साथ रिश्ता

नई दिल्ली की मथुरा सड़क। हम सुन्दर नगर को लाँघते हैं; राष्ट्रीय पशु संग्रहालय का बोर्ड पढ़ते हैं और अचानक झाड़ियों के पीछे से 'पुराना' लेकिन मज़बूत परकोटे के क़िले का विशाल और भव्य प्रवेश द्वार नजर में आ जाता है। क़िले के बुलन्द बुर्ज़, बुर्ज़ के ऊपर बनीं सुन्दर पथरीली छतरियाँ देखते समय मन-ही-मन आश्चर्य और कौतूहल अनुभव करते हुए हम आगे बढ़ जाते हैं।

अचानक बाईं ओर फिर से क़िला अथवा क़िले जैसी सुन्दर इमारत के विलक्षण सुन्दर अवशेष दिखाई देते हैं। इसके बाद आधुनिक स्थापत्य संरचना के कारण विशिष्ट लगनेवाले आकर्षक भवनों का सुन्दर संग्रह ही प्रगति मैदान में दिखाई देता है। यह सब देखते समय हम जिस मथुरा मार्ग से आए; वहाँ पहले क़िले का ही हिस्सा था। इतना ही नहीं; अगर कोई यह कह दे कि यहीं पर पांडवों की राजधानी थी; तो? नई दिल्ली में हमारे अनजाने में लगातार इतिहास इसी तरह सामने आता है, हँसता है, हाथ मिलाता है और जगह-जगह पर हमारे गले लगता है। देश की

राजनीति के महत्त्वपूर्ण पैंतरे-खेल राजधानी में चलते हैं। परिणामस्वरूप संसद, जुलूस, सभाएँ, विभिन्न दलों के दाँवपेच के समाचार प्रतिदिन पढ़ते समय इस शहर में अक्षरश: क़दम-क़दम पर संकेत करनेवाले इतिहास की ओर किसी का भी ध्यान नहीं जाता। सिर्फ़ एक बार लाल क़िला और कुतुबमीनार देख ली कि इतिहास को मस्तिष्क के किसी कोने-अंतरे में फेंक देते हैं जिससे रोज़मर्रा के जीवन में अपने को झोंक देने के लिए हम मुक्त हो जाते हैं।

लेकिन सच तो यह है कि दिल्ली और इतिहास एक-दूसरे में इतने घुल-मिल गए हैं कि भूलने को कहे तब भी इतिहास आपका पिंड नहीं छोड़ता। नई दिल्ली के जिस हिस्से में मैं रहता हूँ; वहाँ सांसद, सचिव और मुझ जैसे प्रशासनिक सेवा में कार्यरत सैकड़ों लोग रहते हैं। सुबह उठकर बालकनी में खड़े रहते हैं तो यमुना के तट के ऊपर-ऊपर चढ़ता आ रहा सूर्य विलोभनीय तो दिखाई देता है। साथ ही; यमुना के किनारे बसी दिल्ली का हज़ारों वर्षों का इतिहास साक्षात सामने घटित हो रहा है; इस तरह की प्रतिध्वनि मन में उत्पन्न होती है। यमुना नदी और दिल्ली किसी प्रेमी-प्रेमिका की तरह लगने लगती हैं। यदि यमुना न होती तो मिर्ज़ा ग़ालिब किसके किनारे भटकते। केवल लाल क़िला ही नहीं बल्कि पांडवों की राजधानी इन्द्रप्रस्थ भी यमुना किनारे ही बसी हुई थी। मजनूँ के टीले से लेकर हुमायूँ के मकबरे तक सब कुछ यमुना के तट पर हैं।

भारतीयों के मन में गंगा जी के बाद या गंगा जी के साथ-साथ यमुना का नाम इसलिए आता है क्योंकि इन दो नदियों के उपजाऊ प्रदेश में भारतीय संस्कृति फली-फूली। दिल्ली के बारे में कहना हो तो इस शहर का इतिहास, वर्तमान और भविष्य सब कुछ यमुना से बहुत गहराई तक जुड़ा हुआ है। गांधी जी का राजघाट, नेहरू जी का शान्तिवन, शास्त्री जी का विजयघाट, इन्दिरा जी की शक्तिस्थली... सब कुछ यमुना नदी के तट पर हैं। इसके अलावा यहाँ जगजीवन बाबू, चरण सिंह, संजय और राजीव गांधी की समाधियाँ भी हैं। मेरे सरकारी आवास की छत पर खड़े होकर बढ़िया दूरबीन से देखें तो यमुना के किनारे पर स्थित मजनूँ का टीला, लाल क़िला, राजघाट और पुराना क़िला सब कुछ स्पष्ट और व्यवस्थित दिखाई देता है। महाभारत के समय से लेकर वर्तमान समय तक का 'काल इतिहास' यहाँ मानो क़तार में खड़ा दिखाई देता है। एक ही समय में भव्य और विनम्र ऐसा कैनवस आँखों के सामने आ जाता है और इच्छा हो या न हो...मैं इतिहास में खो जाता हूँ।

हर शहर का अपना व्यक्तित्व होता है। अहमदनगर मुझे फैला हुआ गाँव लगता है। सतारा शहर अपनी दो मुख्य सड़कों के कारण किसी वृक्ष की दो डालियों की तरह लगता है, तो कोल्हापुर रंगीला और हठीला अनुभव होता है। कोलकाता किसी

पुराने बाड़े की तरह अनुभव होता है तो मुम्बई लगातार गड़बड़ी और तेज़ी से अपने दफ़्तर की ओर लपकनेवाले आदमी की तरह। स्कूटर पर सवार होकर कहीं भी जाने जैसा पुणे शहर लगता है लेकिन दिल्ली इन सबसे अलग, किसी इतिहास पुरुष जैसी रोबीली अनुभव होती है। हम्पी हो या नालन्दा, ये सभी नगर इतिहास की गर्त में समा गए हैं। उनका भूतकाल है लेकिन उन्हें वर्तमान और भविष्य नहीं हैं परन्तु दिल्ली लगातार यहाँ है और यहीं रहेगी भी।

दिल्ली पर शासन करने के लिए राज्यकर्ता एवं आक्रमणकारी चारों दिशाओं से आए। पांडवों की भाँति नौवीं-दसवीं शताब्दी में तोमर राजपूत वंश और बारहवीं शताब्दी में राजपूतों के ही एक चौहान वंश ने शासन किया। पृथ्वीराज चौहान की पराजय के पश्चात दिल्ली पर मुस्लिम शासकों का अधिकार हो गया। उसके बाद कई सुलतानों ने राज्य किया और सोलहवीं शताब्दी से 1857 तक मुग़ल शासकों ने शासन किया। उसके बाद अंग्रेज़ और विगत सत्तर वर्षों से स्वतंत्र भारत का इतिहास यहाँ पर लिखा जा रहा है।

राजीव गांधी की शवयात्रा मैंने इंडिया गेट के पास खड़े होकर देखी है। टिकैत से लेकर कांशीराम सहित अनेक नेताओं की सभाओं को सुना है; जिनमें लाखों की भीड़ हुआ करती थी। लाल क़िले पर अनेक प्रधानमंत्रियों के भाषण मैंने बहुत आगे बैठकर सुने हैं। संसद में वी.पी. सिंह से लेकर मोदी जी तक सभी प्रधानमंत्रियों तक को सुना है। अटल जी के सुन्दर वक्तव्य का मैं साक्षी हूँ। पता नहीं, हर बार ऐसा क्यों लगता रहा कि हम दिल्लीवाले इतिहास के दर्शक हैं। आज भी हमेशा ऐसा ही अनुभव होता है।

नई दिल्ली में लोदी गार्डन है। यह गार्डन मतलब दिल्ली के अति विशिष्ट व्यक्तियों के जॉगिंग का स्थान है। वरिष्ठ केन्द्रीय मंत्रियों से लेकर कनिष्ठ अधिकारियों तक दिल्ली के सभी प्रभावशाली व्यक्ति यहाँ सुबह-शाम तेज़ी से चलते हुए या फिर दौड़ते हुए दिखाई देते हैं। यहाँ पर सभी दलों के मंत्री मैंने देखे हैं। एच.के. एल. भगत, कमल नाथ, अरुण जेटली, मनीष तिवारी, विजय गोयल, जयराम रमेश, प्रियंका गांधी, उनके पति रॉबर्ट वाड्रा जैसे महानुभावों को मैंने वहाँ देखा है। कुछ मंत्रियों के पीछे-पीछे उनके अंगरक्षक भी दौड़ते रहते हैं। इस लोदी गार्डन में लोदी वंश की तेरहवीं-चौदवीं शताब्दी में बनवाए गए सुन्दर नक्काशीवाले और विशालकाय पत्थर आज भी जीवित हैं। लोदी और सय्यद वंश के सुलतानों की समाधियाँ इसी बग़ीचे में हैं। इतिहास किस तरह हमारे आसपास गुंजायमान होता रहता है; इसका यह उदाहरण है।

मैं वित्त मंत्रालय में बैठता हूँ। मैं तो वहाँ भी, मेरे कक्ष के आसपास इतिहास

को अटकते-घूमते अनुभव करता हूँ। हमारे मंत्रालय के बिलकुल पास वायसराय का निवास स्थान है। आज वहीं पर राष्ट्रपति का निवास है। मेरी कार्यालयीन इमारत ने सरदार वल्लभभाई पटेल, गोविन्दवल्लभ पन्त, सी.डी. देशमुख और यशवन्तराव चव्हाण को सेवारत देखा है। विदेश मंत्रालय की जिस लिफ़्ट का उपयोग पंडित नेहरू करते थे; उस लिफ़्ट में मैं भी चढ़ा हूँ। इस दफ़्तर में नेहरू जी से लेकर वाजपेयी जी तक के प्रधानमंत्रियों ने काम किया है। इतिहास रचनेवाला शहर और ऐतिहासिक व्यक्तियों का ख़जाना ही यहाँ दिखाई देता है।

वर्तमान दिल्ली का निर्माण सात पुराने शहरों से हुआ है और लुटियन द्वारा बनाया गया आठवाँ शहर—यह दिल्ली। ग्यारह सितम्बर को अमेरिका पर आतंकवादियों द्वारा किया गया हमला मैंने टीवी पर देखा तो तेरह दिसम्बर के दिन संसद पर हुआ हमला मैंने आँखों और कानों से प्रत्यक्ष महसूस किया है। बन्दूकों से चलनेवाली गोलियाँ, विस्फोटों के धमाके, झुककर अथवा रेंगकर जानेवाले सुरक्षाकर्मी... सब कुछ मेरे दफ़्तर से दिखाई दे रहा था। यह सारा इतिहास मैं बताऊँ; ऐसा कोई उद्देश्य नहीं है क्योंकि समाचार-पत्रों में इन सारी बातों की चर्चा रोज़ और हर पन्ने पर होती रहती है लेकिन इतना तो मानना पड़ता है कि दिल्ली में रहते हुए 'हैलो मिस्टर हिस्ट्री' कहकर इतिहास से हाथ मिलाया जा सकता है और यदि आपके पास थोड़ा-सा साहस हो तो इतिहास को गले भी लगाया जा सकता है।

राजधानी एक, मार्ग अनेक

सभी रास्ते रोम को जाते हैं; इस पर मेरा कदापि विश्वास नहीं था। रास्तों का अथवा सड़कों का अपना विज्ञान होता है; यह धीरे-धीरे समझ में आता गया। कुछ रास्ते कहीं भी नहीं ले जाते। कुछ सड़कें चकमा देती हैं। कुछ रास्ते ख़त्म ही नहीं होते। पगडंडी से राजमार्ग और जनपथ से राजपथ जैसे भोग और भाग्य रास्तों के भी हिस्से में आते हैं। मुझे ऐसा लगता है कि जब मनुष्य को पगडंडी की आवश्यकता अनुभव हुई तभी मानवी संस्कृति का उद्गम हुआ। नई-नई सड़कों के निर्माण कार्य के मनुष्य के प्रयास आज भी जारी हैं। मानवी संस्कृति का प्रतिबिम्ब उसके आसपास की सड़कों में सहजता से पाया जाता है।

सड़कों के इस विज्ञान में अभियांत्रिकी की अपेक्षा समाज विज्ञान अथवा काव्यशास्त्र अधिक होता है; ऐसा मुझे दिल्ली में रहते हुए बार-बार अनुभव हो रहा है। सड़कों के साथ अर्थविज्ञान, राजनीतिविज्ञान, इतना ही नहीं; मनोविज्ञान का भी अधिकांश रूप में निकट का सम्बन्ध होता है; इसका बोध भी दिल्ली में होता

है। जलमार्ग एवं हवाई मार्ग को विकसित करने का प्रयास भी मनुष्य सतत करता आया है परन्तु सड़क मार्ग ही सच्चा मार्ग है। शेष तो...पानी के ऊपर की अथवा बहुत हुआ तो हवा में खींची हुई रेखाएँ हैं।

मुझे नहीं लगता कि दिल्ली में कोई कहता होगा, "सीधी सड़क जाइए।" क्योंकि इसका पहला कारण यह है कि राजपथ को छोड़ दें तो यहाँ सीधी सड़क मिलना मुश्किल है। दूसरा कारण यह है कि जो सड़कें सीधी हैं; उन पर गोल चक्कर इतने अद्भुत और विलक्षण हैं कि एक ही सड़क पर चलने के लिए कई टेढ़े-मेढ़े मोड़ लेना ज़रूरी होता है। तीसरा कारण अर्थात कई बार गोल चक्कर से मुड़कर सीधे जाना चाहें तो सड़क का नाम ही बदल चुका होता है। विंडसर प्लेस में जो गोल चक्कर है; उसमें दोनों ओर जनपथ हैं। अशोक रोड पर भी दोनों ओर हैं लेकिन फ़िरोज़शाह रोड तो रायसीना रोड बन जाती है। सुब्रह्मण्यम भारती मार्ग अचानक कुछ दूर जाने के बाद राजेश पायलट मार्ग बन जाता है। यह पागलपन कुछ यहाँ की सड़कों का दोष नहीं कह सकते क्योंकि लगभग दो हज़ार वर्षों के इस जीवित इतिहास में इस शहर ने प्रत्येक मार्ग को अनेक प्रकार से उपयोग में लाया है। इसलिए मार्ग में निहित तर्क को ढूँढ़ निकालने की चुनौती आज भी यह देश स्वीकार नहीं कर पाया है; यही दिखाई देता है।

कुछ साल पहले एक समारोह में स्वयं पूर्व प्रधानमंत्री वाजपेयी का कहा हुआ 'मुझे सड़क के गड्ढों की अपेक्षा गड्ढों में थोड़ा-बहुत रास्ता दिखाई देता है।' यह

वाक्य पढ़ा था। यह पढ़कर मेरे मित्र ने कहा था, "प्रधानमंत्री या तो पार्टी में चल रही राजनीति पर बोल रहे होंगे अथवा शायद वे अपनी कविता पढ़कर सुनानेवाले होंगे।" मेरे मित्र का कहना सत्य होगा क्योंकि नई दिल्ली की सड़कें पहली नज़र में बड़ी सुन्दर और प्यारी लगती हैं।

सच कहें तो...दिल्ली की सड़कें इतनी सुन्दर हैं कि उनसे प्यार हो जाए। हर रोज़ सुबह मैं जिस रास्ते से दफ़्तर जाता हूँ और जिस रास्ते लौट आता हूँ...वह राजपथ है और मैं इस राजपथ को संसार के सुन्दर रास्तों में से एक मानता हूँ। यह पथ राष्ट्रपति भवन के हृदय में से निकलकर इंडिया गेट के अन्त:करण में सीधी रेखा में प्रविष्ट होता है। एक समय था जब यह पथ सही अर्थ में 'किंग्ज़ रोड' था क्योंकि भारत के अंग्रेज़ों की सम्पन्नता-समृद्धि का प्रतीक यह राजपथ बीच में सफेद पट्टी से विभाजित है। जहाँ पथ समाप्त होता है वहाँ दोनों ओर पीले रंग की पट्टी है। इसके बाद दस-बारह फ़ुट की गुलाबी रेती की दोनों ओर पट्टी है। यह पथ इतना छोटा ही है लेकिन दोनों ओर बड़ी मात्रा में फैली हरियाली से सुन्दर बनता है। कुछ दूरी पर एक के बाद एक खड़े जामुन के पेड़ों की दो क़तारें। इसके बाद पानी का तालाब...फिर से जामुन के वृक्षों की पंक्तियाँ; यह सब कुछ राजपथ के वैभव में समाया हुआ है। हर ऋतु में उसका यह वैभव अनूठा-अनोखा बन जाता है। दिसम्बर की धुन्ध में लिपटे राजपथ और बसन्त ऋतु में खिले फूलों से सजे राजपथ का आनन्द ऐसा है कि इसका अनुभव, एक बार क्यों न हो, लेना चाहिए। मेरे दफ़्तर से बाहर निकलकर राष्ट्रपति भवन की ओर पीठ करें तो सामनेवाला यह राजपथ इंडिया गेट तक एक ही नज़र में आ जाता है। गणतंत्र दिवस के अवसर पर पूरे पथ पर दीपों की मालाएँ होती हैं। तब ऐसा लगता है जैसे—राष्ट्रपति भवन नॉर्थ और साउथ ब्लॉक के साथ हाथ उठाकर इंडिया गेट के साथ नृत्य कर रहा है। रात का यह नयनरम्य दृश्य देखने आनेवालों की इन दो-तीन दिनों में इतनी भीड़ लगी रहती है कि आधी रात को रफ़ी मार्ग पर ट्रैफ़िक जाम हो जाता है; मज़ा भी आता है। वैसे तो हररोज़ रात देर तक राजपथ पर मेले का माहौल रहता है। गुब्बारेवाले, गरम कॉफ़ीवाले, काबुली चनेवाले, मदारी, जादूगरी दिखानेवाले दिल्लीवालों के शौक़ पूरे करते हैं और अपना पेट भी भरते रहते हैं।

देखा जाए तो राजपथ को लोकतंत्र में जनपथ होना चाहिए था लेकिन यहाँ तो जनपथ और राजपथ एक-दूसरे को आर-पार काटते हैं। राजपथ के साथ-साथ थोड़ी दूर तक चलनेवाली सड़कें मतलब मौलाना आज़ाद रोड और राजेन्द्र प्रसाद रोड हैं। इंडिया गेट से चारों दिशाओं में प्रकट होनेवाली सड़कें देवी-देवताओं के चित्रों से चित्रित प्रभामंडल जैसी लगती हैं। इन सड़कों के नाम और उनका क्रम

भी मज़ेदार है। इन सड़कों में एक कर्ज़न रोड है। इसका नया नामकरण कस्तूरबा गांधी मार्ग हुआ है। एक ओर अशोक (मार्ग) तो दूसरी ओर कोपरनिकस (मार्ग)। इतने बड़े कालखंड का साथ कस्तूरबा गांधी को प्राप्त हुआ है। इससे बड़े मज़े की बात तो यह है कि यदि ग़लती से कस्तूरबा गांधी (मार्ग) से सीधे इंडिया गेट का गोल चक्कर पार कर आगे बढ़ गए तो उनकी भेंट शाहजहाँ (मार्ग) से होती है। अनुमान ग़लत होने से बाईं ओर चले जाते हैं तो डॉ. ज़ाकिर हुसैन मार्ग और दाईं ओर जाते हैं तो सम्राट अकबर मार्ग मिलेंगे।

मार्गों या सड़कों के नामों का यह माजरा बड़ा रोचक है। हाल ही में औरंगज़ेब मार्ग का नामकरण डॉ. ए.पी.जे. कलाम मार्ग हो गया। परन्तु आज भी औरंगज़ेब लेन मौजूद है। चाणक्यपुरी की मुख्य सड़क का नाम शान्तिपथ है। यदि यह नाम आश्चर्यजनक लगे तो इस बात पर सन्तोष कर लें कि शान्तिपथ के प्रारम्भ में ही दाईं ओर कौटिल्य मार्ग है। दूर अकबर भवन का बग़ल वाला बाईं ओर का मार्ग सत्यमार्ग है। शान्तिपथ के आसपास न्याय, नीति और विनय के स्वतंत्र मार्ग हैं। ये सभी मार्ग नई दिल्ली में होकर भी संसद, मंत्रालय और उच्चतम न्यायालय जैसे सम्मानजनक संस्थानों से थोड़ी दूरी पर हैं। इसका अर्थ यह सब निर्माण कार्य समुचित योजना के अन्तर्गत करवाया गया है; ऐसा लगने में कोई आपत्ति नहीं होनी चाहिए।

मज़े की बात तो यह है कि नीति मार्ग से निकट की सड़कों में एक सड़क है—रेसकोर्स मार्ग। जहाँ नियमित रूप से घुड़दौड़ होती है; उस रेसकोर्स के समीप प्रधानमंत्री का निवास स्थान है। प्रधानमंत्री नरेन्द्र मोदी ने इसका नामकरण अब लोककल्याण मार्ग करवाया है। इस मार्ग के दोनों प्रवेश द्वार सामान्य लोगों के लिए बन्द हैं। वहाँ सुरक्षाकर्मी तैनात होते हैं। भीतर जाने के लिए पहचान-पत्र अथवा अनुमति-पत्र का होना आवश्यक है। सच तो यह है कि देश की सभी सड़कें दिल्ली को और दिल्ली की सभी सड़कें रेसकोर्स को जानी चाहिए लेकिन वहाँ पहुँचनेवाले सभी मार्ग बन्द हैं, सुरक्षा के मद्देनज़र।

दिल्ली में लोकमान्य तिलक के नाम से तिलक रोड तो है ही अपितु तिलक ब्रिज और तिलक नगर भी हैं। शिवाजी रोड भी है लेकिन वह दूर है। आंबेडकर रोड वैसे भी सत्ताकेन्द्र से दूर ही है। इस पृष्ठभूमि में महात्मा फुले के प्रति दर्शाई जानेवाली अनास्था, उदासीनता मन को कचोटती है। नई दिल्ली की दो प्रमुख सड़कों—कोपरनिकस मार्ग और भगवानदास मार्ग को जोड़नेवाला यातायात रहित और गली से (ऐसी सड़क को यहाँ लेन कहते हैं) थोड़ा बड़ा महात्मा फुले मार्ग है। संसद की राजनीति में महाराष्ट्र कहाँ है; यह समझ में आता है और दिल्ली की सड़कों पर एक तरह देश में महाराष्ट्र के महत्त्व को किस प्रकार रेखांकित करता

है; इसका प्रतिबिम्ब दिखाई देता है लेकिन दिल्ली की सड़कों पर हमारी जो उपेक्षा दिखाई देती है; उसे हम बहुत गम्भीरता से न लें। नई दिल्ली में मोतीलाल नेहरू मार्ग है परन्तु जवाहरलाल नेहरू मार्ग दिखाया नहीं दिया है। वैसे ही; यद्यपि महात्मा गांधी का नाम रिंग रोड को दिया गया है लेकिन यह मार्ग कहाँ है; इसका उत्तर क्या पता, कितने दिल्लीवाले दे सकेंगे। लेकिन सच तो यह है कि दिल्ली के मार्ग और सड़कें उलझन में डाल देती हैं।

दिल्ली और पंछी : घोंसले एवं पंख

नई दिल्ली और पक्षियों के बीच क्या सम्बन्ध है? राजनीतिक दलों और दिल्ली के बीच का सम्बन्ध अब तो हम सभी मानकर ही चले हैं। पक्षियों की चहचहाट से ज़्यादा राजनीतिक पार्टियों का शोरगुल ही हमारा ध्यान इतना खींच लेता है कि कई को भ्रम हो जाता है कि यहाँ पक्षी हैं या नहीं। अर्थात, जिस प्रकार पक्षी इस डाली से उस डाली पर उड़ते-बैठते हैं; वैसे ही विचारों की डालियाँ बदलनेवाले दलों की संख्या रोज़ राजनीतिक पटल पर दिखाई देती है। मनुष्य के स्वभाव के जो रंग दिल्ली में दिखाई देते हैं यदि पंखवाले पक्षियों ने उनको नज़रअन्दाज़ न किया होता तो वे कब के दिल्ली छोड़कर चम्पत हो जाते। मैं कोई पक्षी निरीक्षक नहीं हूँ। मैं पक्षियों से प्रेम करता हूँ लेकिन उन्हें पिंजड़े में बन्द रखना; यह मुझे कदापि पसन्द नहीं है। मनुष्य ने चाहे जितनी प्रगति की हो फिर भी हम पक्षियों की तुलना में पिछड़े हुए हैं। मुझे लगता है कि पक्षी हमेशा हमारे आसपास होने चाहिए। दिल्ली में मैंने पक्षियों की जो खोज की; मुझे लगता है कि वह पूरी तरह किसी दुर्घटनावश अथवा संयोगवश हुई।

एक दिन दफ़्तर बन्द होने पर मैंने अपनी गाड़ी मोतीलाल नेहरू मार्ग से ताज़ होटल की दिशा में ली। शाम के छह बजे होंगे। सूर्य डूबने पर था। गाड़ी के बन्द शीशों में से भी कुछ तो आवाज़ आ रही थी। पक्षियों की होगी; ऐसा महसूस होकर भी मुझे विश्वास नहीं हो रहा था। वह आवाज बढ़ती ही गई। मेरी जिज्ञासा किसी तरह कम नहीं हो रही थी। मैंने गाड़ी सड़क के किनारे कर दी। मोतीलाल नेहरू मार्ग जामुन के पेड़ों से लदा-फँदा है। उन पेड़ों की टहनियों से आ रही आवाज़ को...उस चहचहाट को मैंने खोजने का प्रयास किया। नई दिल्ली के पक्षी मित्रों के बारे में मेरा पहला आविष्कार हुआ। उस जामुन के पेड़ पर तोते-ही-तोते थे। उनकी संख्या कितनी है; इसका अनुमान नहीं हो रहा था। साँगली के पास हरिपुर नाम का गाँव है। वहाँ कृष्णा नदी के किनारे पीपल के बड़े पेड़ हैं। यदि हम वहाँ जाते हैं

तो वहाँ के पीपल के वृक्ष सैकड़ों तोतों से लदे-फँदे दिखाई देते हैं। मोतीलाल नेहरू मार्ग के जामुन के पेड़ों पर बैठे तोतों की संख्या का अन्दाज़ करना कठिन था। वहाँ हज़ारों तोते देखने को मिलते हैं। शायद वे लाखों की संख्या में होंगे। ये तोते आपको मोतीलाल प्लेस से लेकर ताज़ होटल तक के पट्टे में शाम के पाँच-साढ़े पाँच के बाद कभी भी दिखाई देंगे। धीरे-धीरे मेरी समझ में यह आया कि नई दिल्ली और पक्षियों का रिश्ता बहुत निकट का है। मोतीलाल नेहरू मार्ग पर तोतों की संख्या इतनी अधिक है कि मैं भूल जाता हूँ कि इसी मार्ग पर नरसिंह राव रहते हैं। आज वे नहीं रहे। यहाँ से सोनिया गांधी भी उतनी ही नज़दीक हैं लेकिन इस मार्ग से गुज़रते हुए इन तोतों के कारण मैं उनको भी भूल जाता हूँ। इसके बाद मैं होश-ओ-हवास के साथ इस शहर को देखने लगता हूँ। अचानक समग्र पक्षी सौन्दर्य मेरे ध्यान में आ जाता है। सबसे पहली बात ध्यान में यह आई कि मनुष्य की भाँति पक्षियों की बस्तियाँ भी अलग-अलग स्थानों पर होती हैं। जैसे कि नॉर्थ और साउथ एवेन्यू में लगभग सभी सांसद रहते हैं। नौकरशाही के ऊँचे पदाधिकारी लोदी रोड, पंडारा रोड, मोती बाग, विनय मार्ग, भारती नगर, तिलक रोड जैसे क्षेत्रों में रहते हैं। दिल्ली के पक्षियों ने भी इन लोगों के बँटवारे की पद्धति को स्वीकार कर लिया है। मोतीलाल नेहरू का दूसरा हिस्सा वायु भवन और उद्योग भवन से जा मिलता है; उस क्षेत्र में चीलों की बड़ी मात्रा में बस्ती है। पंडारा रोड के जिस हिस्से से कई मंत्रालयों के सचिवों, कई आयोगों के उच्च पदस्थों, न्यायाधीशों आदि के आवास हैं; उस मार्ग के शमी वृक्षों की डालियों पर गिद्धों के घोंसले हैं। ये घोंसले सबसे ऊँची डालों पर हैं; जहाँ मनुष्य का हाथ अथवा नज़र नहीं जा सकती। गिद्ध इनसानों से कितने भयभीत रहते हैं; इसका यह सबसे बढ़िया उदाहरण है। वैसे आज वे नज़र नहीं आते हैं। आदमी उनके विनाश का कारण है। गिद्धों की गरदनें लम्बी और भयानक अनुभव होती हैं लेकिन जब वे उड़ते हैं तब अत्यन्त सुन्दर और आकर्षक दिखाई देते हैं। दिल्ली के पक्षियों को लेकर जो शोध मैंने की है; उसमें यह पाया कि मनुष्य गिद्धों से अधिक भयानक होते हैं। साथ ही ये गिद्ध इनसानों से डरते हैं और उड़कर जब उनसे दूर चले जाते हैं तब तो बहुत सुन्दर दिखाई देते हैं।

दफ़्तर जाते समय मुझे दाईं ओर संसद की शानदार इमारत दिखाई देती है। अचानक सौ-डेढ़ सौ कबूतरों का झुंड हवा में फर्र-से उड़ता है...कभी गोलाकार, कभी नीचे-ऊपर होता हुआ यहाँ-वहाँ फैल जाता है। उस क्षण उन कबूतरों की पृष्ठभूमि में संसद की इमारत को अनूठा सौन्दर्य प्राप्त होता है। शाम को मैं नॉर्थ ब्लॉक से बाहर आ जाता हूँ। सूरज डूबने पर है। नज़र ऊपर उठती है तो सरदार पटेल मार्ग के ऊपर से राष्ट्रपति प्रासाद को लाँघकर लौटनेवाले पक्षियों के झुंड मन

और दृष्टि को आकर्षित कर लेते हैं। कौओं, तोतों, मैनाओं के झुंड दिखाई देते हैं कि लगता है; हमें इनसानों की संगति से निकालकर कुछ समय के लिए पक्षियों के सान्निध्य में भेजना चाहिए। स्वतंत्रता, समता और बन्धुता का सिद्धान्त अव्यक्त और निराकार होते हुए भी उड़नेवाले पक्षियों के झुंड में ये स्पष्ट रूप से अनुभव होते हैं। उनमें इनसान की धूर्तता, ईर्ष्या, तिकड़मबाजी, जानलेवा होड़ और आरोप करने की प्रवृत्ति दिखाई नहीं देती। यह भी अनुभव होता है कि ये सभी पक्षी अनजानी डोर से एक-दूसरे के साथ गुँथे गए हैं और उनमें से एक प्रकार का संगीत झर रहा है।

दिल्ली में फैला प्रदूषण, भीड़, शहरीकरण, बढ़ती जनसंख्या जैसी समस्याओं का सामना करते हुए यहाँ के पक्षी (बड़ी प्रसन्नता से) आज भी हज़ारों की संख्या में यहाँ रहते हैं; इसे मैं अपना भाग्य मानता हूँ। निर्माण भवन के पड़ोस में बोट क्लब के बग़ल में एक पेड़ है। वहाँ शाम होते ही सैकड़ों मैनाएँ इकट्ठा होती हैं। ऐसा लगता है मानो वृक्षों से अल्प विराम चिपके हुए हैं। कई बार अकबर मार्ग से गुजरते हुए मैं अचानक रुक जाता हूँ। बाईं और दाईं ओर से जानेवाले मोर और मोरनियों को देखने के लिए जब मैं गोल्फ क्लब की ओर जाता हूँ तब मुझे बिना भूले वहाँ के बबूल के पेड़ पर बैठे मोर दिखाई देते हैं। मैं अन्त:करणपूर्वक उनके दर्शन करता हूँ। राजपथ से जाते हुए दाईं और बाईं ओर दूब फैली है। उसे पानी देने के लिए रबड़ की पाइपें छोड़ी हुई हैं। वहाँ पानी पीने के लिए अनगिनत चीलें भीड़ लगाती हैं और जल्दी-जल्दी पानी पीने की कोशिशें करती हैं। तब सार्वजनिक नल पर पानी को लेकर होनेवाले झगड़ों की याद आती है।

नई दिल्ली में पक्षियों का यह जो मनोरम अस्तित्व है; उसको बनाए रखना बहुत आवश्यक है। पक्षियों का जो वर्णन मैंने किया है; वह अभी तक मुझे समाचार-पत्रों, टीवी पर दिखाई नहीं दिया है। मुझे लगता है कि यह जानकारी पाठशाला के विद्यार्थियों को करानी चाहिए। नैरोबी के बाद दिल्ली वह राजधानी है, जहाँ सबसे अधिक पक्षी पाए जाते हैं; यह हममें से कितने लोग जानते हैं? विमान को मानवी संस्कृति की प्रगति का प्रतीक माना जाता है लेकिन इन विमानों से भी लाखों गुना श्रेष्ठ तकनीकी विज्ञान इन पक्षियों के पास है। इनकी हर हरकत में ईश्वर के दर्शन होते हैं। सन्त तुकाराम से लेकर बाबा आमटे तक सभी महापुरुषों को ये पक्षी पागल बना देते हैं। इसलिए इनको पूरी संवेदना के साथ देखना चाहिए।

मेरा पक्षी शोध कार्य यहीं तक सीमित नहीं है। हमारे कई पक्षीमित्र यहाँ दिखाई देते हैं लेकिन इस शहर में चहचहाट सुनाई नहीं देती है। कबूतरों की 'गुटर गूँ' है; मैनाओं के मंजुल बोल हैं लेकिन चिड़ियों की चहचहाट नहीं है। एक समय था जब पक्षी कहते ही चिड़िया और कौआ ही मन में उभरते। कौआ टिका हुआ है लेकिन

इस घाघ शहर में चिड़ियाँ बड़ी मुश्किल से पाई जाती हैं। लगता है कि हमने अपने जीवन में से मासूमियत, भावुकता, निष्पापता को निष्कासित कर दिया है, बाहर कर दिया है और यह उसी का प्रतीक है।

गुड बाई नई दिल्ली

प्यारी दिल्ली...बीते साढ़े तीन-चार साल मैं तुम्हारी गोद में खेलता रहा। तुमसे अलग होकर दूर जाने का अब समय आ गया है। यहाँ से दूर महाराष्ट्र के कोल्हापुर ज़िले के एक छोटे गाँव से मैं दिल्ली आया। मुझे पता नहीं था कि कभी मैं तुम्हारे इतने पास आ जाऊँगा। तुम्हारी इतनी प्रचंड जनसंख्या और तुम्हारा इतना प्रदीर्घ इतिहास! तुम बड़ी आसानी से आम आदमी को उसकी अपनी नहीं लगती हो। कुल मिलाकर तुम्हारा व्यक्तित्व समझ से परे है। इसलिए अजनबीपन और परायापन अनुभव होता रहा परन्तु बीते कुछ वर्षों में हम बहुत पास आ गए, मैं तुम्हारी मिट्टी में और सड़कों में इतना घुल-मिल गया कि अब तुमसे दूर जाते समय मन बड़ा भावुक हो उठा है।

तुम मेरे प्रिय देश की राजधानी हो। पूरा देश अलग-अलग अपेक्षाएँ लेकर तुम्हारा मुँह जोहता है। इस देश का तुम राजनीतिक केन्द्र हो। तुम्हारा अस्तित्व इतिहास रच जाता है। तुम्हारी भूमि में इस देश की संसद, केन्द्र सरकार, विविध मंत्रालय और निर्णय लेनेवाली दायित्वपूर्ण व्यवस्था का निवास है। इतनी सारी विविधताओं से परिपूर्ण देश को नेतृत्व प्रदान करने और एकजुट रखने का काम भी तुम्हें करना पड़ता है। इन विविध परम्पराओं से विभूषित और भविष्य की ओर आशाभरी दृष्टि से देखनेवाले देश की तुम एक तरह प्रमुख प्रतिनिधि हो। कभी-कभी इस देश की जनता तुमसे भयभीत रहती है।

तुम कौन-सा आदेश प्रसारित करोगी, तुम कौन-सी नीतियाँ तय करोगी, तुम देश को किस दिशा में ले जाओगी, इसे लेकर सभी के मन में जिज्ञासा रहती है लेकिन जिस तरह लोग तुमसे भयभीत रहते हैं उसी तरह वे तुम्हारी ओर खिंचे भी चले आते हैं। भारत के कोने-कोने से वे बड़ी संख्या में यहाँ चले आते हैं। तुम्हारी दी हुई कुर्सी, सत्ता पर अपनी रोटी सेंकते हैं। लोकतंत्र का रथ किसी तरह हाँकते हैं। जनता की सेवा करने का आडम्बर रचते हैं। महाभारत के समय से लेकर अब तक तुमने जो देखा है; यदि वह सब कुछ कहने की सोचें तो एक अन्तहीन महानाटक बनेगा परन्तु जिस ढंग से तुम सब कुछ देखती हुई सदियों से यहाँ खड़ी हो और खड़ी रहोगी; इसी बात का सबको कौतूहल है।

प्यारी दिल्ली...किसी शहर और उसमें रहनेवाले मुझ जैसे आदमी का क्या

रिश्ता-नाता होता है? आदमी-आदमी के बीच जो रिश्ता होता है; उससे अलग और कुछ नहीं होता है। आरम्भ में मुझे तुममें और मुझमें एक जैसा कुछ है; ऐसा कुछ भी अनुभव नहीं हुआ बल्कि ऐसा लगता था जैसे एक करोड़ चालीस लाख कीड़ों-मकोड़ों में से एक मैं भी हूँ लेकिन मुझे एक दफ़्तर, उसमें मेज़-कुर्सी, टेलीफ़ोन, एक कम्प्यूटर, वरिष्ठ अधिकारी, मातहतों का स्टाफ मिला। प्रशासन किसे कहते हैं? फाइलें किस तरह चलती हैं; रुकती हैं, दौड़ती हैं, गायब हो जाती हैं? निर्णय किस तरह लिये जाते हैं अथवा लेने चाहिए। जनसंख्या वृद्धि की समस्या को हल करने के लिए क्या करना चाहिए; यह समझ में आने लगा और एक पूरी दुनिया मेरे सामने खुलती चली गई। इस बीच सन्तुष्टि के कई पल तो कभी निराशा और उदासी के अनेक प्रसंग जीवन में आए। भावनाओं की इस यात्रा में मनुष्य नाम का प्राणी कितना अच्छा और कितना बुरा हो सकता है; इसका अनुभव हुआ। तुम्हारे रूप में मुझे जीवन का कैलिडोस्कोप मिला। सरकारी बैठकें, चर्चाएँ, लम्बी-चौड़ी टिप्पणियाँ, नॉर्थ ब्लाक का सुन्दर कॉरिडोर, निर्माण भवन, कृषि भवन जैसे भवनों के अन्दर-बाहर आते-जाते तुमने मुझे कई बातों के भेद-रहस्य खोलकर बताए।

प्यारी दिल्ली...तुमने कई बार मेरे थके-माँदे मन को अप्रत्याशित आनन्द की अनुभूति कराई है। जिन फाइलों का निपटारा नहीं हुआ; उनको किसी तरह निपटाकर, देर तक काम करके सारा दिन इतना काम किया फिर भी कुछ नहीं किया; ऐसा लगता। कई बार ऐसा भी हुआ कि खट्टे मन से वित्त मंत्रालय के पहले प्रवेश द्वार से बाहर निकले और अनजाने ही राष्ट्रपति भवन के ऊपर आधे चन्द्रमा की कोर दिख गई। इतना सारा सौन्दर्य तुमने चप्पे-चप्पे में बिखेरकर रखा है। इंडिया गेट के ऊपर आकाश में चलनेवाला बादलों का खेल हो या फिर विजय चौराहे पर गणतंत्र दिवस के बाद वाली बीटिंग रीट्रीट हो अथवा सड़कों के गोल चक्कर में पूरे वर्ष में बीच-बीच में दिखाई देनेवाले बहुरंगी फूलों का नृत्य हो...तुम्हारी ये सारी अदाएँ, ये हाव-भाव पागल कर देते हैं।

कई बार तुमने मुझे उलझन में डाल दिया है। पहली बार दिल्ली आया तो तुम्हारी ज़मीं पर 'औरंगज़ेब' नाम की सड़क है; यह देखकर तो मुझे विस्मय हुआ था। नई दिल्ली की लम्बी-चौड़ी और सुन्दर सड़कें और पुरानी दिल्ली की खचाखच भीड़भरी, ग़रीबी की कई निशानियाँ दर्शानेवाली सड़कें...इन दोनों के बीच की यह खाई आज तक मैं समझ नहीं पाया हूँ। देश की जनता रोज़ बड़ी बेचैनी और आकुलता से तुमसे ग़रीबी, विषमता, बेरोज़गारी, मन्दी, प्रदूषण जैसी समस्याओं का समाधान माँगती है और इस बारे में तुम्हारी यह तटस्थता, स्थितप्रज्ञता लाख प्रयास करने पर भी मेरी समझ में नहीं आती।

यह सब मैं तुम्हारी कमियाँ बताने के लिए नहीं कह रहा हूँ। तुम मुझे बहुत अच्छी लगती हो और अब मुझे तुमसे दूर जाना होगा; इसी बेचैनी और अधीरता के कारण मैं तुम्हारे इन सभी रूपों को याद कर रहा हूँ। बसन्त ऋतु में तुम मेरे लिए कोयल बनी तो गरमी के मौसम में तुमने मुझे जलाया-झुलसाया तो सर्दी के मौसम में तुम्हारे पत्तों का झड़ना और तुम्हारी ठंडक को महसूस किया, मन में संग्रहीत कर रखा। तुम्हारी गोद में पलनेवाले धूर्त नेताओं से लेकर भ्रष्ट अधिकारियों तक, कर्मठ सचिव से लेकर दिखावटी चर्चाओं तक; सब कुछ मैंने बहुत निकटता-करीब से देखा है। सबको समा लेने की तुम्हारी यह प्रवृत्ति मैं धीर-धीरे समझने लगा हूँ। तुम्हारा सौन्दर्य और तुम्हारी कुरूपता; दोनों को मैंने अब स्वीकारा है।

प्यारी दिल्ली...यह सच है कि तुम्हारे यहाँ का मेरा पड़ाव अब उठनेवाला है लेकिन यह भी सच है कि मैंने अपने मन में एक सूक्ष्म; बहुत छोटी दिल्ली को जतन कर रखा है। मैं अपने साथ तुम्हारे अस्तित्व, तुम्हारे वजूद का एक नन्हा-सा रूप लेकर जा रहा हूँ। मैं एक जिप्सी...बंजारा हूँ। लगातार नए-नए क्षितिज मुझे पुकारते रहते हैं। तेरे और मेरे बीच का रिश्ता स्थायी और पक्का नहीं है; इसे मैं अपने जीवन की अटल सच्चाई मानता हूँ। फिर भी किनारे की ओर आनेवाली लहरों की तरह मैं तुम्हारे पास आकर अपने-आपको उसमें समो दूँगा। मेरी इस भटकती ज़िन्दगी में तुम मेरा घर हो। तुम्हारे ही वृक्ष की मैं एक डाली हूँ। इस डाली पर तुम्हारी यादों के पत्ते सरसराएँगे। तुम्हें दिल्ली नाम 'दहलीज़' से मिला है। यह दहलीज़ पारकर मैं भीतर आया और सच्चे अर्थ में भारतीय बना। अब फिर से यह दहलीज़ लाँघकर और तुम्हारे एक प्रतिनिधि के रूप में मैं पाँच-साढ़े पाँच हज़ार किलोमीटर दूर जा रहा हूँ। हिन्द महासागर के एक बिन्दु...एक नुक़्ते को मानचित्र में ढूँढ़ना होगा। चारों ओर फैला महासागर, सुनहरी रेत और नीला पानी। अब वही बिन्दु, वही स्थान मुझे बुला रहा है, पुकार रहा है। मेरे भीतर का वह जिप्सी, वह घुमन्तू उस नए स्थान पर तम्बू खड़ा करने के लिए उत्सुक हो उठा है।

प्यारी दिल्ली...गुड़ बाई...

सुन्दर जापान

साकुरा द्वार पर खिल उठा

बदलती ऋतु के सौन्दर्य को निहारना मेरे जीवन का एकमात्र आनन्द है; ऐसा 'कामो नो चोमेई' नाम के एक जापानी बौद्ध भिक्षु ने लिख रखा है। जापानी लोग प्रकृति के सौन्दर्य से और विशेष रूप से फूलों से कितना प्रेम करते हैं; इसका अनुभव कई बार मुझे जापान में मार्च के अन्तिम सप्ताह में होता रहा। स्वागतकक्ष अर्थात रिसेप्शन काउंटर पर दी हुई चाभी लेकर मैं लगभग दौड़ता हुआ अपने कमरे तक पहुँचा। दरवाज़ा खोला और एक लम्बी छलाँग लगाकर खिड़की तक पहुँचा। परदे सरकाए और दूर तक नज़र दौड़ाई। मेरे चेहरे पर उदासी छा गई। मेरी नज़र में चेरी का एक भी पेड़ नहीं आया। मैं पुनः दौड़ता हुआ रिसेप्शन काउंटर पर आया। मैंने उस व्यक्ति का आत्मसम्मान आहत नहीं होगा ऐसी मीठी मनुहार करते हुए ऐसी जापानी भाषा में प्रार्थना की, "मुझे ऐसा कमरा चाहिए; जहाँ से मुझे चेरी के पेड़ दिखाई देंगे।" लेकिन काउंटर पर मुझे उत्तर मिला, "क्षमा कीजिए; लोगों ने कई हफ़्तों पहले ज़्यादा पैसे देकर वे कमरे रिज़र्व किए हैं।" मैं निराश होकर कमरे में लौट आया। जापानी लोगों के पुष्पप्रेम का आभास मुझे होना चाहिए था।

चेरी के लिए हिन्दी में प्रतिशब्द नहीं है। कम-से-कम मुझे तो भी मालूम नहीं है। जापानी में इसे साकुरा कहते हैं। शेक्सपियर ने भले ही कहा होगा कि नाम में क्या रखा है! गुलाब को किसी और नाम से पुकारो; तब भी वह गुलाब ही रहेगा। फिर भी गुलाब को बेला या चम्पा पुकारकर तो नहीं चलेगा! यह बात शेक्सपियर के ध्यान में क्यों नहीं आई; क्या पता? यदि ग़लती या भूल से शेक्सपियर जापान गया होता और जापानी जनता का साकुरा प्रेम देखा और अनुभव किया होता तो वह नाटक लिखना छोड़कर कविताएँ लिखना शुरू कर देता। जनमानस में साकुरा का स्थान इतना ज़बरदस्त दृढ़ है कि दूसरे किसी भी नाम में साकुरा की छवि साकार होना सम्भव नहीं है। साकुरा का नाम लेते ही जापानी मनुष्य भावुक हो ही जाता है।

फूलों को देखने के लिए छुट्टी लेने की प्रथा जापान को छोड़कर किसी अन्य देश में प्रचलित है; ऐसा तो मैंने नहीं सुना है। फूलों को देखना कितना महान आनन्दपर्व होता है; यह बताने की फ़ुरसत उनमें से किसी को नहीं; जो दिन-प्रतिदिन बासी, नीरस और एकरस होते जा रहे जीवन के रहँट में फँसे हुए हैं। बचपन की यादों को टटोलकर देखा तो पाया कि उसमें फूलों की यादें कितनी कम हैं और यह याद कर मुझे आश्चर्य और दुख होता है।

मेरे गाँव में कुलकर्णी परिवार का एकमात्र हरसिंगार और स्कूल के सामनेवाली गेंदा और गुलाब की बग़िया अपवाद है। समय के बहाव में हरसिंगार बह गया और गेंदा सिर्फ़ अत्रे के काव्य-संग्रह के शीर्षक में रह गया।

फूलों से दीवानावार प्यार करना क्या होता है; इसे जानने के लिए आपको मार्च, अप्रैल महीने में जापान में होना चाहिए। जीवन के सौन्दर्य को चखने के लिए ईश्वर ने मनुष्य को पाँच इन्द्रियाँ दी हैं। ये पाँच इन्द्रियाँ ईश्वर की ओर से मनुष्य को उपहार हैं। इन इन्द्रियों में भी आँखों को सबसे ऊपर का स्थान दिया है लेकिन जिन्होंने जापान में साकुरा पर छाई बहार नहीं देखी; उनको मिला आँखों का वरदान निरर्थक है; यह कहने में कोई सन्देह नहीं रह जाता। मार्च के पहले पखवारे के बाद से लेकर अप्रैल के अन्त तक जापान साकुरामय हो जाता है। साकुरा से लदा-लदा-सा हो जाता है। टीवी के मौसमवाले समाचार में भी साकुरा कहाँ और कब देखा जा सकता है; इसका विवरण आपको मिलता है। आ रहा है, आ रहा है; ऐसा जिसका शोर उठता है; वह साकुरा जब विभिन्न बाग़ों-बग़ीचों, नदी किनारों; उद्यानों-उपवनों और पहाड़ों पर उतर आता है; तब लोग, पूरी जनता पागल हो जाती है। जहाँ भी जिन पेड़ों के नीचे लोग जाते हैं; वहाँ भीड़ लग जाती है...लोग नाचते हैं; गाते हैं और अपने परिवार-दोस्तों के साथ इस आनन्दपर्व में सराबोर हो

उठते हैं। साके (मदिरापान) और खाने में मग्न लिप्त ये जापानी और आमतौर पर बड़ी गम्भीरता से अपने कार्य में लीन रहने वाले जापानी! क्या ये दोनों जापानी एक ही हैं? ऐसा भ्रम उत्पन्न हो...इस प्रकार यह वातावरण होता है...लेकिन साकुरा ही क्यों! जापानी लोग सिर्फ़ साकुरा पर छाई बहार ही देखने के लिए उमड़ पड़ते हैं...? तो ऐसा नहीं है। ये लोग खिले हुए फूलों का आनन्द भी उठाते हैं। किस महीने में किन फूलों का नेत्रपान अथवा चक्षुपान किया जा सकता है, इसका कैलेंडर जापान में मिलता है। ऐसा कैलेंडर और कहीं नहीं मिलेगा। लेकिन इन सभी में साकुरा को फूलों का फूल, फूलों का राजा अथवा रानी कह सकते हैं।

जापान में साकुरा सुन्दरता, सात्त्विकता, नज़ाकत और जीवन की क्षणभंगुरता का प्रतीक माना जाता है। यह प्रतीक अनिश्चितता का है। समुराई संस्कृति में पले-बढ़े सरदारों को किसी भी क्षण मौत से सामना करना पड़ता था और इसके कारण उत्पन्न होनेवाली अनिश्चितता का प्रतीक साकुरा है। साकुरा सुन्दर है, कोमल है और बहुत हुआ तो छह-सात दिन जीवित रहता है। पतझड़ समाप्त होता है। ठंड कम हो जाती है और पर्णहीन, सौन्दर्यरहित डालियों के तन पर गुलाबी रंग की कलियाँ खिल उठती हैं। कुछ ही दिनों में वे कलियाँ फूल बन जाती हैं और पूरा पेड़ फूलों से ऐसा लद जाता है कि पता ही नहीं चलता कि पेड़ के डालियाँ और तना भी हैं। मज़े की बात तो यह होती है कि इस बीच पूरे पेड़ पर एक भी पत्ता नहीं होता है। केवल फूलों का उत्सवपर्व होता है। फिर पंखुड़ियाँ गिर जाती हैं, यहाँ-वहाँ उड़कर बिखरती जाती हैं और चारों ओर पंखुडियों का अम्बार लग जाता है। जब ये पंखुड़ियाँ हवा में बिखरकर उड़ने लगती हैं तब समझ में आने लगता है कि सौन्दर्य के बिना जीवन कितना नीरस-निरर्थक है।

स्वच्छ-सुन्दर जापान

रात के साढ़े दस बज चुके हैं। तोक्यो शहर धीरे-धीरे अँधेरे में डूबता जा रहा है। फिर भी पूरा अँधेरा होना असम्भव है। आकासाका, गिंज़ा, आतेमाची क्षेत्रों की सैकड़ों इमारतों में हज़ारों बिजली के दीये अब भी जल रहे हैं। नीचे बड़ी मात्रा में गाड़ियों का आना-जाना जारी है। काम करने से ये लोग रुकते ही नहीं हैं।

तोक्यो शहर। जापान की राजधानी। सुबह हवाई अड्डे पर उतरा। तब से लेकर अब तक एक पूरा दिन बीता है और यह पूरा दिन मेरे थके तन-मन पर दबाव बनाए हुए है। तोक्यो मेरे जीवन का पहला विदेशी शहर। इस शहर और मेरे बीच विगत सत्रह वर्षों का सम्बन्ध है। केवल सम्बन्ध ही नहीं...आत्मीय रिश्ता है। जीवन के

लगभग साढ़े सात साल मैंने इस शहर को दिए या यों कहें कि इस शहर ने मुझे दिए। एक ओर कोल्हापुर ज़िले का लाट गाँव है; जहाँ मेरा मन रमता है। यह एकदम सीधा-सादा गाँव है और दूसरी ओर संसार का सबसे आधुनिक शहर है—तोक्यो। होटल न्यू ओतानी की छत्तीसवीं मंज़िल पर। यह शहर भी मुझे पुकारता रहता है। मुझे लगता है कि उस गाँव और इस शहर के बीच मेरा अस्तित्व फैला हुआ है।

सुन्दर और साफ़-सुथरे हवाई अड्डे की सारी बाधाएँ अर्थात क़ानूनी औपचारिकताएँ पार कर पाँच मिनट के भीतर ही मैं दूतावास की गाड़ी तक पहुँचा। किसी भी देश को पहली बार देखने की जो ललक होती है; वह कब की समाप्त हो चुकी है; शायद इसीलिए मैं गाड़ी में बैठे-बैठे सो गया। द्रुतमार्ग (एक्सप्रेस-वे) पर गाड़ी को द्रुतगति से जाना चाहिए था लेकिन हर जगह खचाखच भीड़। इसलिए गाड़ी चींटी की चाल से शहर की ओर बढ़ रही थी। इसी सड़क से मैं पैंतालीस-पचास मिनट में शहर पहुँचा हूँ लेकिन आज पूरे तीन घंटे लग गए...होटल तक पहुँचने में। सुबह-सुबह अगर यह हालत है तो दिन में और भी मुश्किल होगी।

दूतावास के समीप एक तलघर में एक जापानी रेस्तराँ है; दोपहर का भोजन वहाँ किया।

मेरे साथ दूतावास के मेरे सहयोगी दारलौंग थे। तलघर के इस रेस्तराँ का नाम 'तेम्पुरा' था। 'तेम्पुरा' का क्या अर्थ है? यदि हमारी भाषा में बताना हो तो 'भजिये' अथवा 'पकौड़ियाँ'। होटल में लगभग चौदह-पन्द्रह कुर्सियाँ। होटल शायद पति-पत्नी चलाते हों। सभी काम वे दोनों ही कर रहे हैं। भीड़ बहुत अधिक भी नहीं लेकिन ठीक-ठाक। आरम्भ में खाने में जापानी सलाद, चावल और थोड़ा सा अचार था। इसके बाद तेम्पुरा के विविध व्यंजन परोसे गए। अच्छी तरह तले हुए फिर भी अधिक तेल के नहीं। पीने के लिए सोयासूप भी। पेट भरा लेकिन भारी-भारी नहीं लगा। जापानी भोजन की यही विशेषता है। भोजन पूरी तरह पौष्टिक और सन्तुलित। शायद इसीलिए जापानी लोग प्राय: मोटे दिखाई नहीं देते।

शाम को 'घुँघरू' नाम के भारतीय होटल में भोजन के लिए गए। तोक्यो शहर के आसपास लगभग साढ़े तीन सौ-चार सौ भारतीय भोजनालय हैं। उनमें सौ-डेढ़ सौ कुर्सियोंवाली होटल से लेकर फास्टफूड टाइप तक की होटलें हैं। 'घुँघरू' होटल 'राज़ी' नाम के सिख व्यक्ति का होटल है। पिछले सत्रह सालों से मैं उसे जानता हूँ। जहाँ-जहाँ सरकारी हस्तक्षेप अथवा दख़लअन्दाज़ी और नियमों का अनावश्यक पसारा नहीं है; वहाँ भारतीय लोग अच्छे कार्यों का प्रदर्शन करते हैं। भारतीय भोजन, संगीत, वर्तमान प्रौद्योगिकी क्षेत्र में भारतीयों द्वारा किया गया कार्य इस बात के कुछ उदाहरण हैं। रजनीकान्त, कमल हसन जैसे कलाकार जापान में

लोकप्रियता की चोटी पर हैं। जापानी लोग बड़े शौक़ और रुचि के साथ भारतीय फ़िल्में देखते हैं।

भारतीय भोजन की एक अन्य विशेषता है। हमारा देश कितना महान है; यह बताने में अकसर पाकिस्तानी नागरिक पीछे नहीं रहते। यदि यह बात भारत के साथ तुलना करने अथवा प्रतियोगिता के विषय में हो तो पूछिए ही मत। लेकिन विदेश में पैसा कमाते समय यह देशप्रेम अपने-आप रंग बदल देता है। तोक्यो में कई भारतीय रेस्तराँ के मालिक पाकिस्तानी लोग हैं। होटलों के नाम भी बड़े मज़ेदार और चौंकाने वाले हैं। 'कराची इंडियन रेस्तराँ' कैसा नाम है यह! इससे भी अधिक कमाल का नाम है—'जिन्ना इंडियन रेस्तराँ'। सबसे मज़ेदार बात है ऐसे नामों की 'पाकिस्तानी इंडियन रेस्तराँ', 'नेपालिज़ इंडियन रेस्तराँ' और 'बांग्लादेश इंडियन रेस्तराँ'। ये नाम आपको सरेआम मिलेंगे। आर्थिक उन्नति का महत्त्व यदि जनता की समझ में आता है तो अपने-आप प्रादेशिक और संकीर्ण राष्ट्रीय भावनाओं पर नियंत्रण आ जाता है; कहीं इसका अर्थ यही तो नहीं है!

तोक्यो में घूमते समय अनुभव हुआ कि सड़कें, इमारतें, फुटपाथ, रेलिंग और फाटक आदि सब ऐसे लगते हैं जैसे इन्हें कल ही बनाया गया हो। बिल क्लिंटन भारत आए थे तब दिल्ली साफ़-सुथरी बन गई, आगरा चकाचक हो गया। कोई एक सड़क थी (शायद फ़तेहपुर-सीकरी जानेवाली) जो सुन्दर लेकिन आधी ही बन पाई थी लेकिन क्लिंटन आ रहे हैं, इसलिए नई सड़क बननी शुरू हो गई और बीच में ही मालूम हुआ कि क्लिंटन नहीं आ रहे हैं। बस! सड़क का बनना जहाँ-का-तहाँ रुक गया। सड़कों का भी भाग्य होता है। तोक्यो की सभी सड़कें इतनी स्वच्छ और साफ़-सुथरी, एकदम नई जैसी चमचमाती मानो कल ही बनाई गई हों। जब सड़क पर गाड़ी चलती है तो लगता है जैसे पानी में और बिना किसी धक्कमपेल के चली जा रही हो। गाड़ियाँ भी वैसी ही। सभी नई-नई लगती हैं क्योंकि गाड़ियों के रख-रखाव पर ये लोग बहुत ख़र्च करते हैं। इसके उलटे दिल्ली में मैं यमुना पार रहता था। वहाँ की सारी बस्तियाँ, सारे आवास विगत पन्द्रह-बीस वर्षों में बने हुए...हैं लेकिन कैसे दिखते हैं। देखने की इच्छा ही नहीं होती। सीढ़ियाँ, सड़कें, खिड़कियाँ, इमारतों के रंग...सब ओर उदासी और अनास्था का वातावरण। मयूर विहार में मेरे घर के पड़ोस में एक तालाब है। यह तालाब हरी जलकुम्भियों से भरा रहता है, इस तालाब को सुन्दर तालाब का पुरस्कार प्राप्त हुआ है। इस तालाब का एक-चौथाई हिस्सा कूड़ा-करकट और मैले की दुर्गन्ध में डूब गया है। अपने देश की बुराई-निन्दा नहीं करनी चाहिए...वैसा करने में आनन्द भी नहीं होना चाहिए। लोग ग़रीब हैं, पैसा नहीं है जैसे कई कारण हमारे पास हैं लेकिन प्रशासन, धनवान जनता,

पढ़े-लिखे नागरिक भी हमारे देश में हैं न! तो फिर हमारे सपने कहाँ ग़लत हुए?

दारलौंग ने भारत में ख़रीदी हुई सेकंडहैंड कार का अनुभव सुनाया। उन्होंने तीन सालों में तीस टायर ख़रीदे। एक लाख रुपये में 118 NE मॉडल की एक कार ख़रीदी। तीन सालों में मरम्मत पर एक लाख दस हज़ार रुपये ख़र्च किए। मेरा अनुभव भी इससे कुछ अलग नहीं है। गाड़ी घर के सामने कितना समय रही और कितने समय गराज़ में थी; इसका हिसाब न करें तो ही अच्छा है। वर्ष 1995 से 1999 के बीच मैं जापान में था और वहाँ मैंने सेकंडहैंड टोयोटा कार चलाई। एक बार भी पंचर नहीं हुई। वही गाड़ी दिल्ली में चलाई। कई बार पंचर हुई...कई टायर भी बदले।

शराब पीने के मुआमले में हम जापानी लोगों की बराबरी नहीं कर सकते। यहाँ पुरुष-महिलाएँ सरेआम पीते हैं लेकिन एक-दूसरे के साथ झगड़ा नहीं, तू-तू, मैं-मैं नहीं। चन्दर नाम का एक आदमी है। भारत के पूर्वोत्तर क्षेत्र का रहने वाला। उससे पूछा, "तुम्हारे यहाँ भी बहुत पीते हैं ना!" उसने कहा, "गाँव में पीनेवाला अकेला मैं हूँ लेकिन मैं या तो विदेश में पीता हूँ या फिर तब; जब मैं गाँव से बाहर होता हूँ। गाँव में एक चर्च है और उसका सब पर ऐसा नियंत्रण है कि यदि उन्हें पता चले कि मैं पीता हूँ तो वे मुझे बहिष्कृत कर देंगे...मुझे टाट से अलग कर देंगे। बहुत पहले एक आदमी था। वह चर्च का आदेश मानता नहीं था और शराब पिया करता था। चर्च ने इस पर रोक लगाने के लिए जुर्माना लगाने का निर्णय किया। तो वह आदमी चर्च में जाकर पहले जुर्माना भरता और उसके बाद बेहिसाब पीकर यह कहकर चिल्लाता-फिरता, "मैंने जुर्माना भर दिया है। अब मैं जितनी चाहूँ; उतनी शराब पी सकता हूँ।" यह सुनकर मैं हँसते-हँसते लोटपोट हो जाता।"

जापान में कार्यालय का समय ख़त्म होने के बाद लोग अकसर किसी पब या कॉफ़ी हाउस जाते हैं। पीना आम बात है यहाँ पर। पीकर गिर भी जाते हैं लोग। मेट्रो में अकसर 'बेवड़े' पाए जाते हैं। रात के समय घर जाते हैं किसी भी परेशानी के साथ। उनको भी कोई परेशान नहीं करता क्योंकि पीते सब हैं।

पड़ाव : थाना तोक्यो

जापान के तोक्यो में एक कार्यशाला में सम्मिलित होने का संयोग अचानक प्राप्त हुआ। यह कार्यशाला 'प्रगति के लिए प्रशिक्षण' विषय से सम्बन्धित थी। कार्यशाला दिन-भर चलती थी और यह प्रशिक्षण कई दिन चलता रहा। प्रत्येक दिन विभिन्न विषयों का मार्गदर्शन किया जाता था। दोपहर डेढ़ बजे तक प्रशिक्षण की प्रतिदिन

की औपचारिकता पूरी हो जाती। इसके पश्चात प्रशिक्षण केन्द्र की सैर कराई जाती। उस समय हमें कई बातें समझाई जातीं।

पहले ही दिन हमें स्वास्थ्य उपचार का कार्ड दिया गया। कम्प्यूटर और इंटरनेट का प्रयोग करने के बारे में सूचनाएँ भी दी गईं। इसके बाद विभिन्न विषयों से सम्बन्धित जानकारी बताई गई। प्रशिक्षण केन्द्र की पत्रिका भी निकलती है। हमें तोक्यो की सार्वजनिक यातायात व्यवस्था का जिस प्रकार मार्गदर्शन किया गया; उसी प्रकार मेट्रो और शहर के मानचित्र भी हमें दिए गए।

जो जानकारी बताने के लिए भारत में दस मिनट लिये जाएँगे; वही जानकारी बताने के लिए यहाँ दो दिन ख़र्च किए जा रहे थे। इसके पीछे उद्‌देश्य सिर्फ़ यही था कि अलग-अलग देशों से प्रशिक्षण हेतु आए हुए हम युवाओं के सम्मुख कोई बाधा अथवा समस्या खड़ी न हो। केन्द्र के परिसर में घूमते समय आग पर क़ाबू कैसे पाना है, भूकम्प होने पर किस प्रकार अपना बचाव करना है, इसके बारे में बड़ी बारीकी और तफ़सील में बताया जा रहा था। यहाँ के अधिकारी इस प्रयास में थे कि प्रशिक्षण यथासम्भव हलके-फुलके और हँसी-मज़ाक़ के वातावरण में सम्पन्न हो; जिससे किसी को ऐसा न लगे कि वह प्रशिक्षण केन्द्र में शिक्षण लेने आया है।

यहाँ की सुख-सुविधाओं का उल्लेख करना ही होगा। इंटरनेट और कम्प्यूटर की सेवाएँ तो चौबीसों घंटों उपलब्ध थीं ही; साथ ही; नई-पुरानी पुस्तकों से सम्पन्न ग्रन्थालय, मनोरंजन के लिए वीडियो की सुविधा, बैंक की सुविधा और बिलियर्ड से लेकर वॉलीबॉल जैसे खेलों की सुविधाएँ भी उपलब्ध थीं। यही नहीं; हमारी सेवा में मनोवैज्ञानिक डॉक्टर को भी तैनात किया गया था। जिस तरह हर बात हमें समझाकर बताई जा रही थी; उसे देखने पर ध्यान में आया कि सभी सुविधाएँ बड़ी सरल और आसान ढंग से हमारे लिए कार्यरत हो गई थीं। यहाँ पर आसपास की जानकारी...वहाँ के पारस्परिक सम्बन्ध समझाकर देने की परम्परा है। इन सभी बातों का लाभ हमें पहुँचाया जा रहा था।

जापान : अगला दिन

नौ बजकर चालीस मिनट की कक्षा। कक्षा नौ चालीस पर ही प्रारम्भ हुई। मैं दो मिनट देरी से पहुँचा। सभी थोड़ा-सा विचलित-परेशान हुए। मुझे भी ऐसा लगा जैसे मैंने कोई बहुत बड़ा अपराध किया हो। जी हाँ...अपराध ही किया था क्योंकि जापान में हर सेकंड का अपना इतना महत्त्व है कि दो मिनट की देरी होना मतलब बहुत

बड़ा अपराध ही है। हमारे प्रशिक्षण के एक हिस्से के रूप में माचिको सान हमारा परिचय जापान से करा रही हैं। 'माचिको' उस महिला का नाम है और 'सान' उसका आदरसूचक सम्बोधन। यहाँ श्री, श्रीमती, सौ., सुश्री के रूप में सभी को सम्बोधित किया जाता है; इसलिए वह मोचिको सान है। केंजी इवागुची (सान) यहाँ के मैनेजिंग डाइरेक्टर हैं। वे कह रहे हैं, "आप सभी हमारे लिए आदरणीय अतिथि हैं। आपका निवास सुखमय हो; इसके लिए मैं प्रयासरत हूँ। कोई भी समस्या हो, कृपया मुझसे सम्पर्क करें। साथ ही; आप अपने देश का प्रतिनिधित्व कर रहे हैं। इसलिए आपका आचरण दायित्वपूर्ण होना चाहिए। इस समय जापान में शरद ऋतु चल रही है। यह ऋतु खाने और आनन्द मनाने की दृष्टि से सबसे उत्तम ऋतु है। ख़ूब आनन्द उठाइए। ऐसे प्रशिक्षण के तीन लाभ हैं। ज्ञान में वृद्धि होती है (आपमें इकतालीस देशों के उनहत्तर प्रतिनिधि हैं), मित्र बनने का अवसर मिलता है (जापानी और अन्तरराष्ट्रीय) क्योंकि मनुष्य-मनुष्य के बीच के सम्बन्ध दो देशों के बीच के सम्बन्धों से बढ़कर और अच्छे होते हैं। जापानी जनता से आपके मिलने के कई अवसर हम आपके लिए उपलब्ध कराएँगे। तीसरा लाभ यह है कि संस्कृति, भाषा और अन्य बातें सीखने का अवसर मिलता है।

मैनेजिंग डाइरेक्टर को बोलने के लिए दस मिनट का समय दिया गया था। समय समाप्त होते ही बेचैन हुई माचिको सान पीछे से संकेत कर रही थी। एम.डी. साहब ने तुरन्त अपना भाषण निपटा लिया।

अगले वक्ता सोज़ो योकोयोमा थे। आयु के साठ वर्ष पूर्ण कर चुके हैं। फिर भी तेज़-तर्रार। बढ़िया अंग्रेज़ी बोलते हैं। वे 'जापानी लोग और जापानी समाज' विषय पर बोलनेवाले हैं। उनकी बातों में निरन्तर हास्य-विनोद का स्पर्श रहता था। इस ऋतु में मौसम स्त्री के मन की तरह चंचल होता है। कभी धूप...तो कभी बरसात...और कभी बादल। जापानी लोग अब भी बाहर की दुनिया में घुलने-मिलने से ना-नुकुर करते हैं। पहले जब मैं विदेश जाता था तो मुझे लगता था कि मैं यहाँ क्यों आया हूँ। पछतावा होता था कि पत्नी को छोड़ क्यों आया हूँ। और जब लौटकर पत्नी से मिलता था तो लगता था कि लौटकर क्यों आया हूँ। यद्यपि जापान में अंग्रेज़ी जाननेवाले-बोलनेवाले लोगों की संख्या कम है; फिर भी अंग्रेज़ी यहाँ की प्रमुख विदेशी भाषा है। प्रत्येक व्यक्ति कम-से-कम छह वर्ष जापानी भाषा सीखता है, सड़क पर मिलनेवाला जापानी व्यक्ति आपकी सहायता करेगा; इसकी सम्भावना कम होती है। वह आपसे मिलकर हँस देगा; इसकी सम्भावना तो उससे भी कम रहती है। लेकिन इसका कारण यह है कि जब तक विदेशी व्यक्ति के लिए उसके पूरे सहयोग की आवश्यकता होती नहीं है तो वह संकोचवश विदेशी आदमी से दूर

चला जाता है। अब जापानी मनुष्य धीरे-धीरे बदल रहा है। मेरी सलाह है—परदेस में आने के बाद वहाँ के वातावरण और चाल-चलन को ज्यों-का-त्यों स्वीकारो। हमारी तरह वे भी हों; ऐसी हठवादिता मत करो। जापानी मनुष्य जब किसी से पहली बार मिलता है तो 'हाजिमेमाश्ते' कहता है। इसका अर्थ शब्दकोश में यह मिलेगा—"आप कैसे हैं?" आपसे मिलकर प्रसन्नता हुई। परन्तु वास्तविक अर्थ यह है—"मैं आपसे पहली बार मिल रहा हूँ।" जापानी मनुष्य बहुत 'औपचारिक' है। जब तक वह कमर से झुकता नहीं तब तक वह आपसे मिलेगा भी नहीं, विदा भी नहीं होगा। जापानी मनुष्य औपचारिक है इसलिए वह आपसे गले भी नहीं मिलेगा परन्तु युवा पीढ़ी बदल रही है। अधेड़ उम्र के जापानी लोग हाथ मिलाते समय आपकी आँखों में देखते नहीं हैं। उनका मानना है कि दूसरे की आँखों में देखना अथवा झाँकना मतलब दूसरे में घुल-मिल जाना, मतलब दूसरे का सम्मान करना है। जापानी संस्कृति को समझने के लिए उनकी अभिव्यक्ति अथवा उनके प्रकट होने के जो अर्थ होते हैं; उनको समझना आवश्यक है। जापानी मनुष्य 'आरिगातो गोजाइमास' शब्दों का बार-बार उच्चारण करता है। इसका अर्थ 'आभारी हूँ' होता है लेकिन इसका मूल अर्थ 'अविश्वसनीय' अथवा 'भरोसे योग्य नहीं है'; ऐसा होता है। प्रकारान्तर से इसका अर्थ है कि 'आपकी दया विश्वास करने योग्य नहीं है। दूसरे की छोटी-छोटी बातों के प्रति कृतज्ञता अथवा धन्यवाद व्यक्त करना; इसके पीछे यही उद्देश्य होता है। जापानी भाषा में ऐसे कई सांकेतिक शब्द अथवा मुहावरे हैं।

पुराने समय में जापानी लोग कहा करते थे, "सूर्य उगने से पहले जागकर काम पर लगेंगे और चन्द्रमा के उगने तक काम करेंगे।" यह सब कुछ उनकी अर्थव्यवस्था सशक्त और बलशाली बनने तक चलता रहा। हाल ही में ही एक शिलालेख बरामद हुआ। इसमें ग्रामवासियों से इन शब्दों में आवाहन किया गया था, "किसानो! अँधेरा होते ही (सूरज डूबने के बाद) काम पूरा कर दो। यही प्रगति की कुंजी है।"

सच तो यह है कि जापान की चित्रलिपि आँखों से अथवा मन से दिखाई देनेवाली किसी वस्तु की प्रतिमा अथवा छवि द्वारा निर्माण हुई है। जैसे—' ॥' यह चित्र बहते पानी की तरह दिखाई देता है। इसलिए इसका अर्थ नदी है या फिर यह दूसरा चित्र किसी ऐसे खेत की तरह दिखाई देता है; जो मेंड़ों द्वारा बँटा हुआ है। इसलिए इसका अर्थ चावल अथवा सिर्फ़ खेत ऐसा भी होता है। मनुष्य का चित्र बनाकर उसे थोड़ा-सा छोटा बना दिया तो समझिए मनुष्य के लिए जापानी भाषा में उपयोग में लाया जानेवाला 'हितो' (人) शब्द बन जाता है। यद्यपि जापानी लिखित भाषा बहुत जटिल और गुत्थियोंवाली है। फिर भी इस तरह वह ग्रामीण कृषि संस्कृति से उत्पन्न हुई है।

अच्छी तरह पैक किया हुआ कोई उपहार मिलते ही दूसरे पश्चिमी लोग तुरन्त उस उपहार को खोलकर कहेंगे, 'वाह! कितना बढ़िया उपहार है!' लेकिन जापानी लोग दोनों हाथों से उपहार लेते हैं, बड़े आदर के साथ उसे आँखों से लगाते हैं, मन से धन्यवाद देते हैं और ठीक से ले जाकर रखते हैं। अतिथि के जाने के बाद ही वे उस उपहार को खोलते हैं। क्योंकि जापानी लोग मानते हैं कि अतिथि के सामने उपहार को खोलना अतिथि का अनादर करना है।

बारह बज गए। दो घंटे का लेक्चर समाप्त हुआ। माचिको सान पुन: प्रकट हुईं और यह कहना नहीं भूलीं, "डेढ़ बजे बिना भूले आ जाइए।"

जापान : राजनीति एवं प्रशासन

डेढ़ बजे...ठीक डेढ़ बजे...यामागुची सान ने 'जापान : राजनीति एवं प्रशासन' विषय पर बोलना प्रारम्भ करते हुए जापानी राजनीति के अनेक पहलुओं को स्पष्ट किया। उन्होंने कहा, "वर्तमान प्रधानमंत्री अपने ही दल की आलोचना करके यहाँ तक पहुँचे हैं।" जापान में लिबरल डेमोक्रेटिक पार्टी और कम्युनिस्ट पार्टी सबसे पुरानी पार्टियाँ हैं। ये पार्टियाँ भारत की कांग्रेस और कम्युनिस्ट पार्टियों जैसी लगती हैं। शीतयुद्ध समाप्त होने के बाद जिस प्रकार भारत की राजनीतिक पार्टियों की नीतियों में कोई परिवर्तन नहीं आया वैसे ही जापान की राजनीतिक पार्टियों में भी कोई बदलाव नहीं आया। कोइज़ुमी के प्रधानमंत्री बनने से पहले सत्तारूढ़ दल लोकप्रिय नहीं था और विरोधी दल इकट्ठे नहीं आए थे। संक्षेप में; इस समय भारत में जो स्थिति दिखाई देती है; वही जापान में भी थी। भारत में भी आनेवाले समय में क्या कोइज़ुमी जैसे नए नेता का उदय होगा? जापानी संविधान जापानी भाषा में लिखा हुआ नहीं है। यह संविधान जापानी लोगों ने नहीं बनाया है। विगत पचपन वर्षों में इस संविधान में एक बार भी संशोधन नहीं किया गया है। यह संविधान विदेशी (अमेरिकन) लोगों द्वारा बनाया गया है। और इसमें एक बार भी परिवर्तन नहीं किया गया है। फिर भी यह संविधान जापान में चलाया जा रहा है। जापान के लोगों को इस 'व्यावहारिक' संविधान का बहुत बड़ा लाभ प्राप्त हुआ है। इस संविधान ने शीतयुद्ध में जापान को संरक्षण प्रदान किया। इसका परिणाम यह हुआ कि जापान अपना पूरा ध्यान आर्थिक प्रगति पर केन्द्रित कर सका। जापान का सम्राट अथवा नरेश राजनीति में हिस्सा नहीं लेते। प्रधानमंत्री स्वयं को मंत्रिमंडल समूह का एक सदस्य मानकर कार्य करता है। जापान ने पर्ल हार्बर पर आक्रमण किया क्योंकि उस समय जापान में सशक्त नेतृत्व नहीं था। जापान में ऐसा प्रावधान है कि प्रधानमंत्री का चुनाव संसद

सदस्य करते हैं। फिर भी एक पत्रकार के कथनानुसार, "जापान के प्रधानमंत्री का चुनाव घोड़ों के बाजार में जो लेन-देन होता है; वैसे लेन-देन द्वारा अथवा सत्तारूढ़ पार्टी की गुटबन्दी में से अथवा बड़े-बड़े होटलों के कमरों में दिन ढलने पर किया जाता है।" पिछले दस वर्षों में (1987-97) जापान में आठ प्रधानमंत्री हुए। संक्षेप में कहना हो तो शीतयुद्ध समाप्त हुआ और जापान की राजनीति की अस्थिरता का प्रारम्भ हुआ। आर्थिक स्थितियों को पुनर्जीवित करना और आर्थिक सुधार लाना इस समय जापानी राजनीतिज्ञों के सम्मुख सबसे महत्त्वपूर्ण चुनौतियाँ हैं। परन्तु इसमें बहुत से विरोधाभास सामने आ रहे हैं।

आर्थिक सुधार के प्रथम चरण के रूप में जापान में बजट बनाने का कार्य वित्त मंत्रालय से निकाल लिया गया है। जबकि यह कार्य वित्त मंत्रालय का है। अब बजट बनाने का कार्य प्रधानमंत्री के कार्यालय की एक विशेष समिति द्वारा किया जाता है। इस समिति का प्रमुख 'नाकाबयाशी' नाम का एक प्रोफ़ेसर है।

जापान का संविधान जापान को नि:शस्त्र देश घोषित करता है परन्तु प्रत्यक्ष में जापान में नौसेना, थलसेना और वायुसेना है। आज भी देश की सम्पूर्ण आय का एक प्रतिशत हिस्सा सेना पर ख़र्च किया जाता है। यदि दूसरे विश्वयुद्ध में जापान हार नहीं जाता तो जापान में सच्चा लोकतंत्र स्थापित होना कठिन था। जापान की नौकरशाही ने यहाँ अमेरिका की शासन प्रणाली को चलाया। जापानियों ने सच्चे अर्थ में भूमि सुधार क़ानून एवं अन्य महत्त्वपूर्ण क़ानून अमेरिकों के आदेशों के अनुसार बनाए। दूसरे विश्वयुद्ध के पश्चात नौकरशाही, संसद, कैबिनट जापान स्थित अमेरिकी सेना के आदेशों पर काम करते थे लेकिन ये सभी आदेश जापान के मंत्रियों और अधिकारियों के नाम से जारी होते थे। इसी अवधि में पुलिस व्यवस्था के राजनीतिक अधिकार भी वापस लिये गए थे। जापान की नौकरशाही अमेरिकी प्रणालियों को सुधारनेवाली व्यवस्था बन गई थी। इस व्यवस्था को 'राज्य' अथवा 'उपनिवेश' कहने के बदले 'नियंत्रित मार्गदर्शन' कहना अधिक उचित होगा।

जापान में अब तक अर्थात विगत पचास वर्षों में राजनीतिक नेताओं का काम केवल काबुकी नाटक के पात्रों की तरह रंगमंच पर चमकना था। वास्तविक सत्ता, वास्तविक प्रबन्धन नौकरशाही के हाथों में था। यही नौकरशाही इस नाटक की कर्ता-धर्ता, लेखक और सूत्रधार थी।

प्रो. यामागुची का व्याख्यान समाप्त होने की कोई सम्भावना दिखाई नहीं दे रही थी। भूरे कोट के नीचे नीली पैंट, पीले-लाल बूँदोंवाली काली टाई के ऊपर सुनहरी तीलियोंवाली ऐनक थी...यही उनकी सज-धज थी। आयु के साठ वर्ष पार कर चुके यामागुची धीरे-धीरे परन्तु निरन्तर बोल रहे हैं। अंग्रेज़ी का गहरा

अध्ययन है। इसलिए अंग्रेज़ी पर अच्छा-ख़ासा प्रभाव है। बड़ा शान्त व्यक्तित्व है उनका।

शिक्षा प्रणाली

अब तोक्यो इंस्टिट्यूट ऑफ टेक्नोलॉजी के प्रो. दोशियो हारा जापानी शिक्षा व्यवस्था पर बोल रहे हैं। उन्होंने कोट नहीं पहना है। गले के दोनों ओर पट्टियाँ हैं। श्यामपट्ट अर्थात ब्लैक बोर्ड पर कुछ तो लिख रहे हैं। कल मैं आगे वाली बेंच पर बैठा था; आज मैं पीछे बैठा हूँ।

जापानी बालक छठे वर्ष की आयु में तो ब्रिटेन, अमेरिका में बालक पाँच वर्ष की आयु में विद्यालय में जाते हैं। रूस में दो वर्ष की आयु में बालक को स्कूल में भेजने की प्रथा है।

1870 ई. में जापान में किंडरगार्टन की संकल्पना आई। परन्तु अब किंडरगार्टन व्यवस्था जापान में कालबाह्य हो चुकी है। अब वहाँ किंडरगार्टन के बदले 'नर्सरी' व्यवस्था लोकप्रिय हो गई है। सुबह सात बजे 'नर्सरी' खुल जाती है और शाम में सात बजे बन्द हो जाती है। वर्तमान में हुए शोधकार्य के अनुसार 16 वर्ष की आयु तक मस्तिष्क का पूरा विकास हो जाता है। 9 वर्ष की आयु में 70 प्रतिशत होता है। अत: छोटी आयु में प्राप्त की जानेवाली शिक्षा महत्त्वपूर्ण होती है।

इन दिनों जापान में कक्षा में तंग करने वाले बड़े लड़कों के फ़ोटो समाचार-पत्रों में अपनी झलक दिखा जाते हैं क्योंकि उनकी प्रताड़ना और यंत्रणाओं से परेशान होकर पिछले वर्ष बीस विद्यालयीन छात्रों ने आत्महत्या की।

यह जापान की समस्या काफी दशकों से चली आई है। भारत में महाविद्यालयों में 'रैगिंग' होती है; जापान के स्कूलों में 'इजिमे' की समस्या है।

जापानी विद्यार्थी अच्छे/उत्तम विश्वविद्यालय में प्रवेश पाने के लिए 9 वर्ष की आयु से ही तैयारी प्रारम्भ करते हैं। विद्यालय में पढ़ाए जानेवाले विषयों को छोड़कर गणित और भाषा के अध्ययन के लिए ख़ास ट्यूशन क्लासेस लगाए जाते हैं। इसका परिणाम यह होता है कि बच्चे बहुत ही व्यस्त रहते हैं और उन पर मानसिक दबाव आ जाता है। इस परिस्थिति को बदलने के लिए सरकार बड़े प्रयास कर रही है लेकिन परिस्थिति में किसी प्रकार का कोई बदलाव नहीं आ रहा है।

1868 ई. में मेइजी क्रान्ति हुई और इसके पश्चात जापान में आधुनिक शिक्षा प्रारम्भ हुई। इसमें 'आधुनिक' शब्द का अर्थ क्या था? इसका अर्थ सार्वजनिक शिक्षा था। वर्ष 1903 में नब्बे प्रतिशत छात्र-छात्राएँ विद्यालय जाते थे। अब यही

संख्या सौ प्रतिशत के आसपास है। इस पढ़ी-लिखी जनता के कारण ही जापान की प्रगति हुई है। केवल दिव्यांग लड़के-लड़कियाँ साधारण शिक्षा से वंचित हैं परन्तु उनके लिए विशेष विद्यालयों की सुविधा उपलब्ध है।

माध्यमिक विद्यालय तक (सेकंडरी स्कूल) सम्पूर्ण शिक्षा अनिवार्य और निःशुल्क है। इसके बाद की शिक्षा ऐच्छिक है। फिर भी 97 प्रतिशत छात्र-छात्राएँ विद्यालय जाते ही हैं परन्तु यहाँ महत्त्वपूर्ण बात व्यावसायिक शिक्षा की है। बीसवीं शताब्दी के दूसरे दशक में 90 प्रतिशत लड़के-लड़कियाँ व्यावसायिक शिक्षा प्राप्त करते थे।

इस बारे में जापान सफल होता हुआ दिखाई नहीं देता है क्योंकि जापान का विद्यार्थी व्यावसायिक शिक्षा छोड़कर शालेय शिक्षा की ओर मुड़ रहा है लेकिन यह दुखद कहानी अर्थात ट्रेजडी केवल जापान की ही नहीं है बल्कि पूरे विश्व की है। विश्व में आज कहीं पर भी व्यावसायिक शिक्षा का आकर्षण रह नहीं गया है। दिल्ली जैसे महानगर में कुशल बढ़ई, प्लम्बर अथवा बिजली कारीगर मिलना कठिन हो गया है।

व्याख्यान समाप्त हो गया। भोजन के लिए दौड़ पड़ा। थकान अब भी कम नहीं हुई है।

रोबी आर्यव्रत से मिलना हुआ। उसका नाम सुनते ही हम दोनों के बीच उन शब्दों की व्युत्पत्ति के बारे में काफ़ी चर्चा हुई। रवि आर्यव्रत यह रोबी इंडोनेशिया का मुस्लिम युवक है। अपने नाम के अर्थ को लेकर उसे कुछ पता नहीं था। "मुझे इतना आभास है कि मेरे पूर्वज हिन्दू थे लेकिन आर्यों का व्रत से क्या मतलब है? आर्य अब कहाँ हैं? जर्मन भी अपने-आपको आर्य ही मानते हैं?" ऐसे प्रश्न उसने पूछे।

मेरी जानकारी के अनुसार मैंने उसे भारत में आर्यों का आना, गंगा-यमुना नदियों के तटों पर बसी बस्तियाँ, वेद, उस समय के उनके देवी-देवता आदि के विषय में स्पष्टीकरण दिया। "अब आर्य कहाँ हैं?" उसके इस प्रश्न के उत्तर में मैंने कहा, "मूल आर्य कौन हैं; इसकी कोई गारंटी नहीं क्योंकि आर्य और द्रविड़ वंशों के लोगों का एक-दूसरे में घुल-मिलकर अभी के भारतीय लोग बनने में हजारों वर्ष लग गए। स्वयं को आर्य कहलवाने वालों की संख्या भारत में कम नहीं है।

अर्थव्यवस्था एवं मानव संसाधन

जापानी अर्थव्यवस्था पर प्रो. तोशिकाजू हमादा का व्याख्यान जारी है। वे कहते हैं कि इतिहास में जो भी संस्कृति उन्नत रही; उसके साथ सम्पर्क रखकर जापान ने रीति-रिवाज, तकनीकी, भाषा आदि सीखने का निरन्तर प्रयास किया। जापान ने

छठी-सातवीं शताब्दी में चीन से, पन्द्रहवीं शताब्दी में यूरोप, पुर्तगाल और स्पेन से, उन्नीसवीं शताब्दी में यूरोप और दूसरे विश्वयुद्ध के पश्चात यूरोप और अमेरिका से बहुत बड़ी मात्रा में शिक्षा ग्रहण की। लगातार बाहरी देशों के साथ सम्पर्क बनाए रखना जापान के लिए वरदान सिद्ध हुआ। जापान ने चीन से देशप्रेम और परिवारप्रेम सीखा लेकिन क्रान्ति की संकल्पना को कदापि नहीं लिया। परिणामस्वरूप जापानी व्यवसाय और व्यापार में 'अचानक बदलाव' की अवधारणा नहीं है।

जापान ने किससे-क्या लिया? ब्रिटेन से थलसेना, फ्रांसीसियों से नौसेना, नीदरलैंड से निर्माण कार्य, ब्रिटेन से रेल, टेलीफ़ोन और यातायात के नियमों को स्वीकार भी किया और सीखा भी। महत्त्वपूर्ण बात यह है कि जापान के पास इस प्रौद्योगिकी का मूल्यांकन करने का ज्ञान था। जापान को पश्चिमी राष्ट्रों की आय की ऊँचाई तक पहुँचने के लिए सौ से अधिक वर्षों तक कठोर परिश्रम करना पड़ा। परिश्रम की यह यात्रा 1868 ई. में मेइजी क्रान्ति के पश्चात प्रारम्भ हुई। तब कहीं जाकर जापान 1970 ई. को यूरोप की प्रगति तक पहुँच सका। युद्ध के पश्चात प्रारम्भिक समय में जापान को खाद्यान्न की सहायता प्राप्त हुई...वह भी अमेरिका से। इसी समय जापान ने विश्व बैंक से कर्ज भी लिया लेकिन जापान ने इस राशि का भुगतान भी कर दिया और अब? जापान विश्व-भर के सभी देशों को क़र्ज़ देता है। यही नहीं...विश्व मुद्रा बैंक और विश्व बैंक को पूँजी देने में जापान का हिस्सा अमेरिका के बराबर का है।

इतिहास इस बात का गवाह है कि जापान ने भारत के बौद्ध धर्म के साथ संस्कृत, पालि के अलावा ब्रांज़ कला, शिल्प कला और अध्यात्म को अपनाया।

जापान की प्रगति का रहस्य क्या है? प्रौद्योगिकी का आयात, माल का निर्यात, ज़बरदस्त निवेश, मालिक और मज़दूरों के बीच के बेहतर सम्बन्ध। इसके अलावा सरकार और निजी क्षेत्र के बीच के मित्रतापूर्ण सम्बन्ध, सांस्कृतिक मूल्य, शिक्षा व्यवस्था, आन्तरिक स्पर्धात्मक वातावरण, आजीवन नौकरी, मज़दूरों का प्रशिक्षण एवं विकास, गुणवत्ता नियंत्रण और सर्वसम्मति से लिये गए निर्णय जैसे मुद्दे प्रगति के कारण हैं।

नेशनल पर्सोनल एथोरिटी (एन.पी.ए.) के उज़ुका सान 'जापान सरकार के मानव संसाधन' विषय पर बोलनेवाले हैं। वे 'जापान की नौकरशाही, उसका ढाँचा और उसके कार्यों' के बारे में भी बोलेंगे।

1889 ई. में सम्राट मेइजी ने जापान को नया संविधान दिया। उस समय सम्राट सार्वभौम था। मौलिक अधिकार उसके नियंत्रण में थे। सभी सरकारी कर्मचारी सम्राट के ही नौकर थे। दूसरे विश्वयुद्ध के बाद 1947 ई. में अमेरिका द्वारा लिखित, निर्मित

और निर्देशित नया संविधान जापान को मिला। जनता सार्वभौम हुई। उसे मौलिक अधिकार प्राप्त हुए और जापान ने औपचारिक तौर पर युद्ध का त्याग किया; इस संविधान की ये तीन प्रमुख विशेषताएँ हैं। सरकारी नौकर अब 'जनता के नौकर' बने।

जापान की सरकार ने अपना आकार एकदम घटा दिया है। अब तक मंत्रियों की संख्या इक्कीस थी परन्तु अब प्रधानमंत्री सहित मंत्रियों की संख्या अठारह पर लाई गई है। सरकार में सम्मिलित प्रत्येक सहयोगी दल को सन्तुष्ट रखने के लिए भारत की केन्द्र एवं राज्य सरकारें मंत्रियों की संख्या बढ़ाती जाती हैं। ऐसी स्थिति में जापान से भारत की केन्द्र और राज्य सरकारें बहुत कुछ सीख सकती हैं। जापान में निर्माण और परिवहन मंत्रालय इकट्ठे हैं। तीन मंत्री ऐसे हैं जो सांसद नहीं हैं। उनमें एक प्रोफ़ेसर हैं, एक महिला उद्यमी और एक महिला सरकारी (अब अवकाश ग्रहण) कर्मचारी हैं।

दूसरे विश्वयुद्ध से पूर्व जापान का सम्राट ईश्वर का अवतार माना जाता था। अब संविधान के अनुसार सम्राट मात्र 'राष्ट्र का प्रतीक' है। जापान का सम्राट संसद की अनुशंसा अर्थात सिफ़ारिश के आधार पर प्रधानमंत्री की नियुक्ति करता है। मंत्रिमंडल की सिफ़ारिश पर उच्चतम न्यायालय के प्रमुख न्यायाधीशों की नियुक्ति करना, जैसे कार्य संविधान द्वारा सम्राट को प्रदान किए गए हैं। जब संसद का सत्र चलता न हो तो भारत के राष्ट्रपति अध्यादेश जारी कर सकते हैं परन्तु इस तरह का कोई प्रावधान जापान में नहीं है। हमें यह व्यवस्था स्वीकार करने में आपत्ति नहीं होनी चाहिए।

जापान में वोट देने की मात्रा लगातार घटती जा रही है। भारत की तरह जापान में गाँवों की अपेक्षा शहरी क्षेत्रों में मतदान किए जाने की मात्रा कम है। शहर में औसतन मतदान साठ प्रतिशत तो गाँवों में थोड़ा अधिक है।

जापान में नौकरशाही के ढाँचे का विकेन्द्रीकरण किया गया है। प्रत्येक मंत्रालय की स्वयं की जितनी आवश्यकता होती है; उतने कर्मियों की भरती वह स्वयं करता है परन्तु भरती के मौलिक निकष एन.पी.ए. निश्चित करता है। एन.पी.ए. को पर्याप्त स्वायत्तता प्राप्त है तथा उसके तीन आयुक्तों की नियुक्ति मंत्रिमंडल करता है। इस नियुक्ति के लिए संसद की मान्यता की आवश्यकता होती है। वर्तमान में एक आयुक्त है; जिन्हें निजी क्षेत्र से लिया गया है। वे आर्थिक समाचार-पत्र *निक्केइ शिम्बुन* के कार्यकारी निदेशक थे।

अब उज़ुका सान की कुछ विशेषताएँ देखेंगे। उनका अंग्रेज़ी उच्चारण 'जैप्लिश' (जापानी+इंग्लिश) संज्ञावर्ग में आता है। जापानी भाषा में 'ल' वर्ण नहीं है। इसलिए वे 'ल' का उच्चारण ठीक से नहीं कर पाते हैं। वे 'इलेक्शन' शब्द को बार-बार

इरेक्शन कहते हैं। भौंहों को बार-बार ऊपर उठाने की उन्हें आदत है। इस आदत के कारण उनके माथे पर बार-बार बल पड़ जाते हैं। जापान में जिसे गणवेश कहा जाता है; ऐसा नीले रंग का सूट (कोट, पैंट, शर्ट और टाई) पहन रखा है। सुनहरी पतली कमानियों की ऐनक लगा रखी है। उनकी आँखें और नाक आम जापानी व्यक्ति की अपेक्षा थोड़ी-सी बड़ी और मोटी हैं। बोलते समय उन्हें बायाँ हाथ सामने धरकर उँगलियाँ हिलाने की आदत है। बोलते समय बार-बार गाल में डिम्पल नहीं बल्कि गड्ढा पड़ता है। उनके दाढ़ी नहीं, मूँछें नहीं। दाँत पीले-से...सच कहें तो थोड़े हरे-से। दाईं ओर का नीचेवाला दाँत सोने का। सभी जापानियों की भाँति ये भी गम्भीर स्वभाव के हैं और हँसी-मज़ाक़ के रास्ते जाते दिखाई नहीं देते हैं।

सरकारी नौकरियों में महिलाओं को आने के लिए बढ़ावा देना जापान की नीति है। फिर भी इस नीति का पालन करने के लिए किसी भी प्रकार का आरक्षण नहीं है। नौकरियों में महिलाओं का प्रतिनिधित्व चौदह प्रतिशत है। आज भी प्रशासनिक सेवाओं में बहुत कमियाँ अनुभव होती हैं। उच्च सेवा में आने वालों में पचास प्रतिशत प्रत्याशी 'तोदाई' (तोक्यो विश्वविद्यालय) अर्थात राजधानी तोक्यो विश्वविद्यालय के होते हैं। पहले यही प्रतिशत 70 से 80 प्रतिशत हुआ करता था...यही सन्तोष की बात है। एन.पी.ए. के लोग कई विश्वविद्यालयों में जाकर वहाँ लोकसेवाओं की जानकारी देते हैं और महिला प्रत्याशियों को प्रोत्साहन देते हैं।

मेइजी जिंगु : सम्राट की समाधि

धार्मिक स्थली मेइजी जिंगु में सम्राट मेइजी और उनकी पत्नी साम्राज्ञी शोकेन की समाधियाँ हैं। इन समाधियों के आसपास इतना घना जंगल कहाँ से आया? यह प्रश्न मेरे मन में उठा। एक लाख स्वयंसेवकों ने श्रमदान करते हुए सौ से अधिक प्रकारों के पेड़ लगाए। आज का यह घना कुंज शहर के बीचोबीच बसा हुआ है। यह स्थान सम्राट और साम्राज्ञी के घूमने का मनपसन्द स्थान था। इसलिए यहाँ उनकी समाधियों का निर्माण कराया गया है। ये समाधियाँ पारम्परिक शिन्तो शैली की इमारत है। उसका निर्माण कार्य लकड़ी का है, आकार छतवाली झोंपड़ी जैसा है और विशिष्ट सौन्दर्य दृष्टि सामने रखकर यह परिसर तैयार किया गया है। यही उस इमारत और परिसर की विशेषताएँ हैं। शिन्तो शैली की समाधि में मूर्ति नहीं होती है। वहाँ केवल स्वर्गवासी आत्मा निवास करती है; ऐसी जापानियों की मान्यता है।

शिन्तो समाधि के दर्शन विशिष्ट पद्धति से किए जाते हैं। समाधि के परिसर में

प्रवेश करने के बाद दोनों ओर घने पेड़ हैं और उनके बीच में से रेती की सड़क गुज़रती है। धीरे-धीरे आगे बढ़ने पर मुख्य तोरीइ द्वार आता है। इस लकड़ी के द्वार की बनावट इस प्रकार है—दो अति ऊँचे लकड़ी के भव्य स्तम्भ हैं और उन पर एक के नीचे एक; बीच में कुछ दूरी छोड़कर दो आड़े स्तम्भ हैं। इस काष्ठ द्वार को पार कर सौ मीटर आगे जाने पर दाईं और बाईं ओर मुँह-हाथ धोने के लिए विशेष स्थान होता है। बहते स्वच्छ पानी से मैंने मुँह धोया और भीतर गया। दान-दक्षिणा और चन्दे के लिए बड़ी-बड़ी पेटियाँ रखी होती हैं। मैंने पेटी में श्रद्धा भाव से कुछ पैसे डाले। वहाँ कोई पंडित, पुरोहित नहीं होते हैं। मुख्य समाधि के सामने खड़े होकर पहले झुका। इसके पश्चात दो बार ताली बजाई। इसके बाद फिर से झुका। झुकना और ताली बजाना दर्शन करने का महत्त्वपूर्ण अंग है। इसके पीछे प्रथा यह है कि ताली बजाकर वहाँ निवास करनेवाली आत्मा का ध्यान हमें अपनी ओर आकृष्ट कर लेना है।

1920 ई. में निर्मित यह समाधि जापान के धार्मिक स्थापत्य और जापानी उद्यान शैली का आदर्श नमूना है। विशेषत: सम्राट मेइजी ने जापान को जो सम्पन्नता और प्रतिष्ठा प्राप्त करा दी; उसके परिणामस्वरूप जापानी लोगों के जीवन में इस समाधि को महत्त्वपूर्ण स्थान प्राप्त है। हर वर्ष नए वर्ष की पूर्व रात्रि को अर्थात 31 दिसम्बर को लाखों लोग इस समाधि के दर्शन करने हेतु इकट्ठे होते हैं। यहाँ विवाह समारोह सम्पन्न होते हैं। नवजात शिशु को जब पहली बार घर से बाहर ले जाना होता है; तब आशीर्वाद लेने के लिए यहाँ लाया जाता है। यहाँ की दुकानों में विभिन्न संकटों अथवा बलाओं से बचने के लिए तावीज़ और गंडे मिलते हैं। परीक्षा में पास होने के लिए, काम में सफल होने के लिए, दुर्घटना से बचने के लिए, घर की सुख-शान्ति के लिए यहाँ अलग-अलग आकारों और डिज़ाइनों के तावीज़ मिलते हैं। बुद्धिमान हो अथवा अनपढ़...क्या मनुष्य सभी जगहों पर एक जैसा नहीं है?

निजी क्षेत्र एवं मानव संसाधन

आज यूजी ओहता सान हमें 'जापान का मानव संसाधन प्रबन्धन' विषय के बारे में जानकारी देंगे। ओहता सान ने सम्पूर्ण विश्व का भ्रमण किया है। उन्हें अमेरिका में शिक्षा ग्रहण करने और काम करने का अनुभव है। बस...उनका कोट थोड़ा-सा मसले जाने से सिलवटें खा गया है। आयु के अनुसार आनेवाली झुर्रियाँ उनके चेहरे पर दिखाई देती हैं। उन्होंने 'जापान में तेरह सौ वर्ष पूर्व के मानव संसाधन' विषय पर पुस्तक लिखी है।

जापान की यात्रा चीन के प्रभाव में लगभग सातवीं शताब्दी में प्रारम्भ हुई। यह यात्रा जापान का प्रथम बिग बैंग थी। इसके पश्चात और तीन बिग बैंग हुए। इन बिग बैंगों ने जापान का भविष्य बनाया। दूसरा बिग बैंग 1868 ई. में हुआ जब जापानी संस्कृति पश्चिमी संस्कृति के सम्पर्क में आई। उसके बाद तीसरा बिग बैंग दूसरे विश्वयुद्ध के बाद अमेरिका के सम्पर्क में आने के कारण हुआ। इस समय चौथा बिग बैंग घटित होने की स्थिति में है। इस बिग बैंग का नाम वैश्वीकरण अथवा भूमंडलीकरण है। इस बिग बैंग (धमाका) के कारण जापान का अन्तर-बाह्य बदल गया है।

पहले किसी कम्पनी में नौकरी शुरू करते समय कर्मचारी इस तैयारी के साथ आते थे कि सारी ज़िन्दगी बदल रही है। आज पूरे जापान में कम्पनियों ने स्वयं का दायरा कम रखने, स्वेच्छा से अवकाश ग्रहण करने, तुरन्त और अनिवार्य अवकाश ग्रहण करने, अनुबन्ध सिद्धान्त पर नौकरी और आवश्यकता हो तो ही कर्मचारियों की भरती करने की नीति का अवलम्बन किया है। इस नई नीति से पूरे समाज में हड़कम्प मचा है परन्तु पूरे संकल्प के साथ जापान इस कार्य को पूरा करने के लिए चल पड़ा है। प्रधानमंत्री कोईजुमी ने जनता से स्पष्ट शब्दों में कहा है कि इस नई नीति के कारण आपको कष्ट सहना होगा...तकलीफ़ें उठानी होंगी। सम्पूर्ण विश्व का वातावरण पिछले पन्द्रह-बीस वर्षों में बदल गया है। बड़ी संख्या में लोग वृद्ध हो चुके हैं। वैश्वीकरण और भूमंडलीकरण के कारण स्पर्धा बढ़ गई है। कम्पनियों की बिक्री और लाभ की मात्रा घट गई है और पड़ोसी देश चीन पूरे दमखम और तेज़ गति से आगे बढ़ रहा है। ये सभी बातें समस्याएँ और चुनौतियाँ बनकर जापान के सामने मुँहबाये खड़ी हैं।

अब जापान में आयु की वरिष्ठता के आधार पर बढ़ोत्तरी अथवा पदोन्नति की प्रथा समाप्त हो गई है और योग्यता के आधार पर पदोन्नति का सिद्धान्त स्वीकारा जा रहा है। मज़े की बात तो यह है कि ओहता सान की बात मानें तो वर्तमान जापान की पीढ़ी आलसी बनती जा रही है। लगभग दस लाख युवा लड़के-लड़कियाँ बेकार घर में बैठे हैं। काम करने की इच्छा ही नहीं है। शिबुया जैसे क्षेत्र में यदि आप जाते हैं तो आपको कई हाईस्कूलों के छात्र-छात्राएँ स्कूल में न जाकर बाहर घूमते-भटकते दिखाई देते हैं। जब मात्सुदा कम्पनी ने स्वेच्छा सेवा निवृत्ति की घोषणा की तब बड़ी मात्रा में इस घोषणा को रिस्पांस मिला। इसका अर्थ जापान में पारम्परिक आस्थाएँ भी खोखली बन चुकी हैं। कई कम्पनियों में स्वेच्छा सेवा निवृत्ति एक तरह अनिवार्य अथवा सख़्ती की सेवानिवृत्ति ही होती है। यदि आप कम्पनी से प्रेम करते हैं तो कम्पनी छोड़ दीजिए। इन शब्दों में प्रार्थना

अथवा आदेश ही होता है। यह कहना वैसा ही है, जैसे यह कहना—पत्नी से प्रेम है न! तो तलाक़ दीजिए।

घटती जनसंख्या जापान के सामने खड़ी बहुत बड़ी समस्या है। घटती जनसंख्या, वृद्धों की बढ़ती संख्या, घटती जन्मदर के कारण आनेवाले बीस वर्षों में गम्भीर समस्या उत्पन्न होनेवाली है। नर्सरी स्कूल बन्द होने के कगार पर हैं तो वृद्धाश्रमों की संख्या बढ़ानी पड़ेगी।

वर्तमान विश्व में और पुराने विश्व में क्या अन्तर-फ़र्क़ है; इसे जानने का आधार क्या है? मनुष्य की गुणवत्ता कैसे निश्चित करेंगे? इतिहास-पूर्व युग में मनुष्य अश्मयुग में रहता था। उस समय वह किस प्रकार का पत्थर ढूँढ़ता था, उसे कौन-सा आकार देता था; इस पर सारी बातें निर्भर थीं। इसके बाद लौहयुग आया। इसमें जहाज़ से लेकर रेल तक सभी के लिए लोहे का उपयोग किया गया और अब मानवी बुद्धि सबसे अधिक महत्त्वपूर्ण आधार अथवा निकष है। सूचना एवं प्रौद्योगिकी, इंटरनेट, सॉफ्टवेयर, प्रोग्रामिंग, ई-मेल, आर्टिफिशल इंटेलिजन्स, मशीन रीडींग, रोबोटिक्स—ये सभी शब्द मानवी बुद्धि में से उत्पन्न हुए हैं। मानवी बुद्धि का उपयोग कैसे किया जाता है; इसके आधार पर अब यहाँ से आगे वाली प्रगति और विकास का सूचकांक निर्धारित होगा।

जापान में बेरोज़गारी का अनुपात पाँच प्रतिशत हो गया है। युद्ध के बाद वाले जापान में यह प्रतिशत सबसे अधिक है परन्तु विशेषज्ञों के अनुसार कई कम्पनियाँ अब भी अपने कर्मचारियों की कटौती करने के लिए तैयार नहीं हैं लेकिन घटता लाभ और बिक्री के चलते तोशिबा, एनईसी जैसी कम्पनियों ने बड़ी संख्या में कर्मचारियों को हटाने के निर्णय की घोषणा की है। आनेवाले समय में यदि जापान की बेरोज़गारी का प्रतिशत सात से आठ तक पहुँचता है तो आश्चर्य नहीं होना चाहिए।

मेइजी क्रान्ति के समय राष्ट्रीय उद्देश्य सम्पन्न देश और समर्थ सेना था। विश्व युद्ध के बाद जापान का आत्मविश्वास तार-तार हो गया। इस समय जापान का उद्देश्य राष्ट्र की अर्थव्यवस्था में सुधार करना और उसकी पुनर्रचना है।

मैं जिस प्रशिक्षण हेतु आया हूँ; उस प्रशिक्षण का प्रबन्धन देखनेवाली दो जापानी महिलाएँ हैं। हमारे कार्यक्रम की प्रबन्ध व्यवस्था का भार हिसा नाम की महिला पर है। यह जापानी महिला जापानी समाज में बहुत सुन्दर मानी जाती है। हिसा अति सुन्दरता लेकर पैदा हुई है। वह बुद्धिमान है। कद ऊँचा है और शरीर छरहरा। बाल अधिकतर अधेड़ महिलाओं की तरह बहुत कम अथवा गर्दन तक ही हैं। वह अपने कर्तव्य पूर्ण करने में बहुत दक्ष है। वैसे सभी जापानी कर्तव्यदक्ष होते ही हैं परन्तु माना जा रहा है कि युवा पीढ़ी दिन-प्रतिदिन आलसी बनती जा रही है। हिसा सान

की आयु बत्तीस वर्ष होनी चाहिए। हमारी कक्षा जब चलती रहती है तब कई बार वह हल्की-सी झपकी लेने का प्रयास करती हैं। ऐसी हरक़त जापान में बिलकुल बुरी नहीं मानी जाती। संसद में सांसद खुले आम ऊँघते रहते हैं अथवा आँखें बन्द किए बैठे रहते हैं। आम आदमी भी ट्रेन में यात्रा करते समय लम्बी नींद लेते रहते हैं। इसलिए हिसा सान के ऊँघने पर मुझे बिलकुल हैरानगी नहीं हुई।

हिसा सान का सबसे महत्त्वपूर्ण गुण उसकी समय तत्परता है। उसका समय अनुशासन हमारे लिए बाधा बन जाता है। कार्यक्रम कोई भी हो; वह अपेक्षा करती है कि हम निर्धारित समय से दस मिनट पहले ही पहुँचें। अफ्रीका और एशिया के अलग-अलग देशों से आए हुए हम प्रशिक्षणार्थियों के लिए समय की अनुशासनबद्धता को गले उतारना कष्टदायक था। एक बार मैं एक मिनट देरी से आया तो हिसा सान ने मुझे इस तरह देखा मानो उस एक मिनट में दुनिया ढह गई थी। इस समय अनुशासनबद्धता का एक परिणाम यह हुआ कि कई बार हमारी बस हमें कार्यक्रम के निर्धारित समय से बहुत पहले ले जाती लेकिन बहुत पहले पहुँचने पर वहाँ के लोगों को असुविधा होगी; यह सोचकर फिर हम लोग वहाँ न पहुँचकर उसी हिस्से में बस से चक्कर काटने का कार्यक्रम सम्पन्न करते और फिर निर्धारित समय से पाँच मिनट पहले कार्यक्रम के स्थान पर पहुँच जाते। एक तरह ऐसा ही रिवाज चल पड़ा।

हिसा सान के वस्त्र रोज़ अलग-अलग, आधुनिक और आकर्षक होते हैं परन्तु उनमें भड़कीलापन कदापि नहीं होता है। उसके वस्त्रों का वर्णन करना हो तो—सीधे-सादे, आकर्षक; फिर भी छोटे हैं। वस्त्र न तो भड़कीले रंगों के होते हैं और ना ही देह प्रदर्शन करते हैं। हिसा सान का रंग अधिकांश जापानी लोगों की भाँति पीला-सा है। नाक बैठी-दबी हुई परन्तु बहुत दबी हुई नहीं। आँखें सिकुड़ी हुईं। वह अपने कामों में बहुत दक्ष है। अन्य जापानी महिलाओं की तुलना में अंग्रेज़ी बढ़िया बोलती है। उसकी चालढाल, बातचीत, बर्ताव और काम करने में अनुशासन पाया जाता है और हमारे प्रशिक्षण का सूत्र संचालन करती है। लिपस्टिक लगाती है; यह कहना तो मैं भूल ही गया। हमारा प्रशिक्षण जहाँ तक सम्भव हो; रोचक और सार्थक सिद्ध हो; इसके लिए वह प्रयासरत है।

दूसरी एक महिला हैं जो राष्ट्रीय मानव संसाधन प्राधिकरण से आई हैं। उसका नाम आयुज़ाबा है। हम जापानी प्रथा के अनुसार उसे आयुज़ाबा सान कहकर बुलाते हैं। उसका कद छोटा है और वह ख़ालिस जापानी महिलाओं की तरह हैं। नाक, आँखें, होंठ, चेहरा, सिर...सब कुछ...छोटा-छोटा। उसका भी बाल बॉबकट ही है परन्तु दाईं ओर की लटें माथे पर झूलती हैं। वह प्रशासन में कार्य करती है फिर

भी उसके चेहरे पर अहंकार का भाव नहीं दिखता। कोई भी काम हो तो आगे बढ़ आती है। नाटक के किसी पात्र की भाँति किसी सूचना अथवा कार्यक्रम के बारे में बताती है और फिर से अपनी कुर्सी पर जा बैठती है। जब कोई वक्ता कोई बात कहता है तो वह हाँ अथवा ना में गर्दन हिलाती है, हँसती है तो कभी नापसन्दगी दर्शाती है; मानो अपने-आपसे बात कर रही हो। वह भी बहुत ही कर्तव्यपरायण, अनुशासनप्रिय और तत्पर है।

जापान के ऐसे ही साधारण समझे जानेवाले लोग जापान की गुणवत्ता के प्रतीक हैं और जापान की महानता का प्रतिबिम्ब भी उनमें ही दिखाई देता है। एक बार भी वक्ता नहीं आया, बिजली गुल हो रही, लिफ्ट ने काम करना बन्द किया अथवा बस समय पर आई नहीं; ऐसा पिछले दो सप्ताहों में कभी नहीं हुआ या फिर किसी से कोई ऐसी भी त्रुटि नहीं हुई जो किसी के ध्यान में आ जाए। सब कुछ इतना व्यवस्थित, समय पर और अनुशासनबद्ध कि मानो सैनिक शासन लागू हुआ हो लेकिन मुझे लगता है सैनिक शासन में भी इतना अनुशासन कहाँ होता है?

नौकरी के आयाम

आज दि. 26/09/2001 का दिन। जापान का वेतन, भत्ते और प्रबन्धन के विषय पर टी. फुजिवारा जानकारी दे रहे हैं। जापान में वेतन का निर्धारण कर्मचारी की आयु, कम्पनी का विस्तार और स्वरूप, कर्मचारी की गुणवत्ता, कार्य का स्थान-शहर अथवा अन्य क्षेत्र, किस पद पर वह कर्मचारी कार्य करता हे और सेवा की अवधि जैसी बातों पर किया जाता है।

निजी क्षेत्र का वेतनमान औसतन रूप में देखें तो जापान में जितनी अधिक आयु; उतना अधिक वेतन दिखाई देता है। अर्थात...यह बात पुरुषों के लिए लागू है। महिलाओं के बारे में दिखाई देता है कि बीस वर्ष की आयुवाली लगभग सत्तर प्रतिशत युवतियाँ नौकरी करती हैं परन्तु चौंतीस वर्ष की आयुवाली केवल तीस-चौंतीस प्रतिशत महिलाएँ ही नौकरी करती हैं क्योंकि कई महिलाएँ अपने बच्चों के भरण-पोषण के लिए नौकरी छोड़ देती हैं। लेकिन अब धीरे-धीरे ये स्थितियाँ निश्चित रूप से बदल रही हैं। पिछले तीस वर्षों में नौकरी करनेवाली महिलाओं की संख्या में वृद्धि हुई है।

जापान में सामान्यत: दिखाई देता है कि कम्पनी जितनी बड़ी; वेतन उतना अधिक मिलता है। इसके अलावा व्हाइट कॉलर अर्थात दफ़्तर में काम करनेवाला पढ़ा-लिखा कर्मचारी; ब्लू कॉलर अर्थात कारख़ाने में काम करनेवाले मज़दूर से

अधिक वेतन पाता है। एक कम्पनी से दूसरी कम्पनी में; फिर तीसरी कम्पनी में काम करने जानेवाले कर्मचारियों को स्थायी कर्मचारियों की अपेक्षा कम वेतन मिलता है। दूसरी बात...एक नौकरी छोड़कर दूसरी ओर जानेवाले को अब भी जापान में हेय दृष्टि से देखा जाता है। ऐसा करना अच्छा नहीं माना जाता। तोक्यो महानगर में काम करनेवाले को सबसे अधिक वेतन मिलता है। इसके विपरीत; यामागता, आरिता और ओकिनावा जैसे दूर के प्रदेशों में बहुत कम वेतन मिलता है। यह लगभग भारत जैसा ही है। हमारे यहाँ भी यही दिखता है कि बड़े शहरों में वेतन अधिक मिलता है; दूर-दराज़ के क्षेत्रों में वेतन कम होता है।

यदि कोई कर्मचारी बड़े शहर से कम्पनी के आदेश पर छोटे गाँव में जाता है तब भी उसे शहर का ही वेतन मिलेगा परन्तु अपनी इच्छा से जाता है तो उसे वेतन कम मिलेगा। मज़े की बात तो यह है कि तोक्यो में ओसाका और सेन्दाई की अपेक्षा यातायात पर होने वाला ख़र्च कम है। यहाँ की भूमिगत रेल (अंडरग्राउंड ट्रेन) अन्य स्थानों की तुलना में सस्ती है। मकान का किराया और ज़मीन की क़ीमतें छोड़ दें तो वस्तुओं की क़ीमतों को लेकर तोक्यो और दूसरे स्थानों में कोई अधिक अन्तर नहीं है।

जापान में निजी कम्पनियों में वेतन सामूहिक बातचीत अथवा समझौते द्वारा तय होता है तो सरकारी कम्पनियों में नेशनल पर्सोनेल एथॉरिटी इस विषय में सिफ़ारिशें करती हैं और संसद उसको स्वीकार करती है। जापान में निजी और सरकारी मासिक वेतन में औसतन तीन सौ येन (तीस डॉलर) का फ़र्क़ है।

अभी चल रहे इस प्रशिक्षण के लिए जो कमरे उपयोग में लाए जा रहे हैं; उनका वर्णन करना भी आवश्यक है। इस इमारत में ऐसे चालीस-पचास कमरे हैं। हर कमरे में सुन्दर मेज़ और कुर्सियाँ हैं। सभी कमरों में बाहर का भरपूर उजाला तो आता है। साथ ही; ट्यूब लाइट का प्रकाश भी भरपूर है। सभी कमरों से बाहर का रमणीय दृश्य दिखाई देता है। नीचे ज़मीन पर बहुत पेड़-पौधे न हों लेकिन खिड़की में से देखेंगे तो लगता है; हम तोक्यो के किसी जंगल में आ गए हैं। संक्षेप में; जब तक हम कमरे में हैं तब तक हमारे चित्त की अवस्था प्रसन्न, मुक्त और प्रकाशमान रहे; यह उद्‌देश्य इसके पीछे है।

दीवार पर एक कैलेंडर, एक घड़ी और इंटरकोम टेलीफ़ोन की व्यवस्था है। इसके अतिरिक्त कमरे में और कुछ नहीं। ब्लैक बोर्ड के स्थान पर पारम्परिक काले, नीले, पीले किसी भी रंग की पेन से लिखा जा सकता है। ब्लैक बोर्ड को छोड़कर दूसरे अनेक साधन हैं; जिनका पढ़ाने के लिए उपयोग किया जाता है। स्लाइड प्रोजेक्टर भी है। वैसे ही; कम्प्यूटर का उपयोग कर उसमें अंकित चित्र, फ़ोटो,

आलेख, प्रतिमाएँ देखी जा सकती हैं। इसके लिए विशेष परदे की भी व्यवस्था है। इसके अलावा टेप अथवा कैसेट सुनी अथवा देखी जा सके; इसकी भी व्यवस्था है। प्रशिक्षण के लिए टीवी, वीडियो, कैमरा का भी उपयोग किया जाता है।

जापान में शहर भत्ता (पाँच प्रतिशत), परिवार भत्ता (पत्नी और बच्चों सहित तीन प्रतिशत), आवास भत्ता (एक प्रतिशत) है। मूल वेतन 85 प्रतिशत होता है। ये भत्ते प्रत्येक कर्मचारी के लिए अलग-अलग होते हैं। जापान में औसतन मासिक वेतन के साथ-साथ तीन बार बोनस दिया जाता है और दो बार कार्यक्षमता बोनस दिया जाता है। सादा बोनस लगभग डेढ़ महीने के वेतन के बराबर होता है और तीन बार दिया जाता है तो कार्यक्षमता बोनस लगभग आधे महीने के वेतन के बराबर होता है तथा वर्ष में दो बार दिया जाता है। संक्षेप में कहना हो तो वेतन के अलावा लगभग छह-साढ़े छह महीनों का वेतन बोनस के रूप में मिलता है।

वेतन और बोनस मिलाकर पच्चीस साल के अविवाहित व्यक्ति को 31 लाख 64 हज़ार येन मिलते हैं। भारतीय रुपयों में यह राशि अनुमानत: 12 लाख 20 हज़ार तक बनती है। पैंतीस साल के व्यक्ति; जिसके पत्नी और एक बच्चा है, 55 लाख 36 हज़ार येन (20 लाख 40 हज़ार रुपये) तो चालीस साल आयुवाले व्यक्ति को औसतन मासिक वेतन 37,9,876 येन, बोनस 8,33,000 येन तो औसतन वार्षिक वेतन 63 लाख 91 हज़ार येन (24 लाख 16 हज़ार रुपये) मिलता है। इस राशि में से बहुत बड़ी राशि कर और अन्य ख़र्चों में चली जाती है। आय कर एवं स्थानीय कर वेतन में से काट लिया जाता है। आय कर लगभग बीस प्रतिशत तक काटा जाता है।

जापान में शालेय शिक्षा पूर्ण होने के पश्चात जो लोग निजी क्षेत्र की नौकरियों में प्रवेश करते हैं वे लोग और जो लोग डिग्री अर्थात स्नातक बनने के पश्चात नौकरियों में दिखाई देते हैं वे लोग; इन दोनों के वेतनों में बहुत बड़ा अन्तर होता है। ऐसा ही फ़र्क़ सरकारी क्षेत्र में भी है परन्तु वह अपेक्षाकृत कम है।

नियमित मिलनेवाली वेतनवृद्धि से अधिक वेतनवृद्धि पानेवाले जापानी कर्मचारियों की संख्या कुल कर्मचारियों के 15 प्रतिशत है। इसमें दस प्रतिशत कर्मचारी अपने काम में अति उत्तम गुणवत्ता का प्रदर्शन करने के कारण तो पाँच प्रतिशत कर्मचारी विशिष्ट गुणवत्ता का प्रदर्शन करने के कारण इस अतिरिक्त वेतनवृद्धि को प्राप्त करते हैं। सैद्धान्तिक रूप से वेतनवृद्धि की यह योजना केवल परिश्रमी कर्मचारियों को मिले; इसलिए है। फिर भी प्रत्यक्ष में वैसा होता नहीं है। सन्तुलन बनाए रखने के लिए कई बार गुणवत्ताहीन कर्मचारियों को भी वेतनवृद्धि मिलती है। कर्मचारियों में निराशा, हताशा उत्पन्न न हो; इसलिए इस प्रकार का सन्तुलन बनाकर रखा जाता है। अर्थात जो कर्मचारी अधिक कार्यक्षम, परिश्रम करता है; उसे अधिक बार

अधिक वेतनवृद्धि मिलती है। शेष कर्मचारियों को उतनी बार मिलने की सम्भावना नहीं रहती है।

निजी क्षेत्र में काम करनेवाले कर्मचारियों को प्रारम्भ में सरकारी कर्मचारियों की तुलना में अधिक वेतन मिलता है परन्तु जैसे-जैसे आयु बढ़ती जाती है; वैसे-वैसे सरकारी कर्मचारियों के वेतन निजी क्षेत्र के कर्मचारियों की तुलना में बढ़ते जाते हैं। इस अन्तर को दोनों ओर से कम करने का जापान की सरकार प्रयास कर रही है। इसके विपरीत सरकारी कर्मचारियों की उत्पादन क्षमता प्रारम्भ में निजी क्षेत्र के कर्मचारियों की तुलना में अधिक होती है परन्तु जैसे-जैसे आयु बढ़ती जाती है; वैसे-वैसे निजी क्षेत्र के कर्मचारियों की उत्पादन क्षमता सरकारी कर्मचारियों की तुलना में अधिक होती है।

जापान की सरकार में 'अमा कुदारी' (स्वर्गारोहण) नाम की प्रथा प्रचलित है। यह बड़ी रोचक प्रथा है। पचास वर्ष की आयु के पश्चात प्रत्येक अधिकारी को पदोन्नति दी जाएगी ही; ऐसी स्थिति नहीं होती है। ऐसे समय एक ही वर्ष में जिन अधिकारियों ने नौकरी करना प्रारम्भ किया है; उन सभी अधिकारियों को पदोन्नति नहीं मिलती है। उन्हें सरकारी नौकरी छोड़नी पड़ती है लेकिन नौकरी छोड़ने से पहले सरकार उनके लिए निजी क्षेत्र में ऊँचे पद की नौकरी ढूँढ़कर रखती है। इसका अर्थ सरकारी नौकरी छोड़ते ही उन अधिकारियों को निजी क्षेत्र में नौकरियाँ मिल जाती हैं। अब तक यह व्यवस्था सुचारु रूप से चलती आई है। इस प्रकार निजी क्षेत्र में अच्छी नौकरी उपलब्ध करा देने की प्रथा को 'अमा कुदारी' (स्वर्गारोहण) अथवा 'सुनहरा पैराशूट' कहते हैं। अब सम्पूर्ण देश में इस प्रथा की बड़ी आलोचना हो रही है।

फूलों के देश में

पर्यटन मानव जीवन का अभिन्न अंग है। यात्रा के प्रति रुचि होना उत्क्रान्ति प्रक्रिया का महत्त्वपूर्ण हिस्सा है। जिस प्रकार वह उत्क्रान्ति के कारणों को बदलती है; वैसे वह उत्क्रान्ति के परिणामों को भी सामने लाती है। मानव वंश वैज्ञानिक भी यह मानते हैं कि मानवी इतिहास स्थलान्तरण और देशान्तरण का इतिहास है। पर्यटन के मूल में सीमाएँ अथवा सरहदें पार कर जाने की मानवी प्रवृत्ति होती है। हम जानते हैं कि पर्यटन के पीछे कौतूहल, धन की प्राप्ति, व्यापार, तीर्थाटन और ऐसे अन्य कारण होते हैं। वर्तमान समय में पर्वतारोहण, स्किइंग, विश्राम, मनोरंजन, छुट्टी जैसे विशेष कारणों को लेकर पर्यटन का विकास हुआ है परन्तु जापान में

इससे एक अलग-थलग और अनूठा पर्यटन का प्रकार विकसित हुआ है। फूलों को देखने का पर्यटन।

ख़ुशी प्राप्त करने का मनुष्य का शौक़ पुराना है। यह ख़ुशी अथवा आनन्द प्रत्येक मनुष्य कैसे लूटेगा; यह हर कोई अपने-अपने ढंग से तय करता है। हम भी फूलों की सराहना करते ही हैं। प्रेमिका को दिए जानेवाले फूल, गुलदान में सजाए हुए फूल, माला में गुँथे हुए फूल, भगवान के चरणों में चढ़ाए जानेवाले फूल, लाश पर चढ़ाए गए फूल और कविता में बार-बार मिलने वाले फूल हमने देखे हैं परन्तु फूलों के लिए पर्यटन? केवल फूलों को देखने के लिए की जानेवाली कई घंटों की यात्रा! हमारे यहाँ हिमालय में 'वैली ऑफ़ फ्लावर्स' नाम का स्थान है। वहाँ साहसिक पर्यटक जाते हैं। अकस्मात कोई सुन्दर फूल दिखाई दे तो हम सभी रुक जाते हैं लेकिन इसके लिए योजनाबद्ध यात्रा! मुझे नहीं लगता कि हमारे देश में ऐसा कुछ होता है। आजकल महाराष्ट्र के 'कास पठार' में इस तरह का पर्यटन विकसित हो रहा है जिसे 'पुष्पदर्शन' कहा जा सकता है।

यदि कोई व्यक्ति ऐसा कहे, 'ज़रा फूलों को देखने जा रहा हूँ।' तो हम उस व्यक्ति की हँसी उड़ाएँगे लेकिन जापान में यह प्रथा इतनी रच-बस गई है कि इसके लिए 'हनामी' (पुष्पदर्शन) यह शब्द ही भाषा में आविष्कृत हो गया है। केवल फूलों के चारों ओर गुँथी हुई 'इकेबाना' (पुष्परचना) जैसी विशिष्ट कला ज़ापान में अपना स्थायी स्थान बना चुकी है। जापान में पुष्पदर्शन अर्थात फूलों को देखने की प्रथा प्राचीन समय से चली आ रही है। प्रारम्भ में 'उमे' नाम के फूलों को देखने की प्रथा थी (कुछ हद तक अब भी जारी है) परन्तु हेइआन के शासनकाल में (794-1185) 'साकुरा' फूलों को देखने की प्रथा प्रारम्भ हुई।

साकुरा के फूल नाज़ुक-कोमल हरसिंगार के फूलों की तरह होते हैं। जब साकुरा की नन्ही गुलाबी पंखुड़ियाँ खिलने-खुलने लगती हैं; तब लोग सुध-बुध खोकर उन पंखुड़ियों को देखते ही रह जाते हैं। सुन्दरता के अति ऊँचे शिखर पर जब ये फूल होते हैं; उसी समय ये झरने लगते हैं और देखते-देखते वृक्षों के नीचे पंखुड़ियों का गलीचा तैयार हो जाता है। अधिक-से-अधिक यह खेल दस दिनों का! यह खेल यदि साधारण मनुष्य को आतुर-बेचैन कर देता है तो कवियों का क्या कहना? वे तो पागल ही हो जाते हैं। जापान में साकुरा के फूल क्षणभंगुर जीवन के रूप में बौद्ध दर्शन में आते हैं। इसी तरह, सिर पर कफ़न बाँधकर युद्ध करने वाले सामुराई सन्दर्भ में भी पाए जाते हैं। तोयोतोमी हिदेयोशी (1537 से 1598) नाम के योद्धा ने भव्य रूप में 'साकुरा दर्शन' का आयोजन करने की प्रथा प्रारम्भ की। यह प्रथा आज भी जापान में बड़ी मात्रा में चल ही रही है।

वैसे तो 'साकुरा दर्शन' में कुछ भी करना नहीं होता है। खाने-पीने की चीज़ें भरपूर लेनी हैं। शराब अथवा दूसरे ड्रिंक्स तो आवश्यक होते ही हैं। फिर जहाँ साकुरा के दर्शन करने हैं; उस स्थान पर जाना है। वृक्षों के नीचे बैठना है। फूलों को देखना है। गाना है, कविताएँ पढ़नी हैं, शराब पीनी है, नाचना है (शोरग़ुल नहीं)।

साकुरा के दर्शन कहाँ करने हैं; इसकी योजना जापानी लोग पहले ही बना लेते हैं। इसके लिए उन्हें टीवी पर 'साकुरा जेनसेन' देखना पड़ता है। अर्थात मौसम विभाग द्वारा साकुरा के विषय में दी जानेवाली जानकारी कि साकुरा कब, कहाँ खिलेगा अथवा खिल गया है। जैसे—मार्च-अप्रैल क्यूशू द्वीप पर, 31 मार्च को क्योतो में, 25 मार्च को तोक्यो में तो 25 अप्रैल को सप्पोरो में साकुरा के फूल खिलने लगते हैं। इस प्रकार की जानकारी टीवी, रेडियो और समाचार-पत्रों द्वारा मिलती है। अधिकतर लोग साकुरा देखने के लिए अपने ही शहर की निकट वाली जगह चुनते हैं। साकुरा के कई पेड़ एक कतार में लगाकर साकुरा पर आनेवाले बौर और फूलों को देखने का प्रबन्ध पूरे देश में अनेक स्थानों पर किया जाता है।

तोक्यो में उएनो, इनोगाशिरा, चिदोरीगाफूची जैसे अनगिनत बग़ीचे हैं; जो साकुरा दर्शन के लिए प्रसिद्ध हैं। 'साकुरा दर्शन' ख़ूब हर्षोल्लास के साथ मनाया जानेवाला एक प्रकार का पर्व ही है। इसलिए सभी ओर बहुत भीड़ लगती है। वृक्षों के नीचे बैठकर जैसे साकुरा को देखा जा सकता है; वैसे ही वह नाव में बैठकर, घर अथवा होटल की खिड़की से या फिर बालकनी से देखने की प्रथा है। कई होटलवालों ने अपने कमरे इसी ढंग से बनवाए हैं कि वहाँ से दोपहर, शाम और रात में साकुरा के दर्शन हो सकें। रात के समय साकुरा के दर्शन करना आसान हो; इसके लिए विशेष बिजली प्रकाश की व्यवस्था की जाती है। इस बीच कवियों की प्रतिभा को प्रेरणा मिलती है और कई लोग बैठे-बैठे हाइकू लिखते हुए दिखाई देते हैं। विदेशी पर्यटक भी बड़ी मात्रा में इस आनन्द को पाने के लिए जापान में आते हैं परन्तु इस अवधि में होटल का रिज़र्वेशन मिलना भी बहुत मुश्किल हो जाता है। होटल के रेट भी सातवें आसमान पर होते हैं। फिर पर्यटकों को व्यावसायिक तरीक़े से मतलब घुमा-फिराकर, समझाकर लूटा जाता है।

पुष्पदर्शन का यह संसर्ग अब बाहर के देशों में भी फैल रहा है। 1912 ई. में जापान ने अमेरिका को तीन हज़ार साकुरा के वृक्ष दिए। अब ये सारे पेड़ वाशिंगटन में शान के साथ खड़े हैं। सिर्फ़ यही नहीं; बल्कि हर वर्ष साकुरा उत्सव में सत्तर हज़ार पर्यटक इस स्थान पर चले आते हैं। यह साकुरा उत्सव जॉर्जिया, कैलिफोर्निया, वर्जीनिया आदि अनेक स्थानों पर मनाया जाता है।

फल-फूल, स्थापत्य, पर्व-उत्सव, कुम्भमेला, पर्वत, धर्म, संस्कृति, गाँव यहाँ

तक कि साग-सब्ज़ियों के माध्यम से भी पर्यटन का प्रारम्भ किया जा सकता है। विकसित देशों ने पर्यटन विषय को विज्ञान का रूप देकर उसे किफ़ायती बनाने का प्रयास किया है। हमारे यहाँ पर्यटन का अर्थ बच्चों को छुट्टियों में कहीं ले जाना है; इसलिए बनाई हुई योजना लिया जाता है। हम अपने ही बच्चों का लालन, पालन अब भी उचित ढंग से नहीं कर पाते तो क्या हमारे यहाँ फूलों का पर्यटन होगा? यह तो बहुत दूर की बात है!

11 सितम्बर, 2011

पिछले दो दिनों से बेचैनी अनुभव कर रहा हूँ। रात को नींद भी नहीं आती। मनुष्य नाम का प्राणी एक-दूसरे के साथ क्या कर सकता है; इसका अति भयभीत करनेवाला प्रमाण फिर एक बार सामने आया। दुख, क्रोध, भय, उद्विग्नता, लज्जा जैसी सभी भावनाएँ एक ही समय में मन में समा जाती हैं तो इसे क्या कहना चाहिए!

परसों रात पौने दस बजे यों ही टीवी खोला। सीएनएन का चैनल चलाया। इंटरनेट द्वारा विमान के टिकटों की बिक्री करनेवाली कम्पनियों की जानकारी बताई जा रही थी। उद्घोषक एशिया का ग्राहक अत्यन्त चौकस होते हैं; इसलिए वे विमान के टिकट ख़रीदने जैसी महँगी बातों में पैसा लगाने के लिए विश्वसनीय एजेंसी पर ही निर्भर रहते हैं, जैसे समाचार बताए जा रहे थे कि अचानक 'ब्रेकिंग न्यूज़ : प्लेन लैंडेड इन वर्ल्ड ट्रेड सेंटर' की पट्टी दिखाई दी। उद्घोषक किसी ऊँची इमारत से बोल रहा था और उसके पीछे वर्ल्ड ट्रेड सेंटर के एक टॉवर में से निकलता हुआ धुआँ दिखाई दे रहा था। मेरी जिज्ञासा कुलबुलाने लगी। सच कहें तो एक यात्री विमान इस तरह एक इमारत में घुस गया; इस पर विश्वास ही नहीं हो रहा था परन्तु यह घटना जिस किसी ने प्रत्यक्ष में देखी है; उसका उल्लेख करते हुए उद्घोषक ने इस घटना के प्रत्यक्षदर्शी का दूरभाष पर साक्षात्कार किया था।

मन में शंका उत्पन्न हुई...यह दुर्घटना होनी चाहिए परन्तु ऐसा भी लगा कि किसी ने स्टंट किया होगा। उद्घोषक कुछ लोगों से कुछ कह रहा था और कैमरे का फोकस उस धुआँ निकलनेवाली इमारत पर था। तभी एक और विमान टीवी के परदे पर दिखाई दिया। अब वह विमान धीरे-धीर वर्ल्ड ट्रेड सेंटर की ओर चला आया। अरे! यह कैसा संजोग है? यह कहने तक वह विमान थोड़ा तिरछा हुआ और तपाक से दूसरे टॉवर में घुस गया। उस इमारत का कलेजा कोई चीर रहा हो; वैसे वह विमान उस इमारत के अन्दर घुस गया और इमारत की दूसरी ओर से ज्वालाओं का एक प्रचंड गुब्बार जैसा गोला बाहर गिरा; जिसकी हम कल्पना नहीं कर सकते।

यह मैंने प्रत्यक्ष देखा...आँखों के सामने घटित हो रहा है; जैसे वह मेरी टीवी के परदे पर; इस तरह देखा। मैंने और सीएनएन ने एक साथ देखा। 'आघात हुआ', 'धक्का लगा' इन मुहावरों में कोई दम नहीं है। सच्चाई यह थी कि मैं काँप उठा लेकिन निश्चित रूप से क्या अनुभव हुआ; यह बताने के लिए ये शब्द काफ़ी नहीं थे। धक्का, आश्चर्य, भय का एक मिला-जुला अनुभव मन को हुआ। मैंने बैठे-बैठे अपना सिर पकड़ लिया। उद्घोषक के साथ-साथ वे सभी क्षण मैं भी जीया।

इसके बाद मैं लगभग पाँच-साढ़े पाँच घंटे अपनी आँखों को टीवी से हटा नहीं पाया। इतने लम्बे समय तक टीवी देखना मेरे जीवन का पहला प्रसंग था। अमेरिका में सुबह होती है तो जापान में रात। उसके बाद तो आग और धधकती ही गई। फ्लोरिडा के किसी स्कूल से राष्ट्राध्यक्ष का संक्षिप्त सीधा प्रसारण हुआ। इसके तुरन्त बाद अमेरिका की गुप्तचर संस्था के मुख्यालय पेंटागोन पर विमान के गिरने और उसके पश्चात पिट्सबर्ग के निकट भी चौथा विमान गिरने का समाचार आया।

यह सब देखकर मैंने तीन बजे के आसपास सोने का विचार किया। आँखें बन्द कीं तो ऐसे ही दृश्य आँखों के सामने आने लगे जैसे—सामने से एक विमान आ रहा है और सीधे सामने खड़ी इमारत में घुस रहा है।

उसके बाद लगी हुई आग, उठते शोले, प्रचंड धुआँ और कानफोड़ू आवाज़ करते किसी धमाके के साथ नीचे आएँ; वैसी धराशायी होतीं वे दोनों इमारतें...मन की आँखों के सामने बार-बार आने लगीं। मैं रात-भर सो नहीं पाया। बस! किसी पिशाच की तरह जागता रहा। उस रात...यह अनुभव हुआ जैसे—यह सारा विश्व... सारी धरती अचानक...अलग हो गई है। पूरी तरह बदल जाने की अनुभूति कराने लगी। मन में यह भावना बड़ी प्रखरता से उभरने लगी कि कल की तरह अब कुछ भी नहीं रह गया है। एक सुन्दर सपना इतनी भयानकता से टूट भी सकता है; यह तीव्र भावना मन को कचोटने लगी।

पाकिस्तान डायरी

सरकारी काम के सिलसिले में पाकिस्तान जाने का अवसर आया और मैंने झपटकर उसे पा लिया। जाने की तैयारी में मुझे केवल एक दिन मिला...वह भी दफ़्तर का... फिर भी मैंने हाँ कर दी। जाने का मुख्य कारण यह था—हमारे बहुचर्चित पड़ोसी पाकिस्तान के आन्तरिक प्रशासन, परिस्थिति और जनजीवन को लेकर मेरा अज्ञान। हमारे राष्ट्रीय सम्बन्ध विस्फोटक स्वरूप के हैं। यह स्वरूप टीवी और समाचार-पत्रों के माध्यम से हमारे सामने प्रतिदिन आता ही रहता है लेकिन सच्चे अर्थ में हमारे जैसी ही यह पाकिस्तानी जनता...उस बँटवारे के फ़ैसले के बाद कैसे जी रही है, क्या सोचती है जैसी जिज्ञासा महत्त्वपूर्ण होने के बावजूद कभी भी सामने आती नहीं है। संक्षेप में; पाकिस्तान की नकाब के पीछे क्या छुपा है; इसे जानने की सुप्त और तीव्र इच्छा फिर से उछलकर ऊपर आ गई।

मैंने अपने बड़े बेटे से कहा, "उत्सव, मैं पाकिस्तान जा रहा हूँ।" वह एकदम से बोला, "बाबा, आप पाकिस्तान जा रहे हैं? आपका कोई अपहरण तो नहीं करेगा ना?" उसकी यह प्रतिक्रिया मुझसे बहुत कुछ कह गई। डैनियल पर्ल कांड, तेरह दिसम्बर के दिन संसद पर हुआ हमला, भारत-पाकिस्तान सीमा पर उत्पन्न चिन्ताजनक तनाव जैसी घटनाओं की पृष्ठभूमि में हम सबके मन में पाकिस्तान की जो छवि बनी है; उसी के अनुसार मेरे बेटे की यह प्रतिक्रिया थी। मेरे मन में भी कुछ-कुछ ऐसा ही भय समाया हुआ था।

जब मेरा जहाज़ इस्लामाबाद में उतर रहा था तब सुबह के पौने छह बज रहे थे। मैं पूरी तरह उकता गया था। दिल्ली और इस्लामाबाद के बीच की दूरी...बहुत होगी तो आठ सौ किलोमीटर की। जहाज़ से यह दूरी आमतौर पर डेढ़-दो घंटे की लेकिन यही दूरी पार कर इस्लामाबाद आने के लिए मुझे पूरे पन्द्रह घंटे लग गए। क्यों? दो देशों के बीच की सीधी विमानसेवा इस समय रद्द की गई है। आठ सौ किलोमीटर की यात्रा करने के स्थान पर चार हज़ार आठ सौ किलोमीटर की यात्रा कर मैं इस्लामाबाद पहुँचा। विश्वास नहीं हो रहा है न! इस्लामाबाद जाने के लिए

मुझे मुम्बई जाना पड़ा। यह दूरी 1100 किलोमीटर की रही। मुम्बई से वाया मस्कट मैं आबूधाबी पहुँचा। यह दूरी 2100 किलोमीटर थी। कुल दूरी पाँच हज़ार से अधिक की रही। टिकट के दाम वैसे दस से पन्द्रह हज़ार होते हैं लेकिन इस प्रकार की यात्रा करने के लिए मुझे टिकट के अस्सी हज़ार रुपये भुगतान करने पड़े। (यदि ये रुपये विश्व बैंक ने मुझे अदा नहीं किए होते तो मेरी कमर ही टूट जाती)

सरकारी दफ़्तर में काम करनेवाले मुझ जैसे की यह हालत है तो आम आदमी की क्या दुरवस्था होती होगी। महाराष्ट्र का भौगोलिक स्थान भारत-पाकिस्तान सीमा से बहुत दूर। मुम्बई के मुस्लिम समाज को छोड़ दें तो महाराष्ट्र की जनता का पाकिस्तान के साथ वैसे सीधा सम्बन्ध होने की सम्भावना कम है परन्तु उत्तर भारत के असंख्य लोगों के रिश्तेदार, दोस्त-अहबाब पाकिस्तान में हैं। इतना ही नहीं; अनगिनत लोग स्वयं पाकिस्तान से यहाँ आए हैं। उत्तर भारत से असंख्य लोग बँटवारे के बाद पाकिस्तान में गए हैं। कई लोग बँटवारे के बाद वाले समय में पाकिस्तान में गए हैं। उत्तर भारत और पाकिस्तान के बीच का भावात्मक, ख़ून का और नाते-रिश्तों का सम्बन्ध और दो देशों के बीच तनाव के कारण पैदा हुआ गुत्थमगुत्था मुझ जैसे की समझ के परे है। लेकिन इतना ही कहूँ तो काफ़ी होगा कि चाहे विवाह का प्रसंग हो अथवा मृत्यु जैसी दुर्घटना...इन दोनों देशों की जनता को एक-दूसरे के यहाँ बड़ी आसानी से आना-जाना मुश्किल तो था ही; अब वह असम्भव भी बन गया है। जिन लोगों को यह सब कुछ सहना पड़ता है; उन्हें कितनी मानसिक पीड़ा होती होगी; इसकी कल्पना करना सम्भव नहीं है।

यह सब सोचते हुए मेरे मन में भी शंका-कुशंकाओं की भीड़ लगी हुई थी। क्या पाकिस्तानी अधिकारी हवाई अड्डे पर मुझे तकलीफ़ देंगे? क्या आईएसआई (पाकिस्तान की गुप्तचर संस्था) के अधिकारी मेरा पीछा करेंगे? आम पाकिस्तानी मुझसे नफ़रत तो नहीं करता होगा...आदि...आदि।

दो देशों की जटिल राजनीति में ऐसे प्रश्नों के उत्तर सीधे-सीधे नहीं होते हैं; यह मैं जानता था लेकिन ये उत्तर कितने कठिन और दुरूह हो सकते हैं; इसका अनुमान पाकिस्तान में प्रत्यक्ष जाने के बाद होनेवाला था।

कैसे पता नहीं लेकिन दिल्ली के पाकिस्तानी उच्चायुक्त ने मेरा वीज़ा बहुत कम समय में करा दिया। यही नहीं; दूरभाष पर बातचीत करनेवाले अधिकारी ने भी सरकारी संकेतों को परे रखकर मुझसे नम्रता से संवाद किया। मुझे ये सारी बातें सुख दे गईं। वीज़ा सिर्फ़ आठ दिनों का था क्योंकि परिषद सात दिनों की थी। यह वीज़ा इस्लामाबाद शहर तक सीमित था और वीज़ा में स्पष्ट उल्लेख था कि विशेष रूप से सैनिकी क्षेत्र में जाने के लिए प्रतिबन्धित। किसी तरह क्यों न हो...वीज़ा

मिल गया था क्योंकि सुना था कि वीज़ा मिलने में कई महीने लगते हैं। कई बार तो वह मिलता ही नहीं। ऐसी परिस्थिति में कुछ ही घंटों में मिलनेवाला यह वीज़ा मेरे लिए अन्धे को दो आँखें मिलने के बराबर था।

हवाई अड्डे पर वीज़ा की जाँच करनेवाले अधिकारी ने भी जब कुछ ही सेकंडों में मुझे मुक्त किया तब तो मन-ही-मन लड्डू फूटे परन्तु चेहरे पर किसी भी प्रकार की ख़ुशी प्रदर्शित न करते हुए मैं अपना सामान लेने के लिए चल पड़ा। बीच-बीच में मैं इस बात की टोह भी ले रहा था कि कोई मेरा पीछा तो नहीं कर रहा है। वैसा कुछ आभास नहीं हुआ परन्तु सामान आने में लगभग एक घंटा लग गया। निरन्तर यात्रा करनेवाले विशेषज्ञों के मतानुसार कोई देश कितना पिछड़ा है अथवा कितना प्रगत है; इसकी पहचान हवाई अड्डे पर ही हो जाती है और इस पहचान का आधार यह है कि यात्री को उसका सामान मिलने में कितना समय लगता है। प्रगत देशों में यात्री के कनवेयर बेल्ट के निकट पहुँचने से पहले ही उसका सामान वहाँ आ पहुँचता है। इसके विपरीत अप्रगत अथवा पिछड़े देशों में इसी बात के लिए घंटों लग जाते हैं। इस निकष पर पाकिस्तान खरा नहीं उतरा। मैं इतना थक चुका था कि अन्ततः सामान की ट्रॉली पर ही बैठा रहा।

इस्लामाबाद का हवाई अड्डा आकार में छोटा है परन्तु साफ़-सुथरा, आधुनिक, आकर्षक है। हमारे यहाँ हवाई अड्डे से बाहर आते ही लोगों की ज़बरदस्त भीड़ दिखाई देती है। यहाँ की भीड़ बिलकुल हमारे रेलवे स्टेशनों की भीड़ की तरह थी। सच कहूँ तो यह भीड़ देखकर अच्छा लगा। भारत और पाकिस्तान के बीच सोच और विचारों की इतनी गहरी खाई है कि पाकिस्तान के लोग हमारी तरह ही दिखाई देते हैं; यह साधारण सी सच्चाई भी मैं भूल गया था। उस भीड़ में मुझे निमंत्रित करनेवाली संस्था का वह आदमी दिखाई नहीं दे रहा था; जो मुझे लिवाने आनेवाला था। अन्ततः पाकिस्तान इंस्टीट्यूट ऑफ़ डेवलपमेंट इकोनोमिक्स (पाइड) का वह आदमी दिखाई दिया और मैंने चैन की साँस ली। मैंने एक और पाकिस्तानी मित्र को फ़ोन कर पूछ लिया था कि क्या वह हवाईअड्डे पर आएगा उसने भरोसा दिलाते हुए कहा था, "किसी भी हालत में आता हूँ।" पाइड की गाड़ी में सामान रखा और उस मित्र को ढूँढ़ने के लिए भीड़ की ओर गया। वह मित्र दूर एक कोने में खड़ा था। दोनों की नज़रें मिलीं। आँखें ख़ुशी से चमक उठीं। कसकर एक-दूसरे के गले मिले।

यह अरशद भट्टी...मेरा मित्र था। पाँच-छह वर्ष पूर्व ऐसे ही एक अन्तरराष्ट्रीय सम्मेलन में जापान में मैं और अरशद मिले थे। पाकिस्तान सरकार के प्रतिनिधि के रूप में वह एक प्रशिक्षण के लिए वहाँ आया था। भारतीय प्रशिक्षणार्थियों के साथ उससे लघु भेंट हुई थी। उस समय मालूम हुआ था कि वह एक कवि है। मैं भी

कवि हूँ; यह सुनते ही उसे बड़ी प्रसन्नता हुई। उसने अपना एक काव्यसंग्रह मुझे भेंट किया। वह हमारी पहली मुलाक़ात थी। उसके बाद वह दो वर्ष पूर्व भारत में आया था...एक परिषद में हिस्सा लेने के लिए। हम कुछ मित्र मिलकर मालचा मार्ग पर मोती महल में खाना खाने गए। गप्पों का सिलसिला चल पड़ा। पाकिस्तान में शराबबन्दी होने के बावजूद किसी भी विदेशी ब्रांड की शराब कहीं भी, कभी भी और किसे भी मिल जाती है; इसका बड़ा सुन्दर वर्णन उसने अपनी कविता में किया था। यह दूसरी मुलाक़ात थी। उसके बाद आज अचानक इस्लामाबाद में किसी पुराने और जिगरी दोस्त की तरह उसने मुझे छाती से लगाया।

दिल्ली से चलते समय ही संयोग से मुझे अरशद का नम्बर मिल गया था। मेरा इस्लामाबाद जाना...अचानक तय हुआ था। इसलिए मैं चाहता था कि आयोजकों से फ़ोन पर बात करूँ और आश्वस्त हो जाऊँ कि वहाँ सारा प्रबन्ध ठीक से हुआ है। दूसरा कोई देश होता तो मैं ख़तरा उठा लेता परन्तु पाकिस्तान के बारे में यह ख़तरा और ख़ासकर वर्तमान अस्थिर वातावरण में लेना उचित नहीं था परन्तु रविवार होने के कारण आयोजक मिल नहीं सकते थे। अन्ततः अरशद को फ़ोन किया। वह घर पर ही था। उसने तुरन्त हवाई अड्डे पर आने का विश्वास दिलाया। मैंने अपने-आपसे यही पूछा कि यदि इसी तरह पाकिस्तान से उसका फ़ोन आ जाता तो क्या मैं उसे लिवाने हवाई अड्डे पर जाता? इस प्रश्न का उत्तर निस्सन्देह 'हाँ' नहीं आ रहा था।

अरशद ने मुझे अपनी गाड़ी में बिठाया। पाइड की गाड़ी में सामान रखा और गाड़ी इस्लामाबाद की दिशा में दौड़ने लगी। अचानक सामने इधर चार लेनवाला और उधर चार लेनवाला रास्ता आ गया। हवाई अड्डे से निकलते हुए देखा था... दोनों ओर सशस्त्र सैनिक तैनात हैं। मैंने अरशद से पूछा, "ये सैनिक यहाँ क्या कर रहे हैं?" अरशद ने बताया, "पिछले कई सालों में इस मुल्क़ में फ़ौजियों की इतनी भरती की गई है कि इन सबको कुछ-न-कुछ काम देना लाज़िमी हो गया है। इसलिए उनमें से कुछ को यहाँ सड़क किनारे ड्यूटी दी गई है।" अरशद ने जो कहा; वह सही होगा भी। मुझे याद आया कि विमान से उतरकर जब टर्मिनल की ओर आ रहा था तब सुबह के धुँधलके में खुली जीप में एक मशीनगनधारी जाते हुए मुझे दिखाई दिया था। एक मेज़ पर रखी मशीनगन को वह चारों ओर घुमा रहा था। सैनिक शासन जिसे कहते हैं; क्या वह यही है? यह प्रश्न मेरे मन को छू गया।

"सैनिकीकरण और इस्लामीकरण ये दोनों बातें किस तरह हाथों में हाथ डालकर साथ-साथ चल सकती हैं;" मैंने पूछा। अरशद ने कहा, "ज़िया-उल-हक़ तानाशाह था। अधिकाधिक सैनिकीकरण उसी के शासन काल में हुआ। किसी भी करण

(साधन) को प्रत्यक्ष में उतारना है तो जनता के मन में भय की भावना पैदा करनी पड़ती है। ऐसा डर स्टालिन ने रूस की जनता में पैदा किया था। यहाँ ज़िया-उल-हक़ ने सभी सरकारी मुलाज़िमों के लिए पठानी पहराव को वर्दी बना दिया। आज भी सभी सरकारी नौकर भरती में दस फ़ीसदी जगहें फ़ौज के लिए रिज़र्व हैं। इसका मतलब हर महकमे के लिए दस फ़ीसदी लोग फ़ौज से लेने हैं। फौज से आनेवाले लोग कड़े डिसिप्लीन की जिल्द में ख़ुद को लिपटाकर ले आते हैं तो उनके ज़रिये इस्लामीकरण करना आसान हो जाता है।" ये सारी बातें मेरे पल्ले पड़ना मुश्किल हो रहा था। मैंने अपना ध्यान सामनेवाली सड़क पर लगाया।

सामनेवाली सड़क दूर तक सीधी-सीधी जाकर सामने आने वाले पहाड़ की तलहटी के झाड़-झंखाड़ में खोती जा रही थी। बाईं ओर रावलपिंडी दिखाई दे रही थी। रावलपिंडी पहले राजधानी थी। क़ानून-ए-आज़म बैरिस्टर जिन्ना यहाँ से गुज़र रहे थे। तलहटीवाली यह जगह उन्हें बहुत अच्छी लगी। आगे चलकर जब वे नहीं रहे तब भी उनकी इस जगह की पसन्दगी को उनका आदेश मानकर 1964 ई. के बाद यह जगह तैयार की गई। इस जगह को राजधानी में परिवर्तित होने में 1972-73 ई. का वर्ष आना पड़ा; ये सारी बातें अरशद बता रहा था। हाई-वे पर गाड़ी दौड़ी जा रही थी। यह भव्य हाई-वे इस्लामाबाद-रावलपिंडी और हवाई अड्डे को जोड़ता है। हाई-वे के दोनों ओर कृत्रिम ऊँची मेंड़ अथवा दीवार जैसा ऊँचा स्थान बनाया गया है और उस पर सुन्दर पौधे-झाड़ियाँ लगाई गई हैं। बाईं ओर बीच-बीच में झाड़ियों के उस पार रावलपिंडी दिखाई दे रहा था। बीस-पच्चीस मिनट में हम इस्लामाबाद की सीमा पार कर अन्दर आ गए। गाड़ी दाईं ओर मुड़ी। बाईं ओर इमारतों की क़तार थी। दाईं ओर फिर से झाड़ियाँ। ऐसा लगता ही नहीं था कि यह शहर है लेकिन यही इस्लामाबाद शहर था। पाकिस्तान की राजधानी। बाईं ओर की इमारत में ही आईएसआई का ऑफ़िस था। भारत के विरोध में की जानेवाली कार्रवाइयों अथवा गतिविधियों का केन्द्र। अरशद बोला, "मुशर्रफ़ ने इनके भी पर क़तर दिए हैं।" मैं तय नहीं कर पा रहा था कि अरशद की बात का विश्वास करना चाहिए अथवा नहीं।

थोड़े ही समय में गाड़ी होटल हॉलिडे के सामने खड़ी थी। सामने मशीनगन लिये गार्ड खड़ा है। अन्दर जाते समय मेटल डिटेक्टर के साथ-साथ पूरे शरीर की जाँच की गई अर्थात यह सबके साथ होता है। स्वागत कक्ष अर्थात रिसेप्शन काउंटर पर काग़ज़ातों की ख़ानापूर्ति की गई और मेरे हाथ में कमरे की चाभी रख दी गई।

अरशद मेरे साथ कमरे के अन्दर आया। मैंने उससे मज़ाक़ में कहा, "अरशद, आप हवाई अड्डे पर मुझे लेने नहीं आते तब भी मैं समझ सकता था। फिर भी

आप आए...क्यों? कहने का मतलब है...आपने हवाई अड्डे पर आने की तकलीफ़ क्यों उठाई?"

"सच कहूँ, अगर हमारे दोनों मुल्कों के रिश्तों में इतना तनाव न होता तो मैं कभी नहीं आता या फिर आऊँ-न-आऊँ; इसके बारे में सोच सकता था। लेकिन इस वक़्त के तनाव भरे हालात में आम आदमी के दिल में हिन्दुस्तनियों के लिए कोई खटास या फिर कड़वाहट नहीं है; इसे आप समझ लें; इसलिए मैं आपको लेने आया। दूसरी बात यह है कि अगर हवाई अड्डे पर पहुँचने के बाद आपको कोई तकलीफ़ या परेशानी उठानी पड़ती और बाद में मुझे मालूम होता तो बहुत बुरा लगता।"

उसकी इन स्नेहपूर्ण बातों से मैं अभिभूत हो उठा। मुझे लगा कि अकसर हम पाकिस्तान के बारे जो कुछ पढ़ते हैं; वह सब कुछ झूठ नहीं भी होगा लेकिन पूरा सच भी नहीं होगा। अरशद चला गया। फिर भी मैं सोचता रहा कि—इन दोनों देशों का भूतकाल हमारे सामने है। घोर काला...रक्तरंजित...एक-दूसरे के बारे में भ्रम-भ्रान्तियों से भरा हुआ...युद्धों की पृष्ठभूमि लिये हुए, परमाणविक हथियारों से दोनों देश लैस...। एक ही भूमि से निर्मित हुए इन देशों का दूरगामी भविष्य तो छोड़िए आनेवाला भविष्य ही क्या है; यह बताना कठिन है। मन में विषाद भर गया।

कार्यशाला में सार्क देशों के लगभग पैंतीस प्रतिनिधि थे। उनमें चार भारतीय। मेरे समेत तीन सरकारी अधिकारी। एक अधिकारी जयपुर के इंडियन इंस्टीट्यूट ऑफ़ डेवलपिंग इकोनोमिज़ संस्थान का प्रतिनिधि था। ये सभी मुझसे पहले यहाँ आ गए थे। भारत-पाकिस्तान के वर्तमान सम्बन्धों के चलते सभी के मन में यह कौतूहल था कि भारतीय प्रतिनिधि आएँगे अथवा नहीं। मुझे वहाँ आया देख सभी ने राहत की साँस ली। हमारी कार्यशाला का विषय 'निर्धनता का मूल्यांकन एवं उन्मूलन' था। निर्धनता रेखा की नीचे वाली जनसंख्या को वर्तमान जनसंख्या की तुलना में आधे पर लाना; संयुक्त राष्ट्रसंघ द्वारा तय किए गए उद्देश्यों में से एक उद्देश्य है। ये उद्देश्य नए सहस्रक हेतु निर्धारित किए गए हैं। इस सन्दर्भ में दक्षिण एशिया के देशों ने ग़रीबी की समस्या को किस प्रकार दूर करने का प्रयास किया है; इन प्रयासों की पद्धति क्या रही...उसमें कितनी सफलता प्राप्त हुई जैसे मुद्दों पर विचार-विमर्श करना था तथा अगली दिशा निश्चित करनी थी। इसीलिए इस कार्यशाला का आयोजन किया गया था।

इस कार्यशाला में पाकिस्तान के विभिन्न निजी, सरकारी, अर्धसरकारी संस्थानों के पन्द्रह प्रतिनिधि थे। अधिकतम पुरुषों का पहनावा पश्चिमी था। एकाध प्रतिनिधि ने पठानी ड्रेस पहन रखी थी। स्त्रियों में सभी ने सलवार-कमीज़ पहनी थीं। केवल

एक महिला ने साड़ी परिधान की थी। बीच के अवकाश में मैंने उससे पूछा, "आप हमेशा साड़ी पहनती हैं क्या?" उसने कहा, "इस वर्कशॉप के लिए ही मैं साड़ी पहनकर आई हूँ। वैसे मैं हमेशा सलवार-कमीज़ ही पहनती हूँ लेकिन कराची में कई औरतें साड़ी पहनती हैं।"

कैसी हैं पाकिस्तानी महिलाएँ?

'पाकिस्तान में महिलाओं का स्थान' यह एक स्वतंत्र चर्चा का विषय है। जिन पाकिस्तानी महिलाओं ने कार्यशाला में हिस्सा लिया था; वे सभी स्पष्ट वक्ता और स्वतंत्र विचारोंवाली लगीं लेकिन ये सभी महिलाएँ समाज के उच्च वर्ग की थीं।

उन महिलाओं में ख़दीजा खान नाम की पाकिस्तानी महिला से 'पाकिस्तान में महिलाओं का स्थान' विषय पर बातचीत करने का अवसर मिला। ख़दीजा खान 'पाकिस्तान निर्धनता उन्मूलन कोष' नाम की संस्था में जनरल मैनेजर पद पर कार्यरत हैं। भारत और श्रीलंका की तुलना में पाकिस्तान की महिलाओं को समाज में बहुत ही दोयम दर्ज़े का स्थान प्राप्त है; इस बात को उसने बेझिझक कह दिया। यही नहीं बल्कि मेरी विनती पर उसने मुझे 'पाकिस्तान महिला जाँच आयोग' 1997 की महत्त्वपूर्ण रिपोर्ट की प्रति लाकर दी। इस रिपोर्ट का पहला वाक्य इस प्रकार है, "हमारे समाज की महिलाओं के अधिकारों का विषय चर्चा के लिए हो अथवा अनुसन्धान के लिए; वह हमेशा ही रंज़-ओ-दर्द का मज़मून रहा है।"

यह रिपोर्ट पठनीय है। रिपोर्ट में दी गई केवल संख्याएँ ही नहीं, अपितु रिपोर्ट की समग्र प्रस्तुति और विषय भी प्रेरणादायी है। पुरुषों की तुलना में महिलाओं में साक्षरता का अनुपात बहुत कम है। प्राथमिक विद्यालय में पढ़ने वाली लड़कियों की संख्या लड़कों की अपेक्षा कम है। प्रसूति के दौरान मरनेवाली स्त्रियों का अनुपात विश्व में लगभग सबसे अधिक है। जनसंख्या वृद्धि का अनुपात 9.00 और देश की राजनीति में स्त्रियों का नगण्य प्रतिनिधित्व। ये यहाँ की कुछ विशेष बातें हैं।

इस रिपोर्ट में यहाँ की अनेक अनिष्ट सामाजिक रूढ़ियों का उल्लेख मिलता है। विवाह में दुल्हन की होनेवाली बिक्री को 'बलबार' प्रथा, झगड़े में हुए नुक़सान की भरपाई के रूप में बेटी का उपयोग किए जाने को 'स्वरा' और चरित्र पर किए गए सन्देह को लेकर महिलाओं की हत्या करने की प्रथा को 'करो कारी' कहते हैं।

इस पूरी रिपोर्ट में जो महत्त्वपूर्ण तथ्य सामने आता है; वह यह है कि स्त्रियों की उन्नति के लिए आन्दोलन और संघर्ष सामाजिक और सरकारी स्तर पर करना तो पड़ता ही है लेकिन जो लोग स्त्री-पुरुष समानता के लिए संघर्ष कर रहे हैं; उन

लोगों के सम्मुख धार्मिक प्रथाओं और मान्यताओं के विरुद्ध संघर्ष करना बहुत बड़ी चुनौती है।

इस रिपोर्ट के एक अध्याय में परिवार नियोजन तथा गर्भपात को लेकर महिलाओं के अधिकारों के सन्दर्भ में चर्चा की गई। यह चर्चा निम्न मुद्दों के आधार पर हुई—

1. हज़रत मुहम्मद पैगम्बर के समय में क्या परिवार नियोजन की संकल्पना ज्ञात थी? इस विषय को लेकर किसने क्या सीख दी है?
2. क्या इस्लाम धर्म परिवार नियोजन को पूरी तरह नकारता है? यदि नहीं तो पूरी तरह उसको स्वीकार करता है अथवा नहीं? क्या कुछ निश्चित शर्तों के अन्तर्गत इस्लाम धर्म को परिवार नियोजन स्वीकार है?
3. क्या इस समय परिवार नियोजन को समर्थन देने जैसी परिस्थिति है?

ये सभी प्रश्न पढ़ने के बाद स्पष्ट रूप से अनुभव होता है कि इस विषय पर पाकिस्तान को बहुत कुछ करना होगा।

मैंने ख़दीजा से पूछा, "मिडिल क्लास पढ़े-लिखे परिवार में कितने बच्चे होते हैं?" उसने कहा, "कम-से-कम छह।" मैं चौंक गया। बाद में मैंने इस बारे में कई लोगों से पूछा तो सभी ने ख़दीजा की बात को सच बताया।

कार्यशाला सुचारु रूप से चल रही थी तभी मुझसे और मेरे तीन भारतीय मित्रों से कहा गया, "आपको पुलिस स्टेशन में जाकर रिपोर्ट करना ज़रूरी है।" दक्षिण एशिया के दूसरे देशों के प्रतिनिधियों के लिए ऐसी सख़्ती नहीं थी। मन में सोचा, "चलो, इस बहाने पुलिस स्टेशन देखा जाए।"

तक्षशिला को नकारा

हम लोगों को एक वैन में ही पुलिस स्टेशन ले जाया गया। हमारे साथ आए हुए शिष्टाचार अधिकारी ने आदेशनुमा प्रार्थना की, "आप कोट पर लगी अपनी नेमप्लेट और कैमरा निकालकर वैन में ही रखिए। वह शिष्टाचार अधिकारी 'पीआईडीई' संस्था से सम्बन्धित था। उसका बर्ताव प्राय: बहुत अच्छा था। हमें विश्वास हो गया कि उसकी प्रार्थना का पालन करना हमारे हित में है।

पुलिस स्टेशन के पीछे क्लर्क का कक्ष था। वहाँ हमें ले गए। क्लर्क ने हमारे पासपोर्ट की जाँच की। कुछ काग़ज़ातों की ख़ानापूर्ति करवाई। हमारे पास फ़ोटो नहीं थे। फ़ोटो खिंचवाने के लिए कहा। हमारे साथ उसके बर्ताव में अशिष्टता अथवा अनादर का भाव नहीं था। हमारे देश में कोई क्लर्क जिस तरह हमसे बर्ताव करता

वैसा ही बर्ताव उसने हमसे किया। उसकी मेज़ धूल से सनी थी। मेज़ पर फाइलों का ऊँचा अम्बार लगा हुआ था। कोने में जंग लगी दो अलमारियाँ थीं...जो आधी खुली हुई थीं और उनमें से पुराने काग़ज़ बाहर झाँक रहे थे। कहने का मतलब यह कि वातावरण पूरा परिचित था। किसी भी क़िस्म की तकलीफ़ के बिना हमें वहाँ से छुटकारा मिला। पुलिस स्टेशन आने के दो-तीन प्रयोजन थे। पहला प्रयोजन यह था कि हम भारतीय पाकिस्तान में आए हैं; इसकी रिपोर्ट करना। दूसरा प्रयोजन—भारतीय होने से पाकिस्तान में निर्धारित समय (छह दिन) तक रहने का अनुमति-पत्र लेना और तीसरा प्रयोजन—निर्धारित समय (छह दिन) समाप्त होने पर पाकिस्तान छोड़ने की इजाज़त लेना। इसका मतलब—आख़िरी इजाज़त के लिए नियमानुसार फिर एक बार पुलिस स्टेशन आना आवश्यक है लेकिन शिष्टाचार अधिकारी की कार्यकुशलता के कारण हमें दोबारा न आने की छूट मिल गई। भारत और पाकिस्तान के बीच के सम्बन्ध कई बार व्यक्तिगत स्तर पर आकर टकराते ही हैं।

मेरे वीज़ा पर स्पष्ट शब्दों में 'इस्लामाबाद शहर की सीमा से बाहर नहीं जा सकते' तथा 'किसी भी सैनिकी क्षेत्र में प्रवेश करने पर प्रतिबन्ध' लिखा था। परिणामस्वरूप मैं इस्लामाबाद का जुड़वाँ शहर रावलपिंडी भी देख नहीं पाया। प्राचीन विद्या का केन्द्र तक्षशिला इस्लामाबाद से केवल तीन किलोमीटर दूर है। मेरी हार्दिक इच्छा थी कि जिस प्राचीन विश्वविद्यालय में विश्व-भर के लोग आकर अध्ययन करते थे; उस तक्षशिला के खंडहरों को तो देखूँ। इस बारे में मैंने अरशद से बात की। उसने कहा, "पाकिस्तानी अधिकारी मेरी जान-पहचान के हैं। आपको तक्षशिला ले जाने के लिए मैं परमीशन लेटर ले आता हूँ।" इसके दूसरे ही दिन इस्लामाबाद में भारतीय उच्चायुक्त के दो अधिकारियों को अड़तालीस घंटों के भीतर देश छोड़ जाने का आदेश पाकिस्तान सरकार ने जारी किया और यह समाचार पहले ही पन्ने पर छप गया। अरशद का फ़ोन आया। उसने कहा, "हालात वैसे भी बिगड़े हुए हैं। इस ख़बर ने तो और बिगाड़ दिए। इसलिए तक्षशिला जाने का ख़याल छोड़ देना बेहतर होगा।" उसकी बात से इनकार करने का सवाल ही नहीं था।

इस्लामाबाद के तीन सितारा होटल 'हॉलिडे इन' में हम ठहरे हुए थे। अशरफ़ रफीकी वहाँ मुख्य जनसम्पर्क अधिकारी थे। एक बार हम लॉबी में खड़े थे। "आप भारत से आए हैं क्या?" पूछते हुए वह हमारे पास आए। उनका हँसमुख चेहरा देखकर मुझे प्रसन्नता हुई। मैंने कहा, "जी हाँ।" अब आगे वह क्या कहेगा; इसकी मुझे तनिक भी कल्पना नहीं थी। "यहाँ कोई परेशानी या कोई तकलीफ़ है?" बड़े आदर के साथ पूछा। मैं ख़ुश हुआ और कहा, "बिलकुल नहीं, यहाँ बहुत अच्छा लग रहा है।" इस बातचीत के बाद माहौल बदल गया। अशरफ़ कहने लगा,

"आपको अच्छा लग रहा है लेकिन मैं दो ही महीने पहले भारत में गया था तब मुझे बहुत तकलीफ़ उठानी पड़ी। एक दिन की टूरिज़्म कॉन्फ्रेंस थी। मैं दिल्ली की सूर्या सोफिटल नाम के होटल में उतरा था। कॉन्फ्रेंस के बीच में ही मुझसे कहा गया कि मुझे पुलिस स्टेशन में रिपोर्ट करनी पड़ेगी। यह किस क़िस्म की मेहमाननवाज़ी है? एक दिन की कॉन्फ्रेंस थी और आधा दिन पुलिस थाने में ख़र्च हुआ। यह क्या तरीक़ा था! लेकिन मुझे वहाँ जाना ही पड़ा। वहाँ मुझे पुलिसवाले ने किसी गुनहगार की तरह देखा और कहा, "फ़ोटो कहाँ है?" मैंने कहा, "मुझे क्या पता कि आपको क्या-क्या चाहिए? मेरे पास फ़ोटो नहीं है।" इसके पहले हवाई अड्डे पर वीज़ा की जाँच करनेवाले अधिकारी ने बड़ा बुरा बर्ताव किया। मेरा पासपोर्ट देखते ही उसने कहा, "पाकिस्तानी? एक तरफ़ हो जाइए।" मैंने कहा, "क्यों भाईसाहब? पाकिस्तानी होना कोई गुनाह है? इसके बाद मेरी बड़ी उलट-पुलट ढंग से जाँच की गई। इसके बाद मुझे छोड़ा गया। अरे भाई, इतनी जाँच करनी है तो बुलाते क्यों हो? यहाँ आपको क्या कोई तकलीफ़ हुई? हम आपकी फ़िक्र करते हैं ना? तो फिर आप हमें क्यों तकलीफ़ देते हैं? आप यहाँ से अच्छी-अच्छी और मीठी यादें ले जाते हैं; फिर मैं क्यों कड़वी यादें भारत से ले आऊँ? मेरे पिता जी वैसे तो दिल्ली के हैं। दिल्ली की उनकी यादें न होतीं तो शायद मैं दिल्ली जाता ही नहीं। आपकी हुकूमत ऐसा बर्ताव क्यों करती है?"

उसके इस अचानक हमले से मैं भी स्तब्ध हो गया। वह जो बता रहा था... वह अर्धसत्य था...आधी सच्चाई थी। कुछ सच था...कुछ झूठ...इसका आभास भी मुझे हो रहा था। पाकिस्तान में आने के बाद मुझे भी पुलिस स्टेशन जाना ही पड़ा था लेकिन यह कड़वाहट मैंने मन में नहीं रखी। मैंने उससे कहा, "जनाब रफ़ीक़ी साहब...आपके साथ भारत में अच्छा बर्ताव नहीं किया गया; इसका मुझे अफ़सोस है लेकिन ऐसी कड़वाहट और तल्ख़ी रखकर मसले हल नहीं होंगे। जब तक दोनों देशों के बीच के तआलुकात सुधर नहीं जाते तब तक हमें एक-दूसरे के देशों के क़ानून पर अमल करना चाहिए। दूसरी बात—जब तक आवाम, जनता में एक-दूसरे के लिए ग़लतफ़हमी और नासमझी हो तब तक दोनों मुल्कों के बीच के तआलुकात किस तरह सुधरेंगे? ख़ास करके पढ़े-लिखे लोगों को चाहिए कि वे ख़ुद कुछ पोजिटिव कर दिखाने की पहल करें। क्या करना है; यह हर एक को सोचना है लेकिन एक बात तो हर कोई कर सकता है कि हम किसी क़िस्म की कड़वाहट को न फैलाएँ। सच्चाई को स्वीकार करना और आगे क्या किया जाए; इस पर संजीदगी से सोचना चाहिए।"

"अरे रे! लगता है कि आप मेरी बातों का बुरा मान गए।"

"जी हाँ। क्योंकि बुरा लगने जैसा ही आपने कहा।" मैंने कहा। उसी समय रफ़ीकी को रिसेप्शन काउंटर से बुलावा आ गया और वह चला गया।

लेकिन उसकी बात-शिकायत मुझे बार-बार याद आती थी। भारत और पाकिस्तान के बीच के सम्बन्ध का बड़ा ही नाज़ुक दर्द है और अभी तक तो इस दर्द का इलाज सामने आया नहीं है। इस दर्द के आयाम भी तो बहुत हैं। बँटवारे के बाद हुए दंगे-फ़साद, पाकिस्तान में धार्मिक और सैनिकी सत्ता केन्द्र, चार युद्धों की कटु यादें, कश्मीर का मुद्दा आदि-आदि। आगे चलकर पाकिस्तान द्वारा फैलाया जानेवाला आतंक और 26/11 का हमला भारत और पाकिस्तान के सम्बन्धों में बाधा डाल रहा है। अब तो पुलवामा के बाद कड़वाहट का नया दौर शुरू हो गया है। पाकिस्तान को अपना बर्ताव बदलना ही पड़ेगा। एक बात तो पक्की है कि भारत-पाकिस्तान की आम जनता के मन पर बोझ बना हुआ है।

मुशर्रफ़ एवं मिलिटरी

ऐसा नहीं कि मेरा बहुत घनिष्ठ सम्बन्ध पाकिस्तान के लोगों से रहा लेकिन जो भी मेरे सम्पर्क में आया; हर किसी ने यही कहा कि भारत-पाकिस्तान के बीच के तनावपूर्ण सम्बन्धों के चलते दोनों देशों को रक्षा पर जो ख़र्च करना पड़ता है; उसके कारण आर्थिक प्रगति पर बड़ा दुष्प्रभाव पड़ा है। 23 मार्च को पाकिस्तान में भव्य सैनिक परेड का आयोजन होता है। 23 मार्च को 'पाकिस्तान दिवस' के रूप में मनाया जाता है। इस वर्ष पहली बार परवेज़ मुशर्रफ ने यह परेड रद्द कर दी। भारत में नई दिल्ली में 26 जनवरी को परेड की जाती है। 23 मार्च को पाकिस्तान में की जानेवाली परेड का आयोजन भारत की 26 जनवरी की परेड का प्रत्युत्तर माना जाता है। पाकिस्तान की इस प्रत्युत्तर कही जानेवाली विकसित परेड को वर्तमान 'राष्ट्रभक्ति' को भड़कने के समय में भला क्यों रद्द किया गया होगा? मुशर्रफ़ के मतानुसार, "मुल्क पर होनेवाले हमले का मुक़ाबला करने के लिए जब पूरी फ़ौज सरहद पर डटी हो तब इस क़िस्म की परेड लेना मुनासिब नहीं है।" शायद यह सच भी हो लेकिन मुझे लगता है कि अन्य दो कारणों से यह परेड रद्द कर दी गई होगी। पहला महत्त्वपूर्ण कारण यह होगा—पाकिस्तान की आर्थिक व्यवस्था की कमर पूरी तरह टूट गई है। सेना को स्थानान्तरित करना बड़ा ख़र्चीला काम है और वह इस समय उसके बस की बात नहीं है। दूसरा महत्त्वपूर्ण कारण—यह परेड जनरल मुशर्रफ़ को सुरक्षा की दृष्टि से भरोसा नहीं दिला पा रही थी। मुशर्रफ़ आतंकवादियों के विरुद्ध अमेरिका द्वारा खोले गए मोर्चे में सम्मिलित हो गए थे।

अत: पाकिस्तान का जनमत और धार्मिक नेताओं के अधिकाधिक मत मुशर्रफ़ के विरुद्ध हो गए थे। ऐसी स्थिति में यदि परेड ली गई तो उसका अनुचित लाभ उठाकर मुशर्रफ़ पर हमला किए जाने की आशंका से इनकार नहीं किया जा सकता था।

इस विषय में अरशद से पूछा तो उसने नया ही मुद्दा रखा। उसने कहा, "सेना की परेड रद्द करने का निर्णय महज़ मुशर्रफ़ जैसा सेना प्रमुख ही ले सकता है। सच तो यह है कि यह परेड मतलब मुल्क की मिल्कियत का बेजा ख़र्च करना है।" मुझे उसका मुद्दा जँच गया। भारत में भी किया जानेवाला परेड संचालन अब राष्ट्रीय परम्परा का हिस्सा बन चुका है। इसी के साथ ही नए प्रक्षेपास्त्र, विनाशकारी शस्त्रों का शक्ति प्रदर्शन करते हैं। राष्ट्रगौरव के साथ ही यह परेड युद्ध की मानसिकता तो निर्मित नहीं करती! इस पर विचार करना आवश्यक है।

इस सम्पूर्ण पृष्ठभूमि में यह प्रश्न आपसी चर्चा में सभी जगह पूछा जाता था कि क्या मुशर्रफ़ का पाकिस्तान पर अंकुश है? इसका विकल्प लगभग सभी के पास नहीं था। इसलिए जनता मुशर्रफ़ के पक्ष में है; ऐसा लगता होगा। कुछ लोगों के मतानुसार मुशर्रफ़ के कारण प्रशासन में व्याप्त भ्रष्टाचार कम हुआ है। समाचार-पत्रों और चर्चाओं द्वारा मुझे निरन्तर यह अनुभव हुआ कि मुशर्रफ़ के विरोध में जनमत बड़ा ही प्रबल है और अवसर मिलते ही लोगों का यह आक्रोश फट पड़ेगा। अरशद इस्लामाबाद का अनुभवी और जानकार था। इसलिए मुशर्रफ़ सर्वमत लेने का विचार कर रहे हैं; यह समाचार उसने मुझे दूसरे दिन समाचार छपने से पूर्व दे दिया। लेकिन पक्का निर्णय क्या होगा; इसका अनुमान करना उसको कठिन लग रहा था। सर्वमत लेना और उसके तुरन्त बाद चुनाव करवाना; यह मुशर्रफ़ की रणनीति है। तूफ़ान पर सवार उनका जहाज़ कहाँ जाएगा; इसका अनुमान करना आसान नहीं था।

पाकिस्तान के समाचार-पत्रों को सरसरी नज़र से देखते हुए अनुभव हुआ कि मुशर्रफ़ सरकार को समर्थन दर्शाने वाले और विरोध करने वाले लेख समाचार-पत्रों में छपे थे। यह विरोधी स्वर मुझे अंग्रेज़ी समाचार-पत्रों से ज्ञात हुआ। मुझे लगा कि यहाँ समाचार-पत्रों की स्वतंत्रता अबाधित है लेकिन मुझे यह भी मालूम हुआ कि द *नेशन* के सम्पादक ने हाल ही में जो सम्पादकीय लिखा था; उसके कारण उसे नौकरी से हाथ धोना पड़ा था।

प्रसार माध्यम में भारत का विरोध

समाचार-पत्रों की तुलना में टीवी अधिक '*नियंत्रित है*' इसका अनुभव हुआ। यह भी

सुनने में आया कि भारतीय टीवी चैनलों पर प्रतिबन्ध लगाए जाने के कारण सीमा क्षेत्र के अनगिनत लोग शिकायतें कर रहे हैं। दूसरी बात यह कि भारत में सर्वत्र यह कहा जा रहा है कि पी. टी.वी. (पाकिस्तान टेलीविज़न) पर भारत में प्रतिबन्ध लगा हुआ है; लेकिन सच्चाई यह है कि दिल्ली में पी. टी.वी. देखने को मिलता है और यही बात जब मैंने अपने पाकिस्तानी मित्रों से कही तो उन्हें अचरज हुआ। कश्मीर में भारतीय सेना किस प्रकार वहाँ की जनता और 'स्वतंत्रता सेनानियों (मुजाहिदीनों) पर अत्याचार और ज़ुल्म-ओ-सितम करती है; इसे पी. टी.वी. पर लगातार दिखाया जाता है। गुजरात में हो रहे दंगों को काबू में लाने में राज्य सरकार की विफलता को भी बार-बार दिखाया जा रहा था। मुझसे मिलने वाला प्रत्येक पाकिस्तानी नागरिक 'विहिप', 'बजरंग दल', 'संघ' शब्दों को जानता था। टीवी चैनलों में से अब तक फैशन टीवी और एम.टीवी को अनुमति नहीं दी गई थी। सीएनएन और स्टार टीवी पर भारत में दिखाए जानेवाले विज्ञापन दिखते हैं। इसलिए इन चैनलों को देखते समय भारत में होने का अनुभव होता है। यद्यपि यहाँ पर एम.टीवी दिखाई देता है फिर भी ऐसा लगा कि इसकी 'वस्त्र संहिता' (अर्थात ड्रेस कोड) नियंत्रित रखी गई है। भारत में एम.टीवी पर अर्धनग्न और लगभग नग्न के क्लोज़प कई बार दिखाई देते हैं लेकिन यह पाकिस्तान में दिखाई नहीं दिया। नग्नता के पश्चिमी आक्रमण को रोकने का वह एक तरह का उपाय होना चाहिए। जिस प्रकार हमारे यहाँ संस्कार और उस जैसे चैनल धार्मिक उपदेश का कार्य करते हैं; वैसे ही पाकिस्तान में भी लगातार 'पवित्र उपदेश' देने का कार्य अनेक चैनलों पर दिखाई देता है। मुशर्रफ़ के प्रत्येक कार्यक्रम को सुर्ख़ियों में रखा जाता है और उसे प्रसिद्धि दी जाती है।

असली चेहरा और नकाब

समय मिलने पर मैं होटल के पीछे वाली मार्केट में घूमा-फिरा। यहाँ के मार्केट का वातावरण दिल्ली के ख़ान मार्केट अथवा सरोजिनी नगर के मार्केट की तरह है। बस! दिल्ली जैसी भीड़ नहीं होती है। मुझसे कहा गया, "यदि भीड़ देखनी है तो कराची-लाहौर या फिर रावलपिंडी जाना होगा।" "दिल्ली की तरह इस्लामाबाद भी इस देश का चेहरा है। इसलिए इसे सुन्दर बनाए रखने की कोशिश हुकूमत करती होगी।" मैंने कहा तो परिषद में उपस्थित एक पाकिस्तानी अधिकारी ने कहा, "यह चेहरा नहीं; नकाब है। जिस बदसूरती को दिखाया नहीं जा सकता; उसे छुपानेवाली नकाब है।" मुझे उसकी बात जँच गई। यही बात भारत में भी है। नई दिल्ली से सटकर पुरानी दिल्ली है लेकिन दोनों में कितना अधिक अन्तर...फ़र्क़ है। इसके

अलावा दिल्ली का और बाहरी ग्रामीण क्षेत्र के बीच का अन्तर अथवा खाई सोचने पर विवश कर देती है। यह विषमता...असमानता अलग-अलग स्तर पर काम करती है; यह सत्य सभी पिछड़े देशों में समान रूप से लागू होता है।

इस होटल के पीछे बड़े मार्केटों में दो-तीन बार चक्कर लगाने के बाद पाकिस्तान का बहुत बड़ा अन्तरंग अर्थात वास्तविकता दिखाई दी। बाज़ार में उस देश के मात्र उत्पाद ही नहीं बल्कि कार्य-प्रणाली, परम्परा, व्यावहारिक बातें अर्थात सभी के दर्शन हो जाते हैं। इसके लिए इस्लामाबाद भी अपवाद नहीं था।

होटल के पीछे वाली मार्केट में पाकिस्तान के दर्शन हुए। वहाँ खुले में जलेबी और समोसे तले जा रहे थे। यह देखकर अपने देश की याद आई। हमने गरम-गरम जलेबी और समोसे खाए। मालिक अच्छा था। हम भारतीय हैं; इसका भरोसा होने पर वह हमसे बड़े प्यार से पेश आया। हाथ धोने के लिए पानी ले आया। उसी मार्केट के पब्लिक टेलीफ़ोन बूथ से हम भारत में फ़ोन करते थे। जिस बूथ से पहली बार फ़ोन किया...दूसरी बार वहाँ से फ़ोन लगा नहीं। दूसरी बार जिस बूथ से फ़ोन किया; लगा नहीं। तीसरी बार भी वही अनुभव! वहाँ से एक ही बूथ से

भारत में बहुत फ़ोन किए जा रहे हैं; यह देखकर सरकारी प्रशासन ने नज़र रखी थी। यह संयोग था या फिर कुछ और? यह कहना कठिन था। तीसरे दिन के बाद हमने हर दिन अलग-अलग बूथ से फ़ोन किए और हमारी यह समस्या समाप्त हुई। पब्लिक बूथों पर रसीद नहीं दी जाती थी। इसलिए हमें यह भी लगा कि कहीं ये टेलीफ़ोनवाले हमें लूट तो नहीं रहे?

इस मार्केट में एक और बात ध्यान में आई। करगिल के बाद पाकिस्तान में सरकारी आदेश के अनुसार भारतीय फ़िल्मों और कैसेटों पर प्रतिबन्ध लगाया गया है। लेकिन पाकिस्तान के नागरिक भारतीय हीरो-हीरोइन, भारतीय संगीत और भारतीय क्रिकेट खिलाड़ियों से मन से प्रेम करते हैं। यह प्रेम प्रत्येक मार्केट में, एयरपोर्ट पर, पुस्तकों की दुकानों में, संगीत कैसेट की दुकानों में प्रकट होता हुआ दिखाई देता है। दुकानों के शो-केसो में कुछ पाकिस्तानी गायकों, कलाकारों के कैसेट सामने रखे जाते हैं और उनके पीछे *लगान* से लेकर *आवारा* फ़िल्म तक अनगिनत भारतीय फ़िल्मों के कैसेट और डिस्क रखे जाते हैं। जिस कराची हवाई अड्डे पर लगातार पुलिस की गहमा-गहमी रहती है; वहाँ भी लता मंगेशकर की हल्की मुस्कान के चित्रोंवाले अनगिनत कैसेट दिखाई देते हैं। कला की कोई सीमा नहीं होती है। सिर्फ़ यही नहीं; बल्कि कला में क़ानून, सेना, अधिनियमों को लाँघकर आगे निकल जाने की कितनी ज़बरदस्त सामर्थ्य होती है; इसका वह उत्तम नमूना मालूम हुआ। लेकिन यह भी उतना ही सच है कि लोकप्रिय माध्यमों (जैसे—फ़िल्म, संगीत, क्रिकेट) को छोड़ दें तो दोनों देशों के कलाकारों ने विगत पचास वर्षों में भारत-पाकिस्तान के बीच सामंजस्य निर्माण करने के लिए कुछ गम्भीर प्रयास किए हों; ऐसा दिखाई नहीं देता। दोनों देशों के लेखक हों अथवा शिल्पकार, नर्तक हों या फिर नाटककार; एक-दूसरे के विषय में जानकारी कम रखते हैं। इसके विपरीत दोनों देशों में इंग्लिश, फ्रेंच साहित्य और विभिन्न कलाओं के जानकार बहुत मिलेंगे। मैं स्वयं किसी भी पाकिस्तानी लेखक का नाम जानता नहीं हूँ।

होटल के पीछे वाली मार्केट में पुरानी पुस्तकों की एक दुकान में कई पुस्तकों के साथ वहाँ की साहित्य अकादमी के 'पाकिस्तानी लिटरेचर' 1992-93 का अंक लिया। पुस्तक के प्रथम पृष्ठ पर 'आदरणीय और दयालु अल्लाह को याद करते हुए' शब्द अंकित थे। दो सौ तीन पृष्ठोंवाले अंक में उर्दू के साथ-साथ छह भाषाओं का साहित्य (अर्थात अंग्रेज़ी में) आता है। पंजाबी, पश्तू, सिन्धी, बलूची और अंग्रेज़ी भाषाओं में बड़ी मात्रा में साहित्य लिखा जा रहा है। मेरी दृष्टि से यह मेरे लिए नई जानकारी थी। इस साहित्य के विषयों की विविधता ध्यान खींच लेती है। 'एसेटिक' नाम की एक कहानी है। इस कहानी में एक दादी और पोती हैं; पोती जन्म से

'तृतीयपन्थी' अथवा 'किन्नर' है। वह दादी अपनी पोती को किस तरह समाज से अलग रखकर 'साध्वी' बनाती है; इसका सुन्दर वर्णन इस कहानी में मिलता है। यह मूल कहानी पंजाबी भाषा में है। पश्तू भाषा में 'शौक़' नाम की कहानी है। यह उस शमशो की कहानी है जिसके मन के तार स्वयं की पढ़ाई के अभाव में अपने साथ मिल नहीं पाते हैं। परिणामस्वरूप वह पागल हो जाती है। नासिर काज़मी पाकिस्तान के महान लेखक और कवि हैं। मरने से पूर्व (1972 ई.) काज़मी का एक लम्बा साक्षात्कार लिया गया था। वह साक्षात्कार एक लेख में बद्ध है। इस लेखक का जन्म भारत के अम्बाला में हुआ। बँटवारे के समय वह पाकिस्तान चला गया लेकिन जीवन-भर वह भारत की यादों को लेकर छटपटाता, तड़पता रहा। उसे अम्बाला के फूल, पक्षी, मित्र, टेढ़ी-मेढ़ी गलियाँ मरने तक सताती रहीं। उसके लेखन और विचारों में बार-बार सूरदास, कबीर, कालिदास और मीरांबाई आते रहे। इनके बारे में काज़मी कहते हैं, 'सभी कवि सम्पूर्ण मानवजाति के होते हैं।'

इस मार्केट में खाने-पीने की अनगिनत दुकानें हैं। ये ऐसी होटलें हैं जो न तो सड़क किनारेवाले ढाबे की तरह हैं और ना ही शहर की होटलों की तरह। इन होटलों की दीवारें कच्ची होती हैं अथवा सिर्फ़ छत होती है। थोड़ा ऊँचा चबूतरा जैसी। फैली हुई बड़ी जगह। प्लास्टिक की कई मेज़ें और कुर्सियाँ। मेनू में विविध मांसाहारी व्यंजन। पाकिस्तान के लोग लगभग हर रोज़ ही मांस सेवन करते हैं। इसीलिए आम पाकिस्तानी भी भारतीयों की तुलना में हट्टा-कट्टा लगता है।

इस्लामाबाद की सड़कें लम्बी-चौड़ी और सुन्दर हैं। सरकारी इमारतों का सुन्दर निर्माण कार्य नज़रों को बाँध देता है। आकाशवाणी और टीवी सेंटर, राष्ट्रपति और प्रधानमंत्री के निवासस्थान अत्यन्त सुन्दर हैं लेकिन इन सभी से उच्चतम न्यायालय की इमारत अति सुन्दर लगी। यह इमारत श्वेत संगमरमर में बनी है और एक ही समय में यह इमारत भव्य भी लगती है और नाज़ुक भी। ऐसा लगता है जैसे उसके दरवाज़े हमें भीतर बुला रहे हों लेकिन जैसे कि कहा जाता है, 'बुद्धिमान आदमी को कोर्ट की सीढ़ियाँ नहीं चढ़नी चाहिए।' यह कथन पाकिस्तान में भी सच ही माना जाता है। पाकिस्तान के न्यायालय न्याय न करने के लिए, देरी करने के लिए, भ्रष्टाचार एवं पक्षपात करने के लिए विख्यात हैं। इस्लामाबाद में भीड़ कम है। जनसंख्या केवल आठ लाख है। सरकारी इमारतें, सरकारी मकान, व्यापारी मॉल और राजदूतावास यहाँ के प्रमुख अंग हैं।

इस्लामाबाद का भारतीय राजदूतावास हमेशा ही समाचार-पत्रों की सुर्ख़ियों में रहता है। दूतावास के अधिकारियों का पीछा करना, उनसे मार-पीट करना, उनसे मिलने आनेवाले लोगों को तकलीफ़ देना जैसी बातें यहाँ हमेशा ही होती रहती हैं;

ऐसा आभास भारतीय समाचार-पत्रों में कराया जाता था। प्रत्यक्ष में जो वास्तविकता है; उसमें कोई भी अन्तर नहीं है; यह मैं तब जान पाया जब मैं भारतीय उच्चायुक्त के दफ़्तर में गया।

उच्चायुक्त के दफ़्तर की दीवारें किसी क़िले की तरह ऊँची थीं। उन पर कँटीले तार लगे हुए। सामने का दरवाज़ा खुलता है। अन्दर जाने के बाद फिर से दूसरा दरवाज़ा। ये दोनों दरवाज़े ऑटोमेटिक हैं और केवल अन्दर से खोले जा सकते हैं। हर वाहन और वाहन में आए लोगों की जब तक शिनाख़्त नहीं होती है; तब तक उनको अन्दर छोड़ने का प्रश्न ही नहीं होता है। भीतर जाने पर इमारत का सुन्दर चेहरा दिखाई देता है। इमारतों पर पुन: लगे हुए वीडियो कैमरे। अन्दर जाते ही सामने चारों तरफ़ आँखें लगाए हुए कप और शील्डें बड़े सुन्दर ढंग से लगाकर रखी हैं। ये सारी शील्डें किसलिए मिली हैं? मेरे पूछने पर बताया गया, "हर वर्ष इस्लामाबाद में फूलों की प्रदर्शनी लगती है। इसमें भारतीय उच्चायुक्त को हमेशा ही पुरस्कार मिलता है।" जिस पाकिस्तान के साथ हमारे रिश्ते लगातार तनावपूर्ण और कई अर्थों में कष्टप्रद रहे हैं; उस पाकिस्तान में भारत फूलों की प्रदर्शनी में आगे है; यह बात मुझे ज़रा मज़ेदार और विरोधाभास से भरी लगी। अजीब बात तो यह है कि भारतीय उच्चायुक्त के दफ़्तर में काम करनेवालों में कोई भी पाकिस्तानी नागरिक नहीं है। आमतौर पर माली, ड्राइवर, क्लर्क जैसे कर्मचारियों में स्थानीय लोगों की भरती करना आवश्यक समझा जाता है लेकिन इस्लामाबाद में ये सभी काम भारतीय लोग ही करते हैं। स्थानीय लोगों को भरती करने का समय अभी तक आया नहीं है। कब आएगा कह नहीं सकते। उच्चायुक्त के दफ़्तर का वातावरण अपेक्षा के अनुसार तनावपूर्ण अनुभव हुआ। वैसे भी दफ़्तर के कई अधिकारियों को भारत भेजा गया है। इसलिए बिलकुल जितना आवश्यक था; उतना ही कर्मचारी वर्ग दिखाई दिया। कुछ दिनों पूर्व भारत ने दो पाकिस्तानी अधिकारियों को दिल्ली से निकल जाने का आदेश दिया था। इसके प्रत्युत्तर में पाकिस्तान कभी भी दो भारतीय अधिकारियों को निकल जाने का आदेश देगा; यह आशंका बनी हुई थी। गाज़ किस पर गिरेगी; कुछ कहा नहीं जा सकता। इसलिए गम्भीरता छा जाना स्वाभाविक था। पुरानी कहानी में एक राक्षस खाने के लिए प्रतिदिन हर घर का एक आदमी माँगता था और उस दिन जिस घर की बारी आती थी; उस घर में शमशान जैसी शान्ति फैल जाती थी; वैसा ही कुछ यह प्रसंग था।

(जो सोचा जा रहा था; वैसा ही हुआ। दूसरे ही दिन उच्चायुक्त कार्यालय के दो कर्मचारियों को अड़तालीस घंटों के भीतर पाकिस्तान छोड़ देने का आदेश दिए जाने का समाचार समाचार-पत्रों के पहले पृष्ठ पर छप गया)

हम चार भारतीय प्रतिनिधियों में से एक जयपुर के 'इंस्टीट्यूट ऑफ़ डेवलपमेंट स्टडीज़' संस्था में काम करता है। पाकिस्तान में मानो हम पर हमला होगा ही या फिर हमारा अपहरण किया जाएगा; ऐसा भय निरन्तर इस प्रतिनिधि के मन में समा गया था। वह सतत पठानी कपड़े पहनता ताकि कोई यह समझ न सके कि वह भारतीय है। पब्लिक टेलीफ़ोन से भारत में अपनी पत्नी और बच्चों से बात करते समय वह लगभग सांकेतिक भाषा में बात करता। बच्चों के नाम लेने के बदले "मेरे पाखी कैसे हैं?" आदि-आदि पूछता। यदि साथ में कोई न हो तो वह होटल से बाहर पाँव तक न रखता। यह सब देखकर मुझे हँसी आ जाती। फिर भी डैनियल पर्ल का अपहरण और उसके बाद उसकी की गई हत्या; यह भी कड़वी सच्चाई है और परिस्थिति इस सच्चाई को अनुभव करने जैसी थी।

सड़क पर आने-जानेवाले लोगों के पहरावों आदि से पाकिस्तान को पहचानने की कुछ निशानियाँ अनुभव हुईं। यहाँ की बसें और ट्रक इतने रंग-बिरंगे होते हैं कि उनका सम्पूर्ण बाहरी हिस्सा चित्रोंवाला होता है। इन वाहनों में भी ट्रक पर लगनेवाले रंग तो देखने लायक़ होते हैं। बारीक़ डिज़ाइन का उपयोग करके ट्रक के एक-एक इंच में व्याप्त चित्र बनाए जाते हैं। उनमें भड़कीले रंग भरे जाते हैं। इसके अलावा हर ट्रक में चारों तरफ़ से छोटी रंगीन साँकलें लगी रहती हैं...जिनके आख़िरी छोरों में छोटी-छोटी घंटियाँ लगी होती हैं। सड़क पर दौड़ते हुए ये सैंकड़ों घंटियाँ वातावरण में मधुर संगीत बिखेर देती हैं। यहाँ के ट्रकों की दूसरी विशेषता अर्थात ड्राइवर की केबिन का हिस्सा किसी मगरमच्छ के मुँह की तरह बहुत आगे आया होता है। दिखाई देने में एकदम मनोरंजक और विज्ञान के एयरो डाइनोमिक्स के विरोध में जानेवाला यह 'मगरमच्छ का मुँह' वहीं पर ही क्यों होता है? इसका उत्तर मुझे मिला नहीं। सड़क पर दौड़नेवाले प्रत्येक ट्रक पर मगरमच्छ का पाँच फ़ुट का मुँह रखा हुआ है; ऐसी कल्पना करें तो इन ट्रकों का आनन्द कल्पना में ही क्यों न हो लिया जा सकता है। बसें हमेशा भर-भरकर चलती रहती हैं। छतों पर भी लोग सवार रहते हैं। ऐसा दृश्य भारत में (बिहार-उत्तर प्रदेश) और बांग्लादेश में भी दिखाई देता है। पुरुष मुख्यत: पठानी पहरावे में और स्त्रियाँ सलवार-कमीज़ और बुर्के में। स्कर्ट, आधी आस्तीनवाले कपड़े, पैंट-शर्ट पहननेवाली महिलाएँ मुझे दिखाई दी हों; मुझे बिलकुल याद नहीं आता है। पाकिस्तान में जाने-अनजाने एक वस्त्र संहिता (ड्रेस कोड) लागू है; यह समझने में समय नहीं लगता। पाकिस्तान में रहनेवाली विदेशी स्त्रियों ने भी 'वस्त्र संहिता' को अंगीकार किया है। वे जान गई हैं कि 'जैसा देस, वैसा भेस' में ही उनका हित निहित है।

मेरे पाकिस्तानी मित्र अरशद के सहयोग के कारण मैं पाकिस्तान में थोड़ा-

बहुत झाँक सका, देख सका। उसके कई मित्रों के साथ खाने पर गया। वहाँ दो पाकिस्तानी महिलाएँ थीं। पढ़ी-लिखी, अंग्रेज़ी पर उनका प्रभुत्व था। ये पाकिस्तानी महिलाएँ पाकिस्तान बनने के बाद पैदा हुई नई पीढ़ी की प्रतिनिधि हैं। पहली महिला का नाम रक्शिन्दा पेरेबीन था। मैंने मन में ही कहा, 'इसका मूल नाम अथवा नाम का मूल 'रक्षिता प्रवीण' तो नहीं होगा!' दिखने में सुन्दर, बोलने में तेज़-तर्रार ऐसी इस रक्शिन्दा ने मेरे मन में चलनेवाले विचार चक्र को वहीं पर रोका और सीधे मुझे ख़री-खोटी सुनाना प्रारम्भ किया, "हमारा देश पाकिस्तान है। हमने इस्लाम को राष्ट्रधर्म के रूप में स्वीकारा है। आप अपने-आपको धर्मनिरपेक्ष कहलाते हैं। पाकिस्तान का राष्ट्रधर्म इस्लाम होने से यह तो बिलकुल साफ़ है कि यहाँ दूसरे धर्मों का मरतबा दोयम होगा लेकिन आपके मुल्क को क्या हो गया? आपके यहाँ विहिप और बजरंग दल जैसे संगठन इतने आतंकी ढंग से बर्ताव करते हैं लेकिन उन्हें कोई भी कैसे रोक नहीं पाता?" खाना चल रहा था और बीच में ही हुए इस हमले से मैं हड़बड़ा-लड़खड़ा गया। मन में यह भी आया कि विहिप और बजरंग दल के निरंकुश प्रभाव का समर्थन करना सम्भव नहीं है। मैंने कहा, "भारत में बड़ी तादाद में लोग विहिप और बजरंग दल को समर्थन देते हैं; ऐसा नहीं है लेकिन इतना तो तय है कि हम जितना समझते हैं; धर्मान्धिता समाज में उससे कहीं अधिक है। धर्मान्धता सीमा के आगे निकलकर समाज के लिए घातक नहीं बनेगी; इस बारे में क्या सावधानी बरतनी चाहिए; यह हुकूमत के सामने समस्या है। इसके अलावा 11 सितम्बर, 2001 को अमेरिका पर हुए आतंकवादी हमले ने इस संघर्ष को बढ़ावा ही दिया है। अब यह समस्या किसी देश तक सीमित न रहकर पूरी तरह अन्तरराष्ट्रीय बन चुकी है। हर धर्म में कट्टरपन्थी विचारधाराएँ दिन-प्रतिदिन अधिकाधिक बलवती बनती जा रही हैं। इसलिए वास्तविक समस्या यह है कि उनकी रोकथाम कैसे करनी है?

इसके बाद रक्शिन्दा ने गुजरात की ज़ोरदार आलोचना की। उसका मानना था कि जो कुछ कश्मीर में चल रहा है; वही आज गुजरात में हो रहा है। मैंने कहा, "गुजरात में जो कुछ चल रहा है; उससे हम सभी परेशान और दुखी हैं।" मैंने यह भय भी व्यक्त किया, "यदि ऐसी घटनाओं को समय पर ही रोका नहीं गया तो ऐसी घटनाएँ बार-बार होने की आशंका है।" बातचीत में मुझे मालूम हुआ कि रक्शिन्दा नज़ीर सिद्दीक़ी नाम के विख्यात लेखक की बेटी है। नज़ीर सिद्दीक़ी का जन्म भारत के अम्बाला में हुआ। यह लेखक बँटवारे के बाद पाकिस्तान के लाहौर में आया लेकिन यह लेखक आख़िर तक भारत में बीते बचपन की यादों से बेचैन, व्याकुल होता रहा। नज़ीर साहब आजीवन पाकिस्तान नाम के देश और पाकिस्तान

की संकल्पना की तारीफ़ों के पुल बाँधता रहा लेकिन बँटवारे के कारण मन में दुखी होने का वर्णन उसके बोलने और लेखन कार्य में स्पष्ट रूप से मिलता है।

पाकिस्तान में मुझसे मिलनेवाला प्रत्येक पाकिस्तानी व्यक्ति भारत-पाकिस्तान के सम्बन्धों का कुछ-न-कुछ बोझ ढो रहा है। कुछ अच्छा...कुछ बुरा।

हमारी कार्यशाला में विश्व बैंक में काम करने वाली तारा विश्वनाथ नाम की महिला हिस्सा ले रही है। उसके अध्ययन का विषय 'पाकिस्तान का ग़रीबी उन्मूलन' है। उसने इस विषय का अध्ययन कर पाकिस्तान सरकार और विश्व बैंक के लिए रिपोर्ट भी तैयार की हैं। कुछ महीनों पहले उसे जान से मारने की धमकी भी मिली थी क्योंकि वह भारतीय नागरिक है। अब उसे विशेष सुरक्षा प्रदान की गई है और उसके घूमने-फिरने पर प्रतिबन्ध लगा दिए गए हैं। उसे विश्वास है कि उसके फ़ोन टैप होते हैं। उस पर नज़र रखी जाती है, इस बात को भी वह जानती है। वह सिर्फ़ विश्व बैंक की गाड़ी में ही बाहर जा सकती है।

धार्मिकता अथवा कट्टर धार्मिकता के कारण कोई समाज किस प्रकार लूला-लँगड़ा हो सकता है; इसके दर्शन इस्लामाबाद में बार-बार होते हैं। बलि चढ़ती है—व्यक्ति की स्वतंत्रता की। वहाँ सड़क पर आने-जाने वाली महिलाओं की संख्या बहुत कम दिखाई दी। हमारी कार्यशाला का प्रारम्भ *क़ुरआन* की प्रार्थना से हुआ। यही नहीं बल्कि वह कार्यक्रम सूची का एक हिस्सा था। शुक्रवार की नमाज़ के लिए दो घंटे की छुट्टी दी गई थी। जिस 'हॉलिडे इन' होटल में मैं रहता था; वहाँ नमाज़ के लिए विशेष प्रबन्ध किया गया था। प्रत्येक बड़े मंत्रालय में अथवा सरकारी कार्यालयों में नमाज़ के लिए मस्जिद है। मुझे बताया गया कि कई बार नमाज़ पढ़ना ज़रूरी है। दिन में कई बार अज़ान और नमाज़ की आवाज़ सुनाई देती है। एक बार मैं एक सरकारी अफ़सर हैदर गनी मियाँ के साथ आर्थिक विकास, निर्धनता उन्मूलन, स्वच्छ प्रशासन जैसे विषयों पर गम्भीरतापूर्वक बातें कर रहा था। बीच में ही मुझे रोककर बोले, "आता हूँ" और वे चले गए। लौटने पर उनसे पूछा, "सब ठीक तो है ना?" उन्होंने कहा, "जी हाँ, नमाज़ पढ़ने गया था।"

भारत-पाकिस्तान के सम्बन्ध आम पाकिस्तानी जनता के लिए चिन्ता का विषय है लेकिन व्यक्तिगत रूप से मुझसे बातचीत करते समय सभी यही कहते रहे, "झगड़ा सरकारी लेवल पर है। आम लोगों को एक-दूसरे के लिए मुहब्बत-ख़ुलूस है। दोस्ताना तआलुक होने चाहिए।" सभी कश्मीर के विषय पर सीधे-सीधे बोलने से बचते थे। दोनों देशों के इतिहास, संस्कृति, खान-पान में पाई जानेवाली समानता पर ज़ोर डालते थे और आशा करते थे कि एक दिन भारत जाने का मौक़ा मिलेगा।

लेकिन ऐसा आशावाद रखनेवाले पाकिस्तानी नागरिकों को सैनिक शासन, आतंकवाद, धर्मवाद, दहशतवाद, दो देशों के बीच उत्पन्न अविश्वास जैसे मुद्दों पर बोलने का साहस नहीं हुआ। संक्षेप में; सामान्य मनुष्य भले ही ऊपरी तौर पर अपनी अच्छी भावनाओं को व्यक्त कर रहा था; फिर भी वह अपने मन के भीतर के तनाव-संघर्ष और अन्तर्विरोध को ढँककर रख रहा था और इसमें कोई सन्देह भी नहीं था। उच्चायुक्त कार्यालय के एक भारतीय अधिकारी ने एक प्रसंग बताया; जो बहुत कुछ कह जाता है। घर का फ़ोन ख़राब हुआ। इसलिए उसने लोकल टेलीफ़ोन विभाग में शिकायत की। दूसरे दिन फ़ोन ठीक हुआ। कुछ समय बाद फ़ोन की घंटी बजी। अधिकारी की पत्नी ने फ़ोन उठाया।

"हैलो...टेलीफ़ोन ख़राब हुआ था; इसीलिए शिकायत की थी ना?"

"जी हाँ।"

"टेलीफ़ोन ठीक हुआ ना?"

"जी हाँ।"

"आपका टेलीफ़ोन तो ठीक हो गया। अब हमारा कश्मीर कब लौटाएँगे?"

"भूल जाइए। कश्मीर लौटाने का सवाल ही पैदा नहीं होता है।"

इस्लामाबाद हवाई अड्डा दिल्ली हवाई अड्डे से बहुत छोटा है लेकिन सुन्दर, साफ़-सुथरा, आधुनिक और आकर्षक है। मुझे तब बड़ा आश्चर्य हुआ जब हवाई अड्डे पर काग़ज़ातों की जाँच कुछ ही सेकंड में पूरी हो गई लेकिन उसके बाद सामान के लिए लगभग एक घंटा प्रतीक्षा करनी पड़ी। हवाई अड्डे से बाहर आया। नई दिल्ली स्टेशन पर जिस तरह की भीड़ होती है; वैसी ही भीड़ हवाई अड्डे के बाहर थी। मुझे लिवाने आनेवाले आदमी को ढूँढ़ने में मुझे बहुत तकलीफ़ हुई लेकिन वह मिला और मैंने राहत की साँस ली।

इस्लामाबाद का बाहरी रंग-रूप सुन्दर और आकर्षक है। राजधानी के रूप में 1964 ई. में निर्मित करवाया गया यह शहर रावलपिंडी का जुड़वाँ शहर है। हवाई अड्डे से बाहर निकलते ही शहर की ओर ले जानेवाली सड़क चौड़ी और चार लेनवाली है। दोनों ओर सुन्दर झाड़ियाँ हैं। शहर का सबसे अति धनवान आवासीय क्षेत्र जहाँ है; उसे ब्लू ज़ोन कहते हैं। यह आवासीय क्षेत्र दिल्ली के शान्तिपथ जैसा है; जहाँ भरपूर झाड़ियाँ, चौड़ी सड़कें और कम आवास हैं। सरकारी इमारतें, व्यापारी मॉल, सरकारी कर्मचारियों के आवासीय क्षेत्र और धनवान हाउसिंग सोसाईटियों के कारण इस्लामाबाद शान्त, सुन्दर और प्रकृति सम्पन्न रूप में हमसे मिलता है। पर्वत की तलहटी में होने से शहर का सौन्दर्य और बढ़ गया है लेकिन जैसे-जैसे हम इस शहर के दिल में उतरने लगते हैं वैसे-वैसे इस शहर का जादू टूटने लगता है।

विमान से उतरकर बस में बैठा और टर्मिनल की ओर जाने लगा; तभी नज़र काँच के बाहर गई। मैं स्तब्ध रह गया। सैनिक वर्दी में एक जवान खुली जीप पर खड़ा था और मशीनगन लेकर उसे चारों ओर घुमा रहा था। होटल की ओर आनेवाली सड़क पर जगह-जगह सेना के जवान खड़े थे। "हमारे यहाँ जवानों की इतनी भर्ती की गई है कि अब उन्हें रास्तों पर खड़ा किया गया है।" होटल पहुँचकर मालूम हुआ कि एक दिन पहले इस्लामाबाद के एक चर्च में आतंकियों ने हमला किया था। इस आतंकी हमले में दो अमेरिकी नागरिकों सहित कई लोग मारे गए थे।

भारतीय अधिकारियों को रोज़ मिलने वाली तकलीफ़ों के बारे में सुना तो मेरी सुरक्षा मेरे लिए फिर से चिन्ता का विषय बनी। इन अधिकारियों का पीछा किया जाता है। एक अधिकारी को मकान मिलने में साढ़े तीन महीने लग गए क्योंकि जब उसे मकान पसन्द आता तब एग्रीमेंट के समय मकान मालिक को धमकियाँ मिलने लगतीं। आख़िरकार मकान मिला और मकान मालिक को धमकी भी नहीं मिली। क्यों? वह मकान दूसरे भारतीय अधिकारी के मकान के पास होने से उस पर नज़र रखना पाकिस्तान के लिए आसान था। भारतीय दूतावास में प्रवेश करते समय ऐसा लगा जैसे हम किसी क़िले में घुस रहे हैं। सात-आठ मीटर ऊँचाई वाली बाड़, लोहे का मज़बूत दोहरा दरवाज़ा और इमारत पर लगे हुए सुरक्षा कैमरे। यह सब कुछ शरीर पर रोंगटे खड़े कर देता है। इस पृष्ठभूमि में देश के लिए कार्य करने वाले इन भारतीय अधिकारियों और कर्मचारियों की यह देशसेवा सीमा पर युद्ध करनेवाले सैनिकों की देशसेवा जैसी ही है।

पाकिस्तान की इस यात्रा में कई अच्छी यादें रहीं। परन्तु उनमें सबसे यादगार एक याद है और वह यह कि पाकिस्तानी पुलिस अधिकारियों ने मुझे वहाँ के अस्थायी निवास में दिए हुए 'रेजिडेंट परमीट' परवाने की कॉपी। क्योंकि वापसी की यात्रा में मुझे ओरिज़िनल परवाना तो लौटाना ही था। उस परवाने का अनुवाद इस प्रकार होगा।

"भारतीय पासपोर्टधारक श्री ज्ञानेश्वर मुळे को 23/03/02 तक पाकिस्तान में निवास करने का अनुमति-पत्र है। पाकिस्तान छोड़ते समय यह अनुमति-पत्र रजिस्ट्रेशन अधिकारी को सौंपना होगा। अगर श्री मुळे 23/03/2002 तक पाकिस्तान छोड़कर नहीं जाते हैं तो उन्हें विदेशी नागरिक अधिनियम का उल्लंघन करने के अपराध में पाँच वर्ष का कारावास और दंड होगा। वे देश से निकाल दिए जाने के लिए पात्र होंगे।"

मैंने इस काग़ज़ की कॉपी बिलकुल सहेजकर रखी है। जैसे ही विमान ने कराची छोड़ा; मैंने राहत की साँस ली। विमान के उड़ान भरने से पूर्व मैं अपनी इस

पाकिस्तान यात्रा का विचार कर रहा था। तभी अचानक पीछे से एक गाना सुनाई दिया। आवाज़ एक छोटी बच्ची की थी, 'बोलें चूड़ियाँ; बोले कंगना...हाय मैं तो हो गई, तेरी साजना।' मैंने पीछे मुड़कर देखा। विमान के दोनों ओर की कुर्सियों की बीच की जगह में तीन साल की एक पाकिस्तानी बालिका हाथ नचा-नचाकर उत्स्फूर्तता से यह गाना गा रही थी। उसकी बुर्काधारी माँ ने झट से उसे अपने पास खींचा और उसका वह गाना ग़ायब हो गया।

विमान ने पाकिस्तान से उड़ान भरी। शाम की धूप ओढ़कर कराची के मकान शान्ति से लेटे हुए थे।

मेरा मॉरीशस

किसी देश में मेरे अपने लोग इतनी अधिक संख्या में मिलेंगे; इसका अनुमान मुझे मॉरीशस आने तक बिलकुल नहीं था। हमारा प्रान्त, ख़ून, देश, मिट्टी, जन्मभूमि, यहाँ तक कि 'हमारे लोग' जैसे रोज़ उपयोग में लाए जानेवाले शहर भी कितने खोखले होते हैं; इसे मैं आमतौर पर जानता तो था ही लेकिन मॉरीशस की मिट्टी और यहाँ के लोगों ने मेरे कानों में बार-बार कहा है कि इन शब्दों के अर्थों को फिर से और नए सिरे-से समझने की आवश्यकता है।

मॉरीशस एयर लाइन का चेयरमैन श्री अर्जुन सदू मराठी व्यक्ति हैं। मॉरीशस के नौकरतंत्र का प्रमुख कैबिनेट सेक्रेटरी श्री हरी गानू ख़ालिस मराठी हैं। मॉरीशस मंडल फेडरेशन के प्रमुख श्री बलराज नारु के घर मैंने फ़ोन किया तो उनकी वृद्धा माँ ने मराठी में बोलते हुए ही मेरा सन्देशा लिखकर लिया। उस माँ ने अपने जीवन में महाराष्ट्र कदापि देखा नहीं है। श्री बलराज नारु के परदादा बीसवीं शताब्दी के प्रारम्भ में गन्ने के खेतों में काम करने के लिए मॉरीशस आए थे। वे मूलत: सावन्तवाड़ी के निवासी थे। अलग गानू यहाँ के एकमात्र मराठी मंत्री हैं। श्री सिराम सखाराम यहाँ के एकमात्र मराठी सांसद हैं। श्री आनन्द सोनू के घर उनके दादा जी और दादा जी का फ़ोटो है। उसमें उसके दादा जी ने पहनी हुई धोती, साफा, दादी जी की नौ गज़ की साड़ी (लुगड़ा), हाथों में पहने हुए कंगन, चूड़ियाँ सब कुछ मराठी ढंग-परम्परा का है। श्री राव जी मॉरीशस के मानव संसाधन विकास मंत्रालय में उपसचिव हैं तो श्री पांडु बैंक ऑफ़ मॉरीशस के निदेशक हैं। श्रीमती शिलाबाय बापू का नाम महाराष्ट्र के लिए भली-भाँति परिचित है। एक समय था जब उनके नाम की तूती बोलती थी परन्तु अब वे हाशिये पर चली गई हैं।

धन हरी (धर्माजीराव हरी), लक्ष्मण जैसे मराठी महानुभाव यद्यपि अवकाश ग्रहण कर चुके हैं; फिर भी मराठी संस्कृति के रक्षा कार्य में कमर कसकर लगे हुए हैं। श्री गोरिया (गौरे?), श्री पादिया (पाध्ये?) जैसे लोग मराठी भाषा का अध्यापन कार्य कर रहे हैं और श्री भिवा जी। श्री भिवा जी का चेहरा सामने आते ही याद

आता है...उनकी ऊँची और कड़कदार आवाज़ में गाया हुआ मराठी गीत और अनजाने ही शरीर पर रोंगटे खड़े हो जाते हैं।

28 सितम्बर, 2002 का दिन। कास्कावेल का पांडुरंग तीर्थाटन क्षेत्र। काले पत्थरों का पहाड़ जो दृष्टि में भर जाता है। सुदूर फैला समुद्र जो आकाश को छू रहा था। सामने फैले हरे-भरे गन्ने के खेत। उनमें चारों ओर फैले हुए फव्वारे (स्प्रिंकर्स)। दोपहर की शान्ति की गहराई जिसे मन अनुभव कर सकता है। ऐसे में अचानक मन्दिर के गर्भगृह से सभागृह तक खड़ी आवाज़ में व्याप्त हो जाते हैं... ये शब्द 'गर्जा महाराष्ट्र माझा' ('गरज उठो...मेरे महाराष्ट्र')।

सामने हैं...शाहिरी (कड़खा अथवा शौर्यगान गाने वाले) पहरावे में श्री भिवाजी धनीराव और उनके संगी-साथी। सिर पर ज़रीदार साफ़ा, हाथ में डफ। एक के हाथ में तुरही। महाराष्ट्र से साढ़े पाँच-छह हज़ार किलोमीटर 'सह्याद्रिचा सिंह गर्जतो... सिंह गर्जतो' (सह्याद्रि का सिंह गरजता है...सिंह गरजता है) मैं भीतर से हिल उठा... अभिभूत हो गया। मराठी, महाराष्ट्रीय, भाषावार प्रान्त रचना अर्थात जाति-पाँति, भाषा, धर्म जैसी संकीर्ण संकल्पनाओं से उपजी अस्मिता के परे जाने के हमारे प्रयास लगभग सफल हो रहे हैं; ऐसा विश्वास होने की स्थिति में भी 'गर्जा महाराष्ट्र' ने मुझे भावुक बना दिया।

"मुळे...ये लोग जो गा रहे हैं; क्या ये महाराष्ट्र से आए हैं?" अब तक लगभग समाधि की स्थिति में पहुँचकर 'गर्जा महाराष्ट्र' गीत सुनते हुए मेरे साथ बैठे केन्द्रीय सूचना एवं प्रौद्योगिकी मंत्री श्री प्रमोद महाजन ने मेरे कान में कहा।

"नहीं सर...इनमें से बहुतों ने महाराष्ट्र देखा भी नहीं है।"

"क्या कहते हैं आप? ऐसी खड़ी आवाज़ में यह परफ़ेक्ट मराठी गीत अब महाराष्ट्र में भी सुनने को नहीं मिलता," महाजन जी के चेहरे पर आश्चर्य, प्रशंसा और आनन्द का सुन्दर मिश्रण दिखाई दे रहा था।

यों भी महाजन जी सुन्दर और रोबदार व्यक्तित्व के धनी हैं। वे मराठी गीत सुनकर इतने अभिभूत हो गए कि गीत के पश्चात जब उन्होंने अपना ओजस्वी भाषण दिया तो उसमें उन्होंने सभी कलाकारों की भूरि-भूरि प्रशंसा की। साथ ही; कलाकारों ने जिन पुस्तकों और वाद्यों की माँग की थी; उनकी पूर्ति कर देने का आश्वासन दिया। केवल आश्वासन देकर ही रुके नहीं; भारत लौटने के पश्चात ध्यान से उन्होंने वह सारी सामग्री भिजवा दी। वे सारी भेंट वस्तुएँ मॉरीशस के प्रधानमंत्री के हाथों एक सुन्दर समारोह में मराठी समाज के प्रतिनिधियों को प्रदान की गईं। मैं मन-ही-मन बहुत सन्तुष्ट हुआ। महाराष्ट्र के हम मराठी लोगों ने 'मराठी', 'मराठी' शब्दों को रस्सी से कसकर बाँधकर उन्हें सीमित, संकुचित बना दिया है; इसका

अनुभव यहाँ भी फिर से मुझे हुआ। सन्त ज्ञानेश्वर की वाणी—*माझा मर्‍हाटाची बोलु कवतिकें* में आया हुआ 'मर्‍हाटा' और आज का 'मराठा' के बीच निश्चित रूप से क्या सम्बन्ध है? स्वामी समर्थ द्वारा लिखित *मराठा तितुका मिळवावा* (सभी मराठे संगठित हो जाओ) में मराठा अर्थात निश्चित कौन है और 'मेळवावा' 'महाराष्ट्र धर्म वाढवावा' (संगठित हो जाओ), (महाराष्ट्र धर्म बढ़ाओ) मतलब निश्चित क्या करना है? ये सभी प्रश्न बरसों से मेरा पीछा कर रहे हैं। 'महाराष्ट्र के बाहर, भारत में, अन्य राज्यों में, विदेश में बिखरा हुआ, अपनी जड़ जमाने में लगा हुआ बृहन्महाराष्ट्र, विशाल महाराष्ट्र मैंने देखा है। ये सभी लोग परिस्थिति और हालात के कारण मराठी भाषा, संस्कृति, समाज से दूर चले गए हैं। कुछ लोग अपना पेट भरने के लिए नए देश अथवा समाज में चले आए या फिर अपनी इच्छा से किसी अधिकार पद पर आसीन होने से चले आए तब भी इसका अर्थ यह नहीं कि यह समाज आनन-फ़ानन किसी को भी अपना बना लेगा अथवा अपना बना लेने की सम्भावना होगी। इसके अलावा वंश, वर्ण, धर्म, नौकरी और अन्य बातों पर आधारित विषमता, भेदभाव और अन्याय जैसे घटक कभी छद्‌म रूप में तो कभी प्रकट रूप में हमारे सामने आते रहते हैं। कई बार मनुष्य अपनी पहचान की खोज में अँधेरी कोठरी में फेंक दिया जाता है। वहाँ उसका पीछे छूटा हुआ गाँव, भाषा, मित्र-रिश्तेदार, तीज-त्योहार—ये सभी उसे फिर से बुलाने लगते हैं। यह सब होने की स्थिति में पहली पीढ़ी की हालत 'ना घर का न घाट का' वाली हो जाती है। यह पीढ़ी भूत, भविष्य और वर्तमान के मूसल के नीचे पिसती, कुटती रहती है। इस पीढ़ी के पश्चात आनेवाली पीढ़ी में सबसे पहले भाषा की बलि चढ़ती है। अब धीरे-धीरे सभी पीढ़ियाँ वहीं की होकर रह जाती हैं। अस्मिता का सवाल कभी भी पूरी तरह हल नहीं हो पाता परन्तु अब वह जीवन-मृत्यु का सवाल नहीं रह जाता।

भारतीय, महाराष्ट्रीय संस्कृति शब्दों का उपयोग कई अर्थों में अचार की तरह किया जाता है। एकाध कोई प्रतिभाशाली नायपॉल जड़ों को जड़ से खोजने का प्रयास करता है। तब कहीं जाकर उसके हाथ में जड़ से लेकर चोटी तक करोड़ों हुए परिवर्तनों के अध्याय आ जाते हैं। उन अध्यायों में से सत्य खोजना...फिर एक दुष्कर कार्य करना होता है। मॉरीशस निवासी मराठी जनता का यह 'मौलिक' अनुसन्धान कार्य अब कहीं जाकर प्रारम्भ हुआ है।

मॉरीशस में विभिन्न तर्कों और अनुमानों के अनुसार मराठी वंश के पचास हज़ार से पचहत्तर हज़ार लोग रहते हैं। वे मराठी भाषी नहीं हैं लेकिन मराठी भाषियों के वंशज हैं। राष्ट्रीय जनगणना में उनका अंकन/पंजीकरण 'मराठी' इस रूप में किया जाता है। जिनके पूर्वजों की भाषा हिन्दी-भोजपुरी थी, उन्हें यहाँ 'हिन्दू' कहने

की प्रथा है। इसका अर्थ 'मराठी' लोग 'हिन्दू' नहीं हैं; ऐसा यहाँ के वर्गीकरण के अनुसार कहा जाता है। मराठी लोगों का धर्म 'हिन्दू' है परन्तु उनको मराठी कहा जाता है, न कि हिन्दू। तेलुगु और तमिल यहाँ के मूल भारतीय वंश के अन्य समूह हैं। इनमें मूल भारतीय वंश के मुस्लिम भी हैं परन्तु उनका परिचय धर्म के आधार पर कराया जाता है; भाषा के आधार पर नहीं। यह सब वैसा ही किसी पहेली और उलझन जैसा है; जैसे भारत देश किसी पहेली और उलझन जैसा है...जो सुलझता नहीं है। इसमें राजनीति के रंग भी मिले हुए हैं लेकिन यदि कोई इस पर विचार करने लगे तो उसे यंत्रणाएँ देते हैं।

मॉरीशस के मराठियों का अस्तित्व 'मराठी' शब्द में समाया हुआ है। वे मराठी नहीं जानते, महाराष्ट्र के निवासी नहीं हैं, उन्होंने कभी महाराष्ट्र देखा नहीं है लेकिन 'मराठी' उनकी अस्मिता है। जिस बात को वे 'मराठी' मानते-समझते हैं, उस 'मराठीपन' को बनाए, टिकाए रखने के लिए वे प्रयत्नों की पराकाष्ठा कर रहे हैं। वे सबके सब क्रियोल भाषा को अपनी मातृभाषा की तरह बोलते हैं। अंग्रेज़ी और फ्रेंच भाषाएँ बहुत बढ़िया बोलते हैं। हिन्दी फ़िल्मों के गीत गुनगुनाते हैं। ये सभी मराठी वर्ष 1968 ई. में स्वतंत्र हुए मॉरीशस देश के नागरिक हैं। ये देशप्रेमी हैं फिर भी ये सभी-के-सभी मराठी हैं। वर्तमान वैश्वीकरण की आँधी में ये सभी 'मराठीपन' के साथ अपना नाता-रिश्ता बनाए रखने का प्रयास बड़ी ईमानदारी, निरन्तरता और अपनी सामर्थ्य के अनुसार कर रहे हैं। इस मराठीपन की व्याख्या करना बहुत कठिन है फिर भी यदि मैं यह कहूँ कि मॉरीशस में एक छोटा-सा महाराष्ट्र है तो शायद मैं जो कहना चाहता हूँ, वह थोड़ा-बहुत समझ में आएगा।

इस मराठी समाज ने अनेक महत्त्वपूर्ण उपलब्धियाँ पाई हैं। मॉरीशस में गणेश चतुर्थी (गणेश जी का स्थापना दिवस) के दिन सार्वजनिक अवकाश रहता है। यह अवकाश भारत की केन्द्र सरकार में वैकल्पिक अवकाश रहता है। अत: विगत बीस सालों में मैंने इस दिन कभी अवकाश नहीं पाया था। यहाँ यह अवकाश अपने-आप मिल गया था। यहाँ शिवजयन्ती (छत्रपति शिवाजी महाराज जयन्ती) और महाराष्ट्र दिवस इतने भव्य और शानदार ढंग से सम्पन्न किए जाते हैं कि इस अवसर पर लगभग पचास पृष्ठों की स्मरणिका का प्रकाशन किया जाता है। इसमें माननीय प्रधानमंत्री से लेकर सभी अति विशेष व्यक्तियों के सन्देश छपे होते हैं। इन अवसरों पर गणेश वन्दना से लेकर पोवाड़ा-लावनी तक...सब कुछ मराठी में होता है। यहाँ के मराठी भाषियों में मराठी सीखने की ललक है। मराठी संस्कृति का बड़ी ईमानदारी से पालन करके ये लोग मराठी संस्कृति को 'प्रत्यक्ष' जीने की ललक को पूर्ण कर रहे हैं। यहाँ कुल 83 मराठी अध्यापक हैं। वे अपनी टूटी-फूटी मराठी

अगली पीढ़ी को सिखाने का प्राणपण से प्रयास कर रहे हैं। समसामयिक मराठी का कहीं अता-पता नहीं है। भाषा निरन्तर बढ़ती जाने वाली, बदली जानेवाली प्रक्रिया है। इस प्रक्रिया का आकर्षण होते हुए भी जिन्हें उत्तम पुस्तकें पढ़ने की लालसा है; वे इससे वंचित हो गए हैं। महाराष्ट्र में प्रचलित 'मराठी', 'मराठा', 'महाराष्ट्रीय' जैसे विशेषणों के लिए बड़ी आसानी से पात्र बनी जनता के लिए मॉरीशस की मराठी जनता के मन और अन्त:करण को समझना लगभग असम्भव है। इतना तो कहा जा सकता है कि इन मराठी लोगों का महाराष्ट्र के प्रति उतना ही प्रेम और स्नेह है; जितना सीमाक्षेत्र अर्थात बेलगाँव की मराठी जनता का महाराष्ट्र के प्रति। साढ़े पाँच-छह हज़ार किलोमीटर की दूरी और सौ-ड़ेढ सौ वर्षों की मानसिक दूरी होते हुए भी जिस कठोरता से ये मराठी लोग अपने भीतर के 'मराठीपन' का संरक्षण और संवर्धन कर रहे हैं; यह देखकर मैं बार-बार आश्चर्यचकित होता रहा तो कभी-कभी लज्जित।

लज्जित इसलिए कि इतना बड़ा यह समूह महाराष्ट्र के बाहर है और इस बात की ओर महाराष्ट्र ध्यान भी न दे? सीधा-सादा उदाहरण देना चाहूँगा। मॉरीशस में रहनेवाले तमिल लोगों के लिए तमिलनाडु सरकार ने अपने चिकित्सा और अभियांत्रिकी महाविद्यालयों में पचास सीटें प्रतिवर्ष आरक्षित रखी हुई हैं। मेरा निशाना सरकारी उपक्रमों पर नहीं है। स्वतंत्रता के सत्तर वर्ष के बाद भी हम इतनी संकीर्ण प्रवृत्ति के क्यों बन गए हैं कि महाराष्ट्र और मराठी संस्कृति से प्राणों से अधिक प्रेम करनेवाले हज़ारों लोग यहाँ हैं; और इसका हमें स्मरण भी न हो। समसामयिक मराठी साहित्य, आन्दोलन, सुधार, व्यवसाय और राजनीति में आए परिवर्तन, इनमें से लगभग कुछ भी मॉरीशस में व्यवस्थित रूप में पहुँचा नहीं है। सुधीर फड़के के चले जाने से मॉरीशस का एक मराठी मित्र हमेशा-हमेशा के लिए खो गया है। उसके पहले श्री प्र. श्री. नेरूरकर के महाप्रस्थान से और एक पुल ढह गया था। वर्तमान मराठी जनता में मॉरीशस केवल शरद पवार, स्व. माधव गडकरी, मनोहर जोशी, डी.वाई. पाटील को जानता है। थोड़ा-बहुत काम हुआ है...सच कहें तो बहुत थोड़ा...और वह भी सरसरी तौर पर...सतही स्वरूप का।

लेकिन अब...मॉरीशस के मराठी लोगों ने कमर कस ली है। कास्कावेल के पांडुरंग मन्दिर को सौ वर्ष पूर्ण हो गए हैं। इस अवसर पर मन्दिर का शताब्दी समारोह बड़ी धूमधाम से मनाया गया। महाराष्ट्र भवन के निर्माण हेतु अत्यन्त महत्त्वपूर्ण जगह सरकार के सहयोग से ख़रीद ली गई है और उस स्थान पर महाराष्ट्र की प्रतिष्ठा और प्रतिभा के अनुरूप भव्य और शानदार बहुउद्देश्यीय भवन निर्माण का संकल्प किया गया है। यहाँ के मराठी लोगों ने निश्चय किया है कि वे महाराष्ट्र के

साथ व्यापार, उद्योग, प्रौद्योगिकी, सहकार, वित्त, साहित्य, संस्कृति जैसे सभी क्षेत्रों में ठोस सम्पर्क और सहयोग स्थापित करेंगे। इस भवन के निर्माण हेतु महाराष्ट्र सरकार ने कुछ मात्रा में वित्तीय सहायता की है।

लेकिन जब एक मराठी अध्यापिका लक्ष्मी पदू हमसे यह कहती हैं कि फटी-पुरानी क्यों न हों लेकिन हमारे लिए मराठी पुस्तकें भेजिए क्योंकि हमारे यहाँ अच्छी पाठ्यपुस्तकें नहीं हैं। तब मन विदीर्ण हो जाता है। हृदय टुकड़े-टुकड़े हो जाता है। श्री धनु हरि जब यह कहता है कि महाराष्ट्र के लोग हमें भूल गए हैं; तब मेरे पास इसका कोई जवाब नहीं होता है। मैं निरुत्तर हो जाता हूँ।

इसलिए मुझे भीतर से यही लगता है कि मॉरीशस के मराठीपन की रक्षा करना महाराष्ट्र का कर्तव्य है। उन्नीसवीं शताब्दी में 'वाघ्या-मुरली' (जागरण के समय भगवान का गीत गानेवाला वाघ्या और नृत्य करनेवाली मुरली) अथवा 'गोंधळ' (जागरण) का स्वरूप कैसा होगा; यह देखना महाराष्ट्र में असम्भव लगता है परन्तु 'वाघ्या-मुरळी' अथवा 'गोंधळ' लोकसंस्कृति और परम्परा को मॉरीशस में देखा जा सकेगा क्योंकि इस समाज ने इस परम्परा को जैसा-का-तैसा जीवित रखा है। आगे चलकर आधुनिकीकरण, वैश्वीकरण, शहरीकरण की प्रक्रिया में मराठी संस्कृति कहीं भूल से यदि विलुप्त हो गई तो उसका प्रयोगशाला का नमूना मॉरीशस में देखने को मिलेगा।

मैं अपनी सामर्थ्य के अनुसार अपनी नौकरी करते हुए मॉरीशस की मराठी जड़ों को खाद देने और सींचने का काम कर रहा हूँ। चलिए...आप भी शामिल हो जाइए।

पहली नज़र में तुमने...

तीन-चार महीने पहले यदि मुझसे प्रश्न पूछा जाता कि मॉरीशस की राजधानी कौन-सी है? तो मेरा यही उत्तर होता, "मालूम नहीं।" मानचित्र में मॉरीशस को ढूँढ़ने में मुझे बहुत समय लगता। मुझे इतना ही पता था कि मॉरीशस भारत की दक्षिण दिशा में हिन्द महासागर में स्थित एक द्वीप है। वहाँ भारतीय वंश के लोग रहते हैं; यह भी पता है। वह अर्थात शीलाबाय बापू जैसे मराठी लोग हैं; यह भी पता था लेकिन इस सतही जानकारी के अतिरिक्त यह देश क्या है; इसका कुछ भी अनुमान न था।

पोर्ट लुई में विमान उतरा तब तड़के दो बजकर पचास मिनट का समय हुआ था। रात 9 बजे दिल्ली से उड़ान भरी थी। साढ़े पाँच हज़ार किलोमीटर की दूरी तय करने में साढ़े छह घंटे लग गए थे। दिल्ली से चलते समय ऊपर से देखा था...

बिजली की बत्तियों के फव्वारे दिखाई देते थे। धीरे-धीरे विमान स्थान पर ही अँधेरे में प्रविष्ट होकर दूरी तय करने लगा। पोर्ट लुई की थोड़ी-थोड़ी बत्तियाँ दिखाई देने लगीं तब लगा कि एक नई भूमि, नया आकाश, नई हवा, एक नई दुनिया हमारी राह देख रही है। दिल्ली के फव्वारे मन के परदे से मिट गए जब मैं साफ़-सुथरे, सुन्दर और शानदार शिवसागर रामगुलाम नाम के अन्तरराष्ट्रीय हवाई अड्डे पर उतरा था। हवाई अड्डे पर सभी कर्मचारी भारतीय चेहरे-मोहरे वाले, चुस्त, चाक-चौबन्द, चौकस और बावर्दी।

बाहर आकर सबसे पहले ज़ोर से खुली साँस ली। सभी ओर की हवा एक जैसी नहीं होती है। साँस ली तब अनुभव हुआ मानो पहली बार फेफड़ों को ऐसी ताज़ा हवा मिली है। दिल्ली की प्रदूषित हवा का सेवन लगभग साढ़े तीन वर्ष करने के बाद मॉरीशस की शुद्ध, निर्मल और प्रसन्नता से भर देनेवाली यह हवा मेरे फेफड़ों के लिए दीवाली का पर्व था।

जहाँ हवाई अड्डे की सीमा समाप्त हुई; वहाँ से आगे गन्नों के खेत प्रारम्भ हुए। हवाई अड्डे से लेकर पोर्ट लुई तक जहाँ-जहाँ मकान-बस्ती नहीं थी; वहाँ-वहाँ गन्नों के खेत हैं। अचानक आँखों के सामने कोल्हापुर के गन्नों के खेतों का परिसर दिखाई देता है। मैं तो भूल ही गया कि मैं मॉरीशस में हूँ, उलटे-सीधे अपने गाँव पहुँचने का आनन्द हुआ। दिल्ली से हरिद्वार जाते हुए बीच रास्ते में ऐसे ही गन्नों के खेत पड़ते हैं। मॉरीशस की पहली रात में दो प्रमुख बातें अनुभव हुईं : मन बौरा देनेवाली हवा और स्थान-स्थान पर उगे हुए गन्नों के खेत।

दूसरे दिन आँखें खोलीं। खिड़की के समीप आकर बाहर देखा। इतना नीला आकाश, बादलों के इतने अनोखे आकार-प्रकार, दूर क्षितिज तक फैले हुए समुद्र का नीला गलीचा और बार-बार मन को पगला देनेवाली हवा।

मॉरीशस नाम का यह द्वीप न होकर क्या सपना है? शान्ति क्या होती है... शान्ति किसे कहते हैं; इसे हम मॉरीशस आकर ही समझ सकते हैं। शान्ति का अर्थ गाड़ियों-वाहनों के हॉर्नों के शोरग़ुल का अभाव नहीं है। यहाँ शान्ति आकाश से टपकती है। यह शान्ति पेड़ों के पत्तों से, आकाश से, हवा से लगातार टपकती रहती है। अनजाने में ही हम भीतर से शान्त हो जाते हैं। वर्तमान महानगरीय जीवन में व्याप्त कर्कशता, परेशानी, तनाव, मानसिक उलझन, भीड़-यातायात, दृश्य-श्रव्य संचार माध्यमों द्वारा प्रसारित होनेवाले समाचार-सन्देश, व्यर्थ में हो रहा जनसंख्या का विस्फोट इनमें से कुछ भी नहीं होगा न! तभी ऐसी अबाधित शान्ति शरीर के प्रत्येक अंग को अपना-सा बना देती है। मनुष्य के स्वयं के बनाए हुए मकड़े के जाले का विस्मरण सहजता से हो जाता है; उस द्वीप का नाम मॉरीशस है।

जहाँ देखो भारत-ही-भारत

यहाँ भारत की याद बार-बार आने के लिए किसी भी कारण की आवश्यकता नहीं होती है। इस देश का इतिहास अधिक-से-अधिक चार शताब्दियों का है। 1598 ई. तक यह द्वीप मनुष्य से अछूता था। इस द्वीप पर 1598 ई. में डचों ने अधिकार कर लिया। इसके बाद फ्रांसीसियों ने 1715 ई. में यहाँ अपना वर्चस्व स्थापित कर लिया। यहाँ उनका वर्चस्व 1814 ई. तक बना रहा। 1814 ई. में यह द्वीप पेरिस सन्धि के अन्तर्गत अंग्रेज़ों को प्राप्त हुआ। इसी अवधि में गन्ने के खेतों में काम करने के लिए भारत से अनेक मजदूर आने लगे। आज इस देश में लगभग 68 प्रतिशत लोग मूल भारतीय वंश के हैं और शेष 32 प्रतिशत लोगों में न्यूनाधिक मात्रा में भारतीय रक्त है। हवाई अड्डे पर जब अधिकारी ने मुस्कुराकर यह कहते हुए 'मॉरीशस में आपका स्वागत है। आप नन्हे से भारत में प्रवेश कर रहे हैं।' स्वागत किया तब मुझे मन-ही-मन बहुत अच्छा लगा।

हमारे ड्राइवरों के नाम श्याम, सुनील, राम सिंह और कमलेश हैं। ये सभी लोग विशुद्ध (थोड़ा-सा अलग झटके और लहज़े वाली) हिन्दी बोलते हैं। घर में पूजा-अर्चना, व्रत-उपवास हों तो काम से छुट्टी करते हैं। भारतीय फ़िल्मी कलाकारों, फ़िल्मों की इतनी गहरी जानकारी है इनकी कि मैं इन लोगों के सामने चारों खाने चित हुआ। सभी ने *देवदास* फ़िल्म देखी है। ऋतिक रोशन से लेकर अमिषा पटेल तक हर एक की पसन्द-नापसन्द पक्की है। यहाँ से भारत दूर है फिर भी हर एक मन में एक भारत घर कर बैठा है।

लेकिन पहले ही सप्ताह में मेरे मन को मोह लिया...वह यहाँ की प्रकृति ने। आसमान इतना सुन्दर और नज़दीक कि जैसे आसमान नीचे झुक आया हो। चाँद बादलों के साथ अठखेलियाँ करते हुए इतना प्यारा और सुन्दर दिखाई देता है कि हम स्वयं को भूल जाते हैं। रात का आसमान मतलब एक तरह उत्सव मनाना होता है। सितारों का भीड़भरा ऐसा आसमान दूसरी जगह दिखाई देना असम्भव है। प्रत्येक ग्रह-तारे का स्थान सहजता से और स्पष्टता से दिखाई देता है। सैकड़ों ग्रहों-सितारों से सजे-धजे आसमान को देखते हुए हम घंटों बिता सकते हैं। विकास और उन्नति के नाम पर बढ़ती जा रही शहरीकरण की प्रक्रिया में हम न केवल अपनी भूमि बल्कि आसमान को भी खो बैठे हैं; इसका अहसास यहाँ बार-बार होता है।

यहाँ का वातावरण किसी अल्हड़ बच्चे जैसा है। एक ही दिन में वह लगातार और बार-बार बदलता रहता है परन्तु हर चार-पाँच किलोमीटर पर अलग ही हवा, अलग ही वातावरण। यहाँ बरसात तो वहाँ धूप। और आगे बढ़ते हैं तो बादल...

फिर एकदम गर्मी...फिर सर्दी, फिर से बरसात वग़ैरह...वग़ैरह। प्रकृति का रंगीन कैलिडोस्कोप मतलब मॉरीशस है। दफ़्तर जाते हुए चारों ओर हरे-भरे रंग, गन्नों के खेत...घास-दूब, पेड़-पौधे आदि। अचानक नज़र बाईं ओर गई और अहो आश्चर्यम! कल्पनातीत दृश्य। हम सबने तो इन्द्रधनुष देखा ही है लेकिन यहाँ तो एक के ऊपर एक ऐसे दो इन्द्रधनुष थे। ये दोनों ऐसे भव्य इन्द्रधनुष थे कि उनकी लम्बाई कई किलोमीटर तक की होनी चाहिए। जिसे हम दैवी अथवा ईश्वरीय चमत्कार कहते हैं... वास्तव में वह यही होता है। हम व्यर्थ में मन्दिर, मस्जिद, चर्च के पीछे पड़े रहते हैं और ईश्वर को एक ही स्थान पर बन्द कर रखते हैं। मैंने उस सतरंगी आनन्दस्वरूप को प्रणाम किया। मेरा यह अनुभव रहा है कि जहाँ हम बिलकुल उम्मीद नहीं करते; ईश्वर वहीं पर बार-बार प्रकट होता है। इसी अनुभव की प्रतीति पुन: हुई।

तब से लेकर अब तक मुझे यही लगने लगा है कि इस देश को इन्द्रधनुषों का देश कहना चाहिए। बार-बार, स्थान-स्थान पर हमसे मिलनेवाले ये इन्द्रधनुष भव्य होते हैं। भारत में हिमालय में रानीखेत के पास भीमताल के निकट वाले तालाब में एक विशाल पर्वत की पृष्ठभूमि में मैंने एक पूर्णाकार-विशाल इन्द्रधनुष देखा था। आधा पानी में और आधा आकाश में, इस तरह के पूर्णाकार इन्द्रधनुष को मैं ईश्वर का लुभावना रूप मानता हूँ। ऐसे लुभावने और रमणीय रूप को देखना भाग्य की बात होती है। ऐसा वृत्ताकार इन्द्रधनुष मैंने फिर कदापि नहीं देखा लेकिन उसके हर जगह अलग-अलग रूपों को मैंने देखा। यहाँ वे रूप आकाश, बादल, बरसात, रात सभी में अनुभव होते हैं।

और सच कहना हो तो अभी तक घर और दफ़्तर को छोड़कर मैंने कुछ भी देखा नहीं है। यह देश समुद्र, रेती, समुद्र किनारे और सूर्यप्रकाश के लिए विख्यात है। दफ़्तर जाते समय जब गाड़ी पहाड़ी से नीचे उतरती है तब अचानक दूर का समुद्र नज़रों में आ जाता है और तब...विश्वास ही नहीं होता है...अपनी आँखों पर। सागर को सिर्फ़ सागर कह सकते हैं। उसकी विशालता को शब्दों में पकड़ा नहीं जा सकता तो फिर उसके सौन्दर्य को हम कैसे समझ सकेंगे। इस समय तो इतना ही कहूँगा—अगले तीन सालों में मुझे स्थान-स्थान पर ईश्वर दर्शन देनेवाले हैं।

मन बौराया

मॉरीशस की मिट्टी को मेरा स्पर्श हुए डेढ़ महीना बीत गया था। इस डेढ़ महीने में मैंने यहाँ के नीले समुद्र में पड़ने वाली मेरी परछाईं को, यहाँ की कम-अधिक ऊँचाई वाली पर्वत चोटियों को, गन्नों के खेतों के हरे रंग को, लालोरा पर्वत की

तलहटी में स्थित एक छोटे मन्दिर के भगवान व्यंकटेश के चरणों को स्पर्श किया।

झुका हुआ आकाश, उस आकाश में रंगों का जादू फैलाने वाले, विस्मित और आनन्दित करनेवाले बादलों को भी स्पर्श किया। यह पड़ाव मतलब मॉरीशस और मेरे बीच का अविस्मरणीय, न भुलाया जानेवाला स्पर्श नाट्य था।

मैं जिस मेज़-कुर्सी पर अपना लिखने का कार्य करता हूँ; उसके सामने वाली खिड़की में से आम के पेड़ की टहनियाँ अन्दर आना चाहती हैं और मुझे बार-बार अपनी ओर बुलाती हैं। उनका हर्षित पीला-सा बौर जो सम्पूर्ण पेड़ पर खिला-खिला है; इस मौसम में कैसे आया; यह प्रश्न पूछने की इच्छा भी मेरे मन से नष्ट हो

गई है। इतनी सहजता से मैंने यहाँ की प्रकृति के जादू को स्वीकार कर लिया है। दूसरी ओर गोल पत्तों का एक दूसरा वृक्ष है; जिसके बारे में मुझे जानकारी नहीं है। उस पेड़ की डोलनेवाली एक डाली पर एक घोंसला है। मैं हर रोज़ उस घोंसले में बसेरा करनेवाले गाढ़े-पीले रंग के चिड़ा-चिड़िया के दर्शन करता हूँ। वे भी मेरे दर्शन करते होंगे। दूसरी खिड़की से हरे और लम्बे गोल पत्तों का बादाम का पेड़ लगातार मुझसे बातें करता रहता है। इस बादाम के पेड़ पर बहुरंगी पक्षी बैठकर सुबह-शाम मॉरीशस के स्तुतिगीत गाते रहते हैं।

मॉरीशस के मेरे इस मकान के कारण मुझे यह महसूस हुआ कि आधुनिक शहरी जनता ने प्रकृति से अपना नाता तोड़ लिया है और अपने ही जीवन में व्याप्त सौन्दर्य को नष्ट कर दिया है। प्रतिदिन सुबह मैं खिड़की खोलकर देखता हूँ तो मुझे विश्वास ही नहीं होता है कि हमारा परिसर इतना सुन्दर हो सकता है। सामने वाली खिड़की खोलें तो एक ओर ऊँचे-ऊँचे पर्वत दिखाई देते हैं। ये पर्वत शृंखलाएँ नहीं हैं बल्कि आकाश में जाने की इच्छा रखनेवाला पर्वत हैं। पर्वतों के बीचोबीच समन्दर की लम्बी पट्टी। पिछली खिड़की में से पुन: दिखाई देनेवाले पर्वत, दूर पोर्ट लुई। राजधानी के इस शहर में अदृश्य होनेवाली मुख्य सड़क और उसके पीछे की ओर समुद्र...ये सारे दृश्य मन को बेचैन कर देते हैं। सुबह काम पर जाते समय मेरी गाड़ी 'स्वामी विवेकानन्द एवेन्यू' से होती हुई मुख्य सड़क की भीड़ में शामिल हो जाती है। छोटे-छोटे टीलों, हरियाली, गन्ने के खेतों में से मोड़ लेती हुई मेरी गाड़ी जब मॉरीशस विश्वविद्यालय के निकट आती है तो क्या पता कहाँ से...ऊँची से और अधिक ऊँची, आकाश की ओर जा रही पर्वतों की एक लम्बी-चौकोनी दीवार सामने आ जाती है। अब इस पर्वत को लाँघकर हम आगे कैसे बढ़ेंगे, यह जिज्ञासा अभी उठी नहीं कि गाड़ी फिर से छोटी-सी घाटी में खो जाती है। दोनों ओर झाड़ियाँ...तभी इन झाड़ियों में से गाड़ी घाटी से ऊपर आ जाती है। जब हमारी दृष्टि उस ख़ाली कैनवस की ओर जाती है...तो उस क्षण 'हमारा जीवन धन्य हो गया'; यह अनुभव करानेवाला जीवन्त सत्य नज़रों के सामने आ जाता है। यह ख़ाली पट्टी बाईं ओर वहाँ तक दिखाई देती है; जहाँ तक हमारी दृष्टि जाती है। हमारी गाड़ी धीरे-धीरे उस ऊँचाई पर आ चुकी होती है; जहाँ से वह नीली, विशाल पट्टी और कुछ नहीं बल्कि ज़मीन और आसमान को जोड़नेवाला सागर है; यह हमारे ध्यान में आ जाता है। जहाँ सागर आसमान से मिलता है; वहाँ उनके मिलन की निशानी के रूप में एक तीली जैसी क्षितिज रेखा बाईं ओर से दाईं ओर गुज़रती है। जहाँ ज़मीन समाप्त होती है और समन्दर शुरू होता है; वहाँ रेती में से उभरनेवाली वैसी ही एक बारीक़ सुनहरी रेखा दिखाई देती है। जैसे-जैसे हम आगे बढ़ने लगते

हैं; वैसे-वैसे ऐसा लगता है कि वह विशाल सागर हमसे मिलने को बेचैन, अधीर होकर रुका हुआ है। यह सुन्दर स्वप्न, जो आँखों में भी समा नहीं पाता है; देखते हुए ही गाड़ी फिर से एक मोड़ लेती है और पोर्ट लुई की गोद में प्रविष्ट हो जाती है। अकस्मात महानगरीय बोध जाग्रत हो जाता है। लोगों की भीड़, मकान-इमारतें, विविध कार्यालय, सिगनल, सड़कें, दुकानें। पोर्ट लुई में फिर एक बार मानव विश्व के सभी संकेत चिह्न सामने आ जाते हैं।

पोर्ट लुई एक सुन्दर छोटा-सा शहर है। उसे स्वयं का एक आकर्षक और उम्दा व्यक्तित्व प्राप्त है। विदेश से आनेवाले यात्री यहाँ रुके...इसके बाद वे मॉरीशस में फैले गन्ने के खेतों में फैल गए। जब तक स्वेज़ नहर का निर्माण कार्य चलता रहा; पोर्ट लुई को बहुत महत्त्व प्राप्त था। समुद्री मार्ग से आनेवाले सभी जहाज यहाँ रुकते थे। अब बारह लाख जनसंख्यावाले मॉरीशस की यह राजधानी है। कुल मिलाकर कहें तो पोर्ट लुई का सौन्दर्य सागर की गहराई और पर्वत की ऊँचाई के कारण निखर उठा है। मेरे दफ़्तर का कमरा मानो इस सौन्दर्य का रसास्वादन करने के लिए मिला हुआ ईश्वर का (भारत सरकार का) वरदान है। भारतीय उच्चायुक्त कार्यालय भारतीय बीमा निगम की इमारत में छठी (सबसे ऊपर की) मंज़िल पर स्थित है। इसलिए कुर्सी में बैठे-बैठे मैं यहाँ के प्राकृतिक सौन्दर्य का लाभ उठाता हूँ। बाईं ओर बन्दरगाह, उसमें खड़े देश-विदेश के जहाज़, पृथ्वी गोल है; इसे बतानेवाला फूला हुआ समन्दर। यह सब देखते समय ऐसा नहीं कह सकते कि दफ़्तर के कामों या फिर समय को व्यर्थ में नष्ट कर रहा हूँ, बरबाद कर रहा हूँ क्योंकि फाइल के दो काग़ज़ों में से वह सागर मुझे इशारा करता रहता है। कभी-कभी (अपवाद से) काम करते हुए उकता जाता हूँ और बाईं ओर के सागर को न देखकर दाईं ओर देखना तय करता हूँ तो उस पर्वतरेखा के पीछे आधा लड्डू रखने पर जैसा दिखेगा; ठीक वैसा ही पिछले दूसरे पर्वत का हिस्सा दिखाई देता है। कभी-कभी लगता है जैसे चन्द्रमा की कला में किसी ने आधी आइसक्रीम का गोला रख दिया हो। बीच-बीच में बरसात होती ही रहती है। अचानक विशाल आकार का इन्द्रधनुष चन्द्रमा की कला के पहलू में आकर खड़ा हो जाता है। इस स्थिति में मेरा मन किसी बच्चे की तरह हो जाता है। लगता है—तितली बनकर खिड़की से उड़ जाऊँ। कभी इन्द्रधनुष तो कभी चन्द्रमा की कला पर बैठूँ। उस आइसक्रीम की ठंडक नन्हे-नन्हे पंखों से अनुभव करूँ।

मुझे बार-बार लगता है कि हम कविता को जी रहे हैं। कालिदास की याद आती है। *मेघदूत* के यक्ष को आषाढ़ के प्रथम दिन मेघों के दर्शन करने के बाद क्या अनुभव हो रहा होगा; इसे महसूस करने का प्रयास मैंने नागपुर के निकट रामटेक

में किया था। मेघों को देखने के बाद आतुर-अधीर होने का अनुभव मैंने भी किया है। वैसे बादलों को भी देखने पर मनुष्य को भीतर से विचलित कर देने का जादू बादलों में है। लेकिन बादलों का जो विलक्षण सौन्दर्य मॉरीशस में अनुभव करने को मिलता है...उसे अंकित करने के लिए यहाँ कालिदास को ही होना चाहिए। 'यह संसार एक रंगभूमि है' यह कहनेवाले शेक्सपियर को एक बार ही क्यों न हो परन्तु बनारस को देखना चाहिए। उसी तरह मेघों को दूत बनाने वाले कालिदास को एक बार तो मॉरीशस देखना ही चाहिए; ऐसी बेचैनी मैं बार-बार अनुभव करता हूँ।

यहाँ केवल बादल ही नहीं; मोहिनी डालने के लिए पर्वत, समुद्र, आसमान, वृक्ष और रात के समय मंत्रमुग्ध कर देनेवाली सितारों की दुनिया भी है। इन सभी से बातें की जा सकती हैं; इन सभी को छुआ जा सकता है। इसके बाद ही 'सुध-बुध खोना' मुहावरे का अर्थ धीरे-धीरे समझ में आने लगता है।

सारे जहां से अच्छा! रेल स्टेशन : देश का आईना

विद्यालय में खांडेकर का लिखा एक लघुनिबन्ध पढ़ा था...और इस समय वह मुझे याद आ रहा है। उसमें रेलवे स्टेशन का बहुत मनोहारी वर्णन शब्दों में पिरोया गया है। मानवी भावनाओं का चित्र रेलवे स्टेशन पर कैसे पाया ज़ाता है, उसका अत्यन्त सुन्दर वर्णन उस लघुनिबन्ध में उतर आया है। मिलना-विदा होना, यात्रा, स्टेशन पर लोग इन सबके साथ उस निबन्ध में जो मिलना हुआ; वह किसी पुरानी याद की तरह मन के परदे पर आज भी चिपका हुआ है लेकिन राजधानी नई दिल्ली रेलवे स्टेशन पर दुर्भाग्य से दो दिन लगातार आना हुआ और ट्रान्सपोर्ट को हिन्दी में 'यातायात' क्यों कहते हैं; यह समझ में आया। दीदी का मुम्बई का टिकट कन्फर्म है; इस बात से आश्वस्त होने के बावजूद आरक्षण तालिका में उनका नाम नहीं था। बीस मिनट में पश्चिम एक्सप्रेस दक्षिण दिशा में चली गई और शरीर में छूटे कम्पन से महसूस हुआ कि राजधानी में कितनी हाड़ कँपा देनेवाली ठंड है। दौड़ते-भागते और ढूँढ़ते-खोजते हुए टिकट रद्द करने की खिड़की पर पहुँचा तो वहाँ बैठे नकचढ़े आदमी ने निर्विकार भाव से कहा, "आपका टिकट कन्फर्म था। इस टिकट को कैंसिल करने की पचास फ़ीसदी रक़म हम काट लेंगे।" खिड़की के उस तरफ़ बैठनेवाले कर्मचारी के साथ मैं कई बार झगड़ा कर चुका हूँ लेकिन वह जो कहता है; वह ग़लत है; इसे ज़िन्दगी में अभी तक एक बार भी साबित नहीं कर सका हूँ। उस आदमी ने टिकट की पचास फीसदी रक़म काटकर ले ली। तब ऐसा लगा जैसे किसी ने मेरे हृदय पर बरछी चला दी हो।

अर्थात हमारी दर्दभरी कहानी यहीं समाप्त नहीं होती है। हम अलग-अलग खिड़कियों पर जाकर मुम्बई जाने के लिए उस दिन का या फिर दूसरे दिन का टिकट मिलेगा क्या? इसकी विनम्रता से पूछताछ करते रहे और तिकोने, चौकोने, छहकोने आकारवाले चेहरों के स्थितप्रज्ञ लोगों ने एक ही सपाट उत्तर दिया, "उपलब्ध नहीं है।" सवालिया चेहरे से हमने टिकट काउंटर त्याग दिया तो भीड़ के कई लोग हमारे पास आकर पूछने लगे, "कहाँ जाना है? टिकट चाहिए टिकट?" टिकट खिड़की

पर नहीं हैं लेकिन बाहर कई लोग पूछ रहे हैं, 'टिकट चाहिए?' मेरे सामने सवाल था कि ये लोग ऐसा कैसे पूछ सकते हैं 'टिकट चाहिए?' जब कि काउंटर पर कहा जा रहा है। 'टिकट नहीं हैं' इसका उत्तर मेरे दिल ने एक गाने की पंक्ति से दिया, 'इट हैपंस ओनली इन इंडिया।'

जिन लोगों ने 'टिकट चाहिए क्या?' प्रश्न पूछा था; उन लोगों के चेहरों पर नज़र डाली तो मालूम हुआ कि उनमें कठोर, राक्षसी चेहरोंवाले कुलियों से लेकर शिक्षित, अर्धशिक्षित और फ़र्राटेदार अंग्रेज़ी बोलनेवाले प्रशिक्षित जैसे सभी लोगों का समावेश था। अब क्या करें? टिकट मिलने की सम्भावना नहीं थी? काला बाजार करनेवालों से टिकट लेना है या नहीं; इस विषय पर मेरे और दीदी के बीच मध्यवर्गीय बातचीत हुई। पहली बात तो यह है कि क्या ये टिकट बेचनेवाले भरोसेमन्द हैं? पैसे लेकर चम्पत हुए तो? सोच-विचार हुआ और यह निर्णय हुआ कि वक़्त पड़ा बाँका तो काला बाज़ारियों को भी कहना पड़ता है काका। एक कुली हमें बग़लवाली दुकान में ले गया। वहाँ सूट-बूट में बैठे एक आदमी ने किसी को इशारेवाली भाषा में फ़ोन किया। उसने कारोबारी भाषा में हमसे कहा, "टिकट मिलेगा लेकिन ऊपर तीन सौ रुपये देने होंगे।" "रुपये देने हैं या नहीं।" इसे लेकर हमारे बीच फिर से मध्यवर्गीय बातचीत हुई। उसे पैसे दिए। उसने कच्ची रसीद दी। हमें आठ बजे रेलवे का कम्प्यूटराइज़ टिकट मिला। टिकट देनेवाले आदमी की दुकान दिल्ली रेलवे स्टेशन के बिलकुल सामने पहाड़गंज के बग़ल में है। वहाँ चौबीस घंटे टिकट बेचने का काम चलता है। दुकान का नाम बोनी है और टेलीफ़ोन नं 334756 है। जिस किसी को दिल्ली में टिकट की समस्या हो और ऊपर की रक़म देने की मानसिक तैयारी हो तो वह उससे सम्पर्क करे। मेरा भारत महान!

इन दो दिनों में सम्पूर्ण रेलवे स्टेशन का नक्शा और कामकाज की पद्धति का अध्ययन हुआ। स्वच्छतागृह से लेकर तत्काल आरक्षण और पूछताछ खिड़की से लेकर प्लेटफ़ॉर्म टिकट खिड़की तक; कहाँ-कौन सी खिड़की है?; यह हाथ की लक़ीरों से अधिक भली-भाँति कंठस्थ हो गया। एक बार एक खिड़की के पास आधा घंटा खड़ा रहा फिर भी मेरे प्रश्न का अपेक्षित उत्तर नहीं मिला। इसलिए हताश होकर एक कोने में खड़ा रहा। तभी एक महिला ने आकर मुझसे पूछा, "पूछताछ खिड़की कहाँ है?"

"अट्ठाईस नम्बर पर जाइए...यहाँ से बाईं ओर।" वह महिला चली गई। उसके पीछे दूसरे सज्जन खड़े थे। उन्होंने पूछा, "कैंसिलेशन कहाँ होता है?"

"उनतीस नम्बर पर जाइए। सामनेवाले गेट से दाईं तरफ़।"

"साहब। पेशाबघर कहाँ है?"

"वहाँ दीवार के पास। तीस मीटर सामने।"

जाने-अनजाने मैं स्वयं ही एक खिड़की बन गया और मेरे सामने खड़ी थी—पूछताछ करनेवालों की क़तार। सात-आठ लोगों को अलग-अलग दिशाओं में जाने के लिए कहा लेकिन अब इस समाजसेवा से मन उकता गया था। जब मेरे सामने पूछताछ करने के लिए नौवाँ आदमी प्रकट हुआ तब मैं उससे "अभी आता हूँ" कहकर अन्तर्धान हो गया। जो रेल जनता के साथ पेड़ से आँधी में गिरे खरपात-सूखे पत्तों की तरह बर्ताव करती है; वह जनता 'रेल राष्ट्र की सम्पत्ति है' इस घोषवाक्य और सच्चाई को कैसे समझेगी?

खांडेकर के कहने के अनुसार, "ऐसा नहीं है कि मुझे रेलवे स्टेशन पर केवल मानवीय भाव-भावनाओं का व्यक्त रूप दिखाई दिया बल्कि भारत में प्रचलित सभी विरोधाभास होने की मानसिकता, एक-दूसरे की आँखों में धूल झोंकने की मची हुई होड़, अनगिनत समस्याएँ और सीमित अवसर, भारतवर्ष में विशेष रूप से पाई जानेवाली परले छोर की गन्दगी को भी नए सिरे से देखा। ऐसा नहीं कि मुझे इस गन्दगी की आदत नहीं है लेकिन पहली बार आनेवाला विदेशी अतिथि सिर्फ़ मल-मूत्र की दुर्गन्ध से बेहोश होकर गिर जाता है तो कोई आश्चर्य नहीं होना चाहिए।"

रेल की पटरियों पर पड़ी गन्दगी को एक कर्मचारी पानी के पाइप से साफ़ कर रहा था। वहाँ से ध्यान हटाने के लिए मैं बूटपॉलिश करते हुए घूमनेवाले एक कृष्णवर्णीय बच्चे के साथ बातचीत करने लगा।

"तेरा नाम क्या है?"

"सभी मुझे संजू कहकर बुलाते हैं।"

"कहाँ रहता है?'

"यहीं...स्टेशन पर।"

"माँ-बाप?"

"याद नहीं।"

"माँ कौन होती है?"

"माँ मतलब एक औरत होती है।"

"और बाप?"

"जिनके घर होते हैं; उनके बाप होते हैं।"

शरीर पर रोंगटे खड़े हो गए। उस बच्चे से आँखें मिलाना आसान नहीं था। मैं पुस्तकों की दुकान की तरफ़ गया। सभ्यतापूर्ण टाइमपास करने के लिए। रेलवे स्टेशन से चल पड़ा तो महिला उद्घोषिका चिल्ला रही थी, "कोलकाता से आनेवाली हावड़ा मेल अठारह घंटे देरी से आ रही है। यात्रियों की असुविधा के लिए हमें

खेद है।" उसकी उद्घोषणा पूर्णत: निर्विकार भाव से परिपूर्ण थी। उसे पता भी नहीं होगा कि खेद क्या होता है? गाड़ी में लौटते समय उसकी उद्घोषणा मेरे मस्तिष्क में गूँज रही थी और सड़क पर दिखाई दे रही थी...बूटपॉलिश करने वाले बच्चे की आँखें...बच्चे मन के सच्चे...सारे जग की आँख के तारे...आदि...आदि।

रेल में तालमेल नहीं

लगभग छह घंटे देरी से चली हमारी रेल सचमुच झुक-झुक करती चली जा रही थी। मुझे तो यह रेल दौड़ती कम और रुकी हुई ज़्यादा मालूम हुई। निज़ामुद्दीन-गोआ एक्सप्रेस की तृतीय श्रेणी (वर्तमान द्वितीय श्रेणी) के डिब्बे में बैठकर यह यात्रा सचमुच कभी तो समाप्त होगी अथवा नहीं; यह सैद्धांतिक प्रश्न भी मेरे मन में उपस्थित हुआ।

ट्रेन तड़के पाँच बजे पुण्यनगरी अर्थात पुणे पहुँची और सुस्ताने के लिए मैं प्लेटफ़ॉर्म पर उतरा तो एक आदमी दूसरे से कह रहा था, "गाड़ी समय पर आ गई। बस इतना ही हुआ है कि कल शाम को पाँच बजे आनेवाली गाड़ी आज तड़के पाँच बजे आई है।" उस आदमी के साथ हम सभी भारतीयों की मज़ाक़िया बुद्धि का कौतुक और सहनशीलता का आश्चर्य हुआ। गाड़ी मिरज़ को पन्द्रह-चौदह घंटे देरी से पहुँची। मेरा हुलिया दूसरे ग्रह से उतरे किसी यात्री की तरह हुआ होगा। मुझे लिवाने आए नीतिन ने मुझे छूकर-टटोलकर देखा और पूछा, "ज्ञानेश्वर तुकाराम जैसे क्यों दिखाई दे रहे हैं।" तब मैंने सुस्त पड़े अज़गर जैसी भारतीय रेल की ओर उँगली दिखाई और हम दोनों ठहाका मारकर हँस पड़े।

यात्रा करना मुझे पसन्द है...लेकिन अलग कारणों से और भारत में यात्रा याद रहती है तो अलग ही कारणों से। दिल्ली से मिरज़ और पुन: दिल्ली तक की यात्रा जिस रूप में घटित हुई; उसी रूप में लिखने का निश्चय करूँ तो सिन्दबाद का सफर और गुलिवर या रॉबिन्सन क्रूसो आदि सभी की यात्राएँ झक मारेंगी। निज़ामुद्दीन स्टेशन पर हुई मार-पीट से लेकर बीच रास्ते में कई अनाम स्टेशनों पर मिलनेवाली पूड़ी-सब्ज़ी, समोसे और छोले से लेकर किसी का बैग तो किसी की चप्पलें गायब थीं। रेल की दुनिया मतलब एक रहस्यभरी पहेली ही है। मैं तो ऊपर की बर्थ पर इस तरह घात लगाकर बैठा था; जैसे कोई बाघ अपने शिकार पर आँखें गड़ाए बैठता है। कोई यहाँ-वहाँ देखकर बैठने का प्रयास करता दिखाई देता तो तुरन्त गुर्रा उठता, "ओ भाईसाहब! यहाँ कहाँ बैठ रहे हो? रिज़र्वेशन का डिब्बा है।" मेरे गुर्राने से भाईसाहब ऊपर देखते। फिर उसे गुलुबन्द में ढँका मेरा लम्बोतर

सिर और उसके नीचे शॉल से लेकर तौलिये तक विभिन्न वस्त्रों में लिपटा मेरा शरीर दिखाई देता। आदमी है या कोई शेर? उसके चेहरे पर ऐसा सवाल दिखाई देते ही मैं ग़ुर्राकर लेकिन थोड़ा प्यार से कहता, "आगे जाओ...आगे जाओ। आगे बड़ी ख़ाली जगह है।" ये सभी डायलॉग्ज मैंने कभी मराठी, कभी हिन्दी तो कभी अंग्रेज़ी में मारे। इन डायलॉग्ज़ में दिल्ली की हिन्दी से लेकर मुम्बई की हिन्दी तक और पुणे की असली घीवाली मुलायम मराठी से लेकर कोल्हापुर की लाल मिट्टी की पहलवानी मराठी तक सभी बोलियों का प्रयोग किया। रेल के डिब्बों में बीच का गलियारा मतलब एक तरह का घूमता रंगमंच होता है और आनेवाले हर पात्र के वस्त्रों और हाथ में पकड़े हुए बैग के आकार-प्रकार के आधार पर मैं डायलॉग्ज़ की बोलीभाषा तय कर रहा था। किसी के साथ मेरे ये डायलॉग्ज़ पाँच सेकंड चले तो किसी के साथ ऊपरी बातचीत पाँच-पाँच मिनट चली। अन्ततः मेरी सीट पर बैठने के लिए आक्रमण करनेवालों के हमले विफल करने में मैं सफल रहा। जिस समय रेल अस्तित्व में नहीं थी; उस समय तुकाराम महाराज को 'रात्रंदिन आम्हा युद्धाचा प्रसंग' (अर्थात रात-दिन हमारे लिए युद्ध की स्थिति) कहना पड़ा। इस कथन से यह सहज स्पष्ट हो जाता है कि तत्कालीन समाज ने उन्हें कितनी पीड़ा पहुँचाई होगी।

दिल्ली से चलते समय यह पूछने के लिए कि 'गाड़ी लेट है क्या' सैकड़ों बार फ़ोन किया लेकिन दिल्ली स्टेशन का फ़ोन बन्द था। आख़िरकार टाइम टेबिल के समय के अनुसार स्टेशन पहुँचा तो बताया गया कि गाड़ी छह घंटे देरी से चलेगी। सैकड़ों यात्री यह जानने के लिए कि गाड़ी लेट है; अपने सामान समेत दूर-दूर से स्टेशन पहुँचे थे। इसके विपरीत; मिरज से चलते समय बताया गया कि रात दसवाली गाड़ी आधा घंटा देरी से चलेगी। उस समय साढ़े आठ बजे थे। जब साढ़े नौ पर फिर से फ़ोन किया तो बताया गया कि गाड़ी समय पर चलेगी। सांगली से मिरज तक दौड़ लगाते हुए पहुँचकर जब तक गाड़ी में नहीं बैठे; तब तक शरीर में प्राण नहीं थे। ग़ैर-ज़िम्मेदारानापन के लिए हमारे यहाँ न तो कोई सीमा है और ना ही सज़ा का प्रावधान।

रोती-धोती चली जा रही हमारी रेल भिलवड़ी स्टेशन के आसपास रुकी। उस समय सुबह के आठ-साढ़े आठ बजे थे। अचानक गाड़ी में बैठे लोगों ने गाड़ी से बाहर कूदना शुरू किया। मुझे लगा कि या तो गाड़ी में आग लगी होगी या फिर गन्ने के खेतों को देखकर लोगों को प्रातः कार्य की याद आई होगी लेकिन मालूम हुआ कि इन दोनों में से एक भी बात सच नहीं है क्योंकि मैंने देखा कि उतरा हुआ हर आदमी गन्नों की पोरों पर एक पैर रखकर हाथ से खटाखट गन्ने तोड़ रहा था और उसका गट्ठर बनाकर फिर से डिब्बे में घुस रहा था। उन दस मिनटों में दोनों

तरफ़ के हर किसान का एक टन गन्ना बड़ी आसानी से लुट गया होगा। हम ठहरे शहर के; इसलिए गन्ना तोड़ने में हम असमर्थ हैं; यह सोचकर बग़ल में बैठे एक आदमी ने एक गन्ना हमारे आगे बढ़ाया। इन सारी बातों से ट्रेन को देरी हो रही थी। इसके विरोध में अपना आक्रोश व्यक्त करने का एक मार्ग अपनाया। मैंने वह गन्ना अपनी डाढ़ के नीचे पकड़ा और फटाफट उसके लम्बे-लम्बे छिलके छीलने लगा। तब मेरे पड़ोस में बैठा वह आदमी मुझे अचरज़ से देखने लगा और मैं सामने बैठे दाँतों से गन्ने चबानेवाले अपने बच्चों को; गन्ना कैसे खाते हैं? इसका भाषण अंग्रेज़ी और मराठी में परोस रहा था।

पाँच मिनट के भीतर ही पूरी ट्रेन का रूपान्तर गन्ने के कोल्हू में हो गया। सभी ओर चबाए, खाए हुए गन्नों के छिलके बिखरे पड़े थे। यात्रा की जाने वाले जिस वाहन को हम रेल कहते हैं; उसका कोई नाम-ओ-निशां वहाँ बचा नहीं था। फिर से गाड़ी धीमी गति से चलने लगी। उस समय ठंड से घबराकर किसी तरह कंबल में मुँह छुपाकर दुनिया से मिलने आए हुए सूर्य के दर्शन हुए और मैं आँखें बन्द किए बोला, 'देश तेज़ी से आगे बढ़ रहा है।'

लुटेरी संस्कृति के समर्थक

दीवाली के दिनों में भी यहाँ का प्रशासन कितना अन्धेर नगरी वाला होता है; यह देखने लायक़ होता है। दिल्ली में जहाँ मैं रहता हूँ; उस इमारत में भारतीय विदेश सेवा में कार्यरत उच्चाधिकारी रहते हैं और इस क्षेत्र में रहना भाग्य की बात मानी जाती है। ऐसे क्षेत्र में भी दैनिक अव्यवस्था और अन्धेर नगरी के असंख्य उदाहरण देखने को मिलते हैं। उनमें से कुछ उदाहरण :

1. सफ़ाई कर्मचारी बिना बताए ग़ायब।
2. पाँच मंज़िला इमारत की लिफ़्ट बन्द। (हम पाँचवीं मंज़िल पर रहते हैं)
3. स्वागतकक्ष अर्थात रिसेप्शन काउंटर पर कोई भी नहीं होता है। अत: बाहर से आनेवाले हमारे फ़ोन जोड़े नहीं जाते।
4. गेट पर तैनात सुरक्षा कर्मचारी ग़ैरहाज़िर रहता है। इमारत में कोई भी आ-जा सकता है। लेकिन 'दीवाली' के अवसर पर 'बख़्शिशी' माँगने के लिए हर कोई हाज़िर हो जाता है।

हम नए फ़्लैट में स्थलान्तरण करने जा रहे हैं। उस फ़्लैट की साफ़-सफ़ाई करने का काम जिस आदमी को दिया है; वह भी काम शुरू करने से पहले ही दीवाली

की 'बख़्शिश' माँगने के लिए हाज़िर हो जाता है। अजीब ढंग है! मैंने उससे पूछा कि किस बात की बख़्शिश? क्या काम किया है? तो वह नाराज़ हो गया। उसे लगा मानों मैं उसकी ग़रीबी का अपमान कर रहा हूँ। लेकिन मुझे ऐसा लगा कि जिस पर अपना अधिकार नहीं; उसे हासिल करना है, लूटना है, छीनना है और ऐसा करने में किसी भी प्रकार का संकोच अथवा लज्जा का अनुभव नहीं करना है; एक ऐसी नई संस्कृति है जो भारतवर्ष में बड़ी तेज़ी से पनप रही है और यह उसी का प्रतीक है। ऐसे लोगों से तो फटे कपड़ों में लिपटा वह लड़का मुझे अधिक भाता है जो सिग्नल पर तेज़ी से आगे बढ़कर, कपड़े से गाड़ी का शीशा पोंछकर, हरा सिग्नल लगने से पहले पैसे माँगने के लिए हाथ आगे बढ़ाता है क्योंकि वह अपनी मेहनत का मेहनताना माँगता है।

मज़े की बात तो यह है कि इस लुटेरी संस्कृति को सभी तरफ़ से बढ़ावा मिल रहा है। शासक, नौकरशाही, उद्यमी, व्यापारी, व्यवसायी—ये सभी एक-दूसरे पर लांछन लगाते हैं लेकिन ये सभी इस संस्कृति के समर्थक हैं। लोग यह नहीं समझ पाते कि लूट के कार्य से कुछ व्यक्ति धनवान बन सकते हैं; देश अथवा समाज नहीं। इसके उलटे; यदि समाज और देश की प्रगति होनी है तो हर एक को कोई-न-कोई रचनात्मक और उत्पादन करनेवाला कार्य करना ही चाहिए। जब तक हर नागरिक समाज के लिए किसी वस्तु अथवा सेवा द्वारा अपना योगदान नहीं देता है तब तक समाज की उन्नति असम्भव है; इस सच्चाई को इस देश में कौन-किससे कहे? जापान से लौट आने के बाद कई लोगों ने यही प्रश्न पूछा, "आँखें चुँधिया देनेवाली उन्नति करते समय जापान ने क्या जादू चलाया?" इस प्रश्न का उत्तर बिलकुल मुश्किल नहीं है। यह अभूतपूर्व उन्नति जापानी जनता ने अपने 'हाथों से' की है। हमारे जनप्रतिनिधियों और शासकों ने राष्ट्रनिर्माण, देशनिर्माण जैसे शब्दों को बोल-बोलकर, उछाल-उछालकर इतना सस्ता बना दिया है कि अब इन शब्दों का कोई अर्थ ही नहीं रह गया है। जापान की उन्नति एक तरह उसका राष्ट्रनिर्माण है। जापान के राष्ट्रनिर्माण में लगी हर ईंट, हर पत्थर, हर फ़र्श और हर मंज़िल जापानियों के ख़ून-पसीने से बनी है। जादू की छड़ी से मतलब है—उनकी मेहनत, उनका परिश्रम। हमारे देश में जादू की छड़ी से मतलब है—कालाबाज़ारी, मुनाफ़ाखोरी, धोखाधड़ी, चोरी-चकारी, झूठ-मक्कारी, छूट-रियायतें और पुरस्कारों की बरसात। असम्भव! यहाँ कोई भी जादू चलना असम्भव है। राष्ट्रनिर्माण के लिए परिश्रम ही आवश्यक है। अन्य कोई 'नज़दीक का' अर्थात 'शॉर्टकट' रास्ता नहीं है।

बिहार के उच्च न्यायालय ने कहा कि लोग जानवर की तरह जी रहे हैं, यह मैंने समाचार-पत्र में पढ़ा। साथ ही; न्यायालय ने यह सलाह भी दी कि राज्य सरकार

को चाहिए कि अवैध व्यवहार और भ्रष्टाचार करनेवालों को कड़ी सज़ा दिलवाने के लिए न्यायालयों की स्थापना करे। वास्तव में लोग जानवर की तरह जी रहे हैं; यह बताने की न्यायालय को आवश्यकता नहीं है। वह तो रोज़ दिखाई देता है। नई दिल्ली में थोड़ा कम दिखाई देता है क्योंकि यहाँ रहनेवाले अधिकतर लोग एक भवन से दूसरे भवन में सरकारी एम्बेसडर में बैठकर दौड़ते रहते हैं। उनकी हर हलचल, कार्य, कथन, शब्द 'जनहित में जारी' वाला होता है। यहाँ लम्बी-चौड़ी सड़कें हैं, भरपूर पेड़ भी हैं। इन मकानों को कोठी कहते हैं। राजधानी में कोठी का होना प्रतिष्ठा का लक्षण माना जाता है क्योंकि यहाँ की कोठियाँ सरकारी होती हैं। अनेक कमरे, प्रशस्त दूब-हरियाली, सरकारी फर्नीचर, सरकारी वेतन, भत्ते, गाड़ियाँ और अधिकारी पद पर होने के कारण मिलनेवाला 'प्रसाद' और मान-सम्मान आदि...आदि।

बड़े-बड़े मकानों की चहारदीवारी उनसे भी ऊँची। व्यक्ति और उसके अधिकार जितने अधिक ऊँचे; उतना अधिक ख़तरा उसे समाज से। इसलिए उसकी सुरक्षा में हथियारबन्द रक्षक तैनात। इससे कोठियों में रहनेवालों को यह तो मालूम होता है कि जनता का जीना पशुवत हो गया है परन्तु यही बात दिखाई नहीं देती है। जब चुनाव का दौर शुरू होता है; तभी वे अपनी कोठियों से बाहर निकल आते हैं। सार्वजनिक रूप से वोटों की भीख माँगते हैं; याचना करते हैं। पानी, बिजली, शिक्षा, सड़कें जो भी मन में आता है; उनके वादे करते हैं; आश्वासन देते हैं। उसके पश्चात पुन: एक बार कोठी नाम के मन्दिर में प्रविष्ट होते ही वे ग़ायब हो जाते हैं। जाने-अनजाने मैं भी कोठीवालों की रेवड़ में आ शामिल हो गया हूँ।

निर्धन लोगों का धनवान देश

पहली बार जापान में निवास कर लौट आया; तब हमारे सरकारी निवास स्थानों की दीवारों के रंगों को देखकर मुझे सबसे अधिक झटका लगा था। वैसे इस बार लौट आने पर मुझे कई बातों के झटके लगे। बाहरी देशों के रहन-सहन के कारण आदमी बिगड़ता है; इसमें कोई सन्देह नहीं हैं लेकिन थोड़ा विचार करने पर यह ध्यान में आया कि दोष बाहरी देशों का नहीं है बल्कि दोष यहाँ के शासकों और उन शासकों को समर्थन देनेवाली जनता का है; क्योंकि मनुष्य के रूप में जीने के लिए आवश्यक जिस मौलिक ढाँचे अथवा व्यवस्था का निर्माण करना चाहिए था; उस ढाँचे अथवा व्यवस्था का निर्माण हम स्वतंत्रता के पश्चात पचास वर्षों में भी नहीं कर सके हैं। जापान की दीवारों के रंगों और यहाँ के रंगों में क्या फ़र्क़ है? ऐसा सवाल पैदा होना स्वाभाविक है। जापान की दीवारों के रंगों की गुणवत्ता

यहाँ के रंगों में नहीं है। यहाँ तो रंगों को पहली नज़र में ही देखकर ऐसा लगता है जैसे मरियलपन लाने के लिए दीवारों को रंग लगाया गया हो। सरकारी इमारतों को लगाने के लिए पीले रंग का चुनाव क्यों करते हैं, समझ के परे है। दीवार से टेककर पाँच मिनट बैठते हैं तो पीठ का ही रंग पीला हो जाता है। उँगली लगाएँ तो उँगली पीली। शरीर रगड़ते हैं तो आधा शरीर और दीवारें एक-दूसरे को जहाँ छूती हैं; वहाँ पीला रंग दिखाई देता है। पचास वर्षों में हमारा एक पराक्रम यह रहा है कि गुणवत्ता को पहचानने की, परखने की कला हमने भुला दी है। ऐसा दिखाई देता है मानो गुणवत्ता की कद्र करने की क्षमता, शक्ति, इच्छा, हमारे समाज में से नष्ट हो गई है। यह बहुत बड़ी त्रासदी है और इस त्रासदी ने पूरे समाज को ग्रस लिया है, निगल लिया है। छह वर्ष विदेश में रहकर अभी लौट आया हूँ तो देश का और भी अवमूल्यन देख रहा हूँ। अब केवल दीवारों के रंग में ही बल्कि हर वस्तु में, हर घटना में और कई बार तो व्यक्तियों में पतन का यह दृश्य देखने को मिलता है।

ऐन दीवाली में दिल्ली में दिखाई देनेवाले दृश्य को लें। मंडी में से प्याज़ ग़ायब है। ग़ायब मतलब क्या? प्याज़ मिलता नहीं था; ऐसा नहीं...प्याज़ मिल रहा था लेकिन सत्तर-अस्सी रुपये में एक किलो। हालत यह कि प्याज़ स्वर्ण जैसा अनुभव होने लगा था। इसके कारण बताए गए कि इस बार उत्तर भारत में प्याज़ की फ़सल अच्छी नहीं रही और भारी वर्षा के चलते महाराष्ट्र-नासिक से प्याज़ लाना मुश्किल हो रहा है। इसी बीच ईरान से प्याज़ मँगवाने की घोषणा की गई लेकिन सच्चाई यह थी कि ऐन दीवाली में प्याज़ नहीं था। दिल्ली राज्य सरकार ने सार्वजनिक वितरण प्रणाली के माध्यम से सस्ते दामों में प्याज़ बेचने की घोषणा की। राजनीतिक नेता, विद्वान, विचारक, कृषिज्ञ अब प्याज़ की कमी पर भाष्य कर रहे हैं; व्याख्याएँ कर रहे हैं परन्तु इन सबके बीच जनता पिसी जा रही है; उसका क्या? मेरे विचारानुसार प्याज़ की कमी निर्माण होने की स्थिति का मुख्य कारण हमारी अव्यवस्था है। महाराष्ट्र का प्याज़ अथवा कोई भी फ़सल दिल्ली में आना क्यों मुश्किल है? ईरान से विमान द्वारा प्याज़ लाई जा सकती है तो फिर महाराष्ट्र से प्याज़ लाई जाने में क्या समस्या है? हमारे यहाँ जितनी भी सामाजिक त्रासदियाँ उत्पन्न होती हैं; वे अधिकतर हमारे द्वारा ही निर्माण की जाती हैं। समाज तो बस, भाग्य और कर्म को दोष देता रहता है। याद आता है, किसी ने कहा है, 'भारत निर्धन लोगों का धनवान देश है।' इस कथन में कुछ भी ग़लत नहीं है। विदेश से लौटने पर तो यह सत्य प्रखरता से अनुभव हुआ।

भारत में समाचार-पत्र पढ़ने जैसी दूसरी कोई सज़ा नहीं है। बुद्धिमान मनुष्य को समाचार-पत्र पढ़ना नहीं चाहिए; ऐसा मुझे यहाँ एक महीना रहने पर अनुभव

होने लगा है। समाचार-पत्र शिक्षा और सामाजिक जागृति का माध्यम है, इस विचारधारा और संस्कार में पले-बढ़े होने के कारण मन की पीड़ा-छटपटाहट और बढ़ जाती है। समाचार-पत्रों में सिर्फ़ राजनीतिक भ्रष्टाचार, मंत्रियों के वक्तव्य, अपराध, जातिवाद और राजनीति के अलावा अन्य समाचार ही दिखाई नहीं देते। समाज का पुरुषार्थ, समाज की शक्ति (होगी तब ना!) समाचार-पत्र में क्यों दिखाई नहीं देती। ऐसा एक भी समाचार पहले पन्ने पर क्यों नहीं छपता? अपने ज़िले को देखकर मन को आनन्द मिले, मैं जी रहा हूँ; इस बात का गर्व क्यों नहीं होता। गर्व से सीना तन जाए; ऐसी कोई घटना पहले पन्ने पर क्यों नहीं छपती। इसके दो उत्तर हैं—पहला—गर्व अनुभव किया जा सके; ऐसा अब हमारे यहाँ कुछ भी बचा नहीं है। दूसरा—यदि ऐसा कुछ बचा भी है लेकिन समाचार-पत्रों को इन घटनाओं/बातों में रुचि नहीं रह गई है। दोनों उत्तरों में कुछ सच भी होगा फिर भी समाचार-पत्रों को ऐसी घटनाओं में दिलचस्पी नहीं है दोनों उत्तरों में कोई उत्तर सच हो; फिर भी स्थिति दुर्भाग्यपूर्ण है। मुझे तो लगता है कि जहाँ पहले पन्ने पर गौरव, हर्ष और ऊर्जा का अनुभव करानेवाले समाचार छपते न हों तो कहना पड़ेगा कि समाज किसी असाध्य रोग से ग्रसित हुआ है।

देखें बनवाकर प्रतिमाएँ

बेलगाँव से फोंडा तक का सफ़र मन को प्रसन्नता से भर देनेवाला अनुभव है। मैं अखिल भारतीय गोमंतक मराठी साहित्य सम्मेलन में जा रहा था। सुन्दर वन प्रदेश, खुली और मन को पगलाने वाली हवा, अपने ख़ास दोस्तों-मित्रों के साथ चलनेवाली गप्पों के कारण यह सफ़र कब पूरा हुआ; पता भी नहीं चला। फोंडा आने पर गाड़ी से नीचे उतरा। जहाँ उतरा; उस चौराहे का नाम दादा वैद्य चौक। प्रतिमा अर्थात वहाँ लगी मूर्ति भी शायद उनकी ही थी। हाँ, सचमुच मूर्ति बड़ी भव्य थी! आज भी मुझे दादा वैद्य के बारे में पर्याप्त जानकारी नहीं है। आगे बढ़ने पर चलती गाड़ी में से उनके नाम पर एक हाईस्कूल और महाविद्यालय भी दिखाई दिए। तभी मैंने मन में गाँठ बाँध ली कि निश्चित ही इस क्षेत्र की यह महान पुण्यात्मा है। मैं मूर्ति के समीप गया। तब दो बातें मालूम हुईं। एक—मूर्ति बहुत सुन्दर थी। दो—मूर्ति पर धूल की प्रचंड परतें चढ़ी हुई थीं।

वह चौराहा भीड़-भाड़ वाला था। हर रोज़ अनगिनत गाड़ियाँ धूल उड़ाती हुई वहाँ से गुज़रती होंगी। इसलिए मूर्ति पर थोड़ी-बहुत धूल की परतें होना स्वाभाविक था लेकिन धूल की जो प्रचंड परतें मुझे दिखाई दीं; उससे मैं परेशान और उद्विग्न

हो उठा। प्रत्यक्ष में दादा वैद्य की आत्मा को कितनी व्यथा पहुँच रही होगी; क्या पता! बाद के कई दिनों में मैं महाराष्ट्र-भर में घूमा और सहजता से ध्यान में आया कि भाऊराव पाटिल से लेकर लोकमान्य तिलक तक हमारे नेताओं की मूर्तियाँ कितनी उपेक्षित हैं! व्यक्ति का बड़प्पन और नाम की महानता की जब अति स्तुति होती है अथवा आडम्बर रचा जाता है; तब महान व्यक्तियों के नाम से मूर्तियाँ, मन्दिरों की स्थापना की जाती है। उनके विचारों से प्रेरणा-ऊर्जा लेने के स्थान पर उनके नाम पर पेट भरने की दुकानें चलाई जाती हैं। भले ही हर चौराहे पर और हर गली में मूर्तियों की फ़सल उग आए फिर भी जनता के उत्थान का हल इन मूर्तियों में मिलेगा; यह कदापि सम्भव नहीं है। यदि समाज इन मूर्तियों से प्रेरणा लेता तो अब तक इस भारतवर्ष में सुख और सन्तोष का दृश्य निश्चित रूप से दिखाई देता परन्तु ऐसा कुछ भी दिखाई नहीं देता है। इससे नई पीढ़ी बहुत कुछ सीख सकती है।

मूर्तियों की अवमानना, उन पर गोबर, राख और काला रंग पोते जाने की घटनाओं के फलस्वरूप घटित दंगे-फ़साद, हिंसक घटनाओं के समाचार हम सबने पढ़े हैं। मूर्तियाँ दंगे-फ़साद की जनक हैं ऐसा कहना ग़लत होगा लेकिन इन मूर्तियों के प्रति हमारे मन में कितना आदर-सम्मान का भाव है? इसका ये दंगे-फ़साद उत्तम उदाहरण हैं। इसके बावजूद नई मूर्तियों की स्थापना नहीं करेंगे; इसके लिए समाज में कोई आन्दोलन चल रहा है; यह भी दिखाई नहीं देता। इसके विपरीत हर कोई नई-नई मूर्तियों का विचार, प्रस्ताव प्रस्तुत कर रहा है। शहरों को नए-नए नाम दिए जा रहे हैं और इससे भी भयंकर एक प्रथा अब दिखाई दे रही है—वह यह कि अब तो लोग जीते-जी अपने नाम संस्थानों को देने लगे हैं और अपनी ही मूर्तियाँ स्थापित कर उनका अनावरण स्वयं ही कर रहे हैं। वास्तव में किसी भी सयाने मनुष्य को स्वयं की मूर्ति बनाने के फन्दे में नहीं पड़ना चाहिए क्योंकि आगे चलकर किस प्रकार की अवमानना होगी; इस बारे में कोई भी भविष्यवाणी नहीं कर सकता। जिन 'महापुरुषों' की प्रतिमाएँ-मूर्तियाँ स्थापित की जा रही हैं; उनके प्रति मेरे मन में बहुत आदर है परन्तु मूर्तियाँ-प्रतिमाएँ निर्माण कर स्थापित करने के प्रस्ताव रखनेवाले लोग अब मुझे बिलकुल पसन्द नहीं हैं।

मुझे लगता है कि भारतीय संस्कृति और परम्परा के प्रदीर्घ इतिहास में केवल एक ही मूर्ति...एक ही प्रतिमा सार्थक और अर्थपूर्ण सिद्ध हुई है। एकलव्य ने धनुर्विद्या साधना की प्रेरणा के रूप में द्रोणाचार्य की मूर्ति अथवा पुतला बनाया और धनुर्विद्या प्राप्त की और उसी गुरु द्रोणाचार्य ने गुरुदक्षिणा के रूप में उसका अँगूठा माँगकर उसकी साधना का अपमान किया। वह मूर्ति अथवा पुतला द्रोणाचार्य का था; इसलिए श्रेष्ठ सिद्ध नहीं हुआ बल्कि वह पुतला एकलव्य ने श्रद्धा भाव से

बनाया था; इसलिए श्रेष्ठ सिद्ध हुआ। निर्माण के उदात्त आकर्षण से बनने वाले पुतले जिस प्रेरणा से बनते हैं; वह प्रेरणा हमारे यहाँ अभाव से पाई जाती है। ऐसी स्थिति में ये पुतले स्वयं को ठगने वाले सिद्ध होते हैं।

मैंने जो मूर्तियाँ अथवा पुतले देखे हैं; उनका वर्णन नहीं किया जा सकता। ट्रकों से लेकर ट्रैक्टरों तक अनगिनत गाड़ियों के धुएँ और धूल से त्रस्त रानी चेन्नम्मा को मैंने देखा है। छिलके निकली हुई गांधी जी की मूर्ति देखी। एक स्थान पर मैंने कर्मवीरों के गले में सूखी फूलमाला देखी। अनगिनत मूर्तियों-पुतलों के आसपास टूटा-फटा कम्पाउंड, बेढंगेपन से पनपा हुआ बग़ीचा, कूड़ा-करकट और कई बार तो मल-मूत्रोंवाला वातावरण भी दिखाई दिया।

दिल्ली जैसे शहर में संसद के आसपास अनगिनत राष्ट्रीय नेताओं के सिरों पर अथवा टोपियों पर कौओं और कबूतरों को अठखेलियाँ करते देखा जा सकता है। यही नहीं; उनको सफ़ेद रंग का मुलम्मा पीछे छोड़ते हुए भी मैंने अपनी आँखों से देखा है। मुझे एक भय हमेशा लगा रहता है और वह यह कि यदि भूल से इन पुतलों के भीतर के महापुरुष जीवित हो उठे और जिस भारतवर्ष के लिए वे मरे-खपे; उस भारतवर्ष की क्या दुर्गति हो गई है; इसे देखेंगे तो उनकी आत्मा को कितना क्लेश होगा; कितनी व्यथा होगी!

बड़े-बड़े बाँध और औद्योगिक परियोजनाएँ ही भविष्य के हमारे मन्दिर और स्मारक हैं; ऐसा सुविचार व्यक्त करनेवाले नेहरू जी के भी पुतले बनवाए। 'जियत बाप से दंगम-दंगा, मरे हाड़ पहुँचाए गंगा' यद्यपि किसी हद तक यह सच भी हो फिर भी हाड़ गंगा में पहुँचाने से समाज संगठित होता नहीं है। देश का भविष्य बनवाया नहीं जाता। इसके लिए ज़रूरत है एकलव्य जैसे संघर्ष, ज्ञान साधना के प्रति समर्पण और अथक परिश्रम की। कई बार लगता है मरने के बाद भी हम कई नेताओं की अवहेलना ही करते हैं।

मैं वह दिन देखना चाहता हूँ जब हमारे बनवाए हुए सभी पुतले साफ़-सुथरे और सुन्दर दिखेंगे। यही नहीं बल्कि हमारे देश के लोगों और आसपास के परिसर को देखकर इन पुण्यात्माओं के चेहरों पर मुस्कान दिखाई देगी।

स्वच्छ विचार : स्वच्छ कार्य

नई दिल्ली के इंडिया गेट से लेकर राष्ट्रपति भवन तक की सड़क को सम्पूर्ण भारत की ही नहीं बल्कि पूरी दुनिया की एक अप्रतिम और सुन्दर सड़क मानने में कोई आपत्ति नहीं होनी चाहिए। राष्ट्रपति भवन के सामने खड़े रहें तो लाल पत्थरों से

बनवाई गई साउथ ब्लॉक और नॉर्थ ब्लॉक के नाम से जाने जानेवाले मंत्रालय की सुन्दर इमारतें दिखाई देती हैं और ये इतनी सुन्दर और आकर्षक इमारतें हैं कि उन्हें नज़र लग सकती है। यदि ये इमारतें अंग्रेज़ों ने बनवाई न होतीं तो सचमुच स्थापत्य विज्ञान में दिए जानेवाले योगदान के विषय में हम गौरव का अनुभव करें; इतना सुन्दर यह परिसर है।

स्वतंत्रता के पश्चात ये इमारतें हमें जैसी-की-वैसी मिलीं और अलग-अलग रूपों में भारत की प्रातिनिधिक, सामाजिक, आर्थिक और राजनीतिक संस्कृति इन इमारतों में फलने-फूलने लगी।

देश के महत्त्वपूर्ण मंत्रालयों में से वित्त मंत्रालय और गृह मंत्रालय नॉर्थ ब्लॉक में हैं। वित्त मंत्रालय की पहली मंज़िल के गलियारे में से गुज़रते हुए अगल-बग़ल के कमरों पर लगीं तख़्तियाँ पढ़ता जा रहा था। अचानक मेरी नज़र एक कमरे के काँच पर रुक गई और मैं स्तब्ध रह गया। उस काँच के दरवाज़े पर 'वी.आई.पी. टॉयलेट' शब्द अंकित थे। मुझे बहुत ज़ोर की लगी थी फिर भी मैं वी.आई.पी. (अति महत्त्वपूर्ण व्यक्ति) हूँ अथवा नहीं; यह सुनिश्चित न होने से मैं अन्दर जाने का साहस नहीं कर पाया। मैं दरवाज़े के सामने अटका रहा तो अगल-बग़ल के अधिकारियों के चपरासी, सचिव, क्लर्क शक़-सन्देह से मेरी ओर देखने लगे। मेरे भी चेहरे पर आतंकवादी अथवा किसी शातिर अपराधी का भाव सिमट आया। किसी भी क्षण मुझे देशद्रोही समझकर गिरफ़्तार कर लेंगे; इस भय से मैंने बड़ी तेज़ी से वहाँ से पलायन किया और सूँघकर सुराग़ ढूँढ़ते हुए किसी भी कोने में जहाँ बड़े अक्षरों में 'पुरुष' लिखा था; उस स्थान में घुस गया और जलाशय को रिक्त किया। दुनिया में सिर्फ़ भारत ही एक ऐसा देश होगा; जहाँ स्वच्छतागृह और भोजनगृह सभी के लिए समान अधिकार उपलब्ध नहीं होते हैं। मैंने कई स्वच्छतागृहों पर 'केवल अधिकारियों' के

लिए के बोर्ड देखे हैं और वह भी भारत में ही। अनेक कारख़ानों, उद्योग-धन्धों और कार्यालयों में; चाहे वे सरकारी हों अथवा निजी; भोजनालय को लेकर 'अधिकारियों के लिए,' 'मज़दूरों के लिए' ऐसा विभाजन देखा है। ऐसा विभाजन अन्यत्र कहीं भी दिखाई नहीं देता। वह भारत में दिखाई देता है। इसकी वजह बहुत गहराई तक जड़ जमाए हुए है। हमारा समाज जो सैकड़ों जातियों में बँटा हुआ है; इस समाज में समानता एक संकल्पना के रूप में विचरण करती है; एक शग़ल के रूप में रहती है। एकलव्य को अपना अँगूठा खोना पड़ा, संन्यासी का बेटा कहकर सन्त ज्ञानेश्वर को दर-दर भटकने के लिए विवश किया गया। विदेश से उच्च शिक्षा से अलंकृत होकर लौटे डॉ. आंबेडकर के मुँह पर अछूत होने के कारण फ़ाइलें फेंकी गईं। सावित्रीबाई और जोतिबा फुले को पत्थर खाने पड़े, लोगों का उन पर थूकना सहना पड़ा। एक तरह हमारा समाज विषमता और सामन्तशाही का आदी बन चुका है। स्वतंत्रता के बाद स्वार्थी राजनीतिकों और धर्मान्ध धर्मनीतिकों ने जाति-व्यवस्था को नई शिक्षा का मुलम्मा चढ़ा दिया और कभी छद्म रास्ते से तो कभी खुले रूप में जाति, धर्म और समाज के हृदय पर विराजमान हो गए।

अब हम सभी विषमता के इस बहुविध, बहुरंगी स्वरूप से परिचित हो चुके हैं लेकिन इसकी व्यथा बहुत कम लोगों को होती है।

वी.आई.पी. टॉयलेट में विशेष बात क्या होगी? वहाँ साफ़-सफ़ाई थोड़ी ज्यादा होगी। और क्या-क्या होगा? दुर्गन्ध अनुभव न हो इसलिए सुगन्धित डिबियाँ, बहता पानी, आवश्यकता के अनुसार बन्द अथवा खुलनेवाले नल आदि-आदि होंगे। अब मुझे बताइए कि इसमें हटकर अथवा असाधारण ऐसा क्या है? जिन्होंने बस स्टैंड के पेशाबघरों, नगरनिगम के शौचालयों, सरकारी दफ़्तरों के स्वच्छतागृहों में जाने का अनुभव किया है; उनके लिए ऊपर की बातें विलासिता के साधन लगना सम्भव है परन्तु वर्गों का निर्माण करवाना, प्रत्येक वर्ग को अलग-अलग सुविधाएँ देना; उनके बीच विवाद उत्पन्न करवा देना जैसी प्रथा हमारे देश में सभी स्तरों पर चल पड़ी है। सभी स्वच्छतागृह स्वच्छ ही होने चाहिए; यह मूलभूत बोध भी हमारे देश में नहीं है। कई बार संकटकालीन परिस्थिति में मैं भी बड़ी तेज़ी से स्वच्छतागृह में जाकर उतनी ही तेज़ी से वहाँ से दूर भाग गया हूँ। पुरुषों के बारे में यह हालत है तो महिलाओं के स्वच्छतागृहों के बारे में हमें कितना विचार करना चाहिए; यह तो शायद हमारे समाज को मालूम ही नहीं होगा लेकिन इससे गम्भीर हालत तो तब महसूस होती है; जब सुबह के समय कहीं जाने की नौबत आती है।

बचपन में गाँव में गन्ने के खेतों में हम लोटा लेकर अदृश्य हो जाते थे लेकिन गाँव-देहातों और शहरों में भी लोग बेपर्दा होकर जब खुले में निपटान कर लेते हैं

तब विश्वास हो जाता है कि पाँच हज़ार वर्षों की जिस परम्परा की हम शेख़ी बघारते हैं; उस संस्कृति में बहुत बड़ा छेद है।

'सुबह' शब्द के साथ एक सुन्दर छवि मन की आँखों के सामने खड़ी हो जाती है। रामदास स्वामी ने कहा है, 'प्रभाते मनी राम चिन्तित जावा' (अर्थात सुबह-सुबह मन में राम जी का स्मरण करो)। तो कवि मर्ढेकर ने माघ महीने की सुबह का वर्णन करते हुए लिखा था, 'न्हालेल्या जणू गर्भवतीच्या...सोज्वळ मोहकतेने सुन्दर' (अर्थात मानो स्नान की हुई गर्भवती की...पवित्र मोहकता से सुन्दर) इन सभी पर सुबह ने मोहिनी जगाई है। 'घन:श्याम सुन्दरा श्रीधर अरुणोदय झाला' (अर्थात जागो मोहन प्यारे...) ऐसी वर्णन वाली सुबह केवल कवि होना जी बाळ के ही भाग्य में होगी। अब ऐसी सुबह कविताओं में क्यों नहीं मिलती? इसका कारण समाज में पाई जानेवाली ऐसी प्रतिभा का नष्ट होना नहीं है बल्कि स्वच्छतागृह की संकल्पना अथवा विचार अब तक प्रत्यक्ष में उतरा नहीं है। कुछ स्थानों पर सुलभ सुविधा होती है फिर भी कई स्थानों पर अब भी लोटा परेड करना अर्थात एक अटल संकट ही होता है।

तोक्यो से सौ-सवा सौ किलोमीटर दूर निक्को नाम का एक दर्शनीय स्थान है। वहाँ तालाब के किनारे एक सुन्दर मन्दिर दिखाई दिया और मैं तुरन्त फ़ोटो लेने के लिए आगे बढ़ा। साफ़-सुथरा और सुन्दर परिसर, ख़ूबसूरत बग़ीचा, भूरी ईंटों और खपरैलों का वह मनोरम मन्दिर था। मैंने फ़ोटो खींचा और आगे बढ़ा तो मन में आया कि वह स्वच्छतागृह है। भीतर गया तो देखा कि कोने में रखे गुलदान में अभी-अभी कोई तो फूल रख गया था। मन्दिर के गर्भगृह में जैसी हल्की, मन्द-मन्द सुगन्ध फैली होती है वैसा ही वह वातावरण गमक रहा था। भीतर इतना साफ़-सुथरापन कि पूरा हिस्सा आईने की तरह चकाचक हो रहा था। मुझे वहाँ नित्यकर्म निपटने में भी संकोच हो रहा था लेकिन वहाँ का वातावरण देखकर मैंने आँखें बन्द कर लीं। स्वच्छतागृह स्वच्छ नहीं होता है; ऐसा मानने वाले मेरे मन को वह अनुभव उल्लसित और आनन्दित करने वाला रहा। मैं बाहर आया और आम लोगों के लिए बनवाए गए उस भवन को मन:पूर्वक प्रणाम किया।

आदमी का हँसना भी बन्द होगा?

आदमी का हँसना धीरे-धीरे कम होता जा रहा है, वह हँसना भूलता जा रहा है; इस बात पर आप विश्वास करते हैं? सच मानिए...अब यह विषय हँसी-मज़ाक़ का नहीं रह गया है बल्कि मनोवैज्ञानिकों की दृष्टि से गहन अनुसन्धान का विषय बन चुका है। स्विट्ज़रलैंड में कुछ साल पहले अन्तरराष्ट्रीय 'हास-परिहास परिषद' का

आयोजन किया गया था और इस परिषद में हँसने को लेकर जो विश्लेषण प्रस्तुत किए गए थे; वे सचमुच गम्भीर बनने के लिए विवश कर देते हैं। जैसे—'पिछली शताब्दी के पाँचवें दशक में मनुष्य पूरे दिन में औसतन अठारह मिनट हँसता था लेकिन नौवें दशक में वह सिर्फ़ छह मिनट हँस रहा है।' अरे बाप रे! इस हिसाब से तो और मुश्किल बनेगा; इसमें कोई सन्देह नहीं है। बीते चालीस वर्षों में मनुष्य ने इतनी उन्नति की है, रहन-सहन का स्तर ऊँचा उठा है, विज्ञान और प्रौद्योगिकी ने अभूतपूर्व प्रगति कर ली फिर इन सबके बीच हमारी हँसी क्यों खो जानी चाहिए? जर्मन वैज्ञानिक डॉ. माइकेल नीत्से के विचारानुसार वर्तमान समय में कार्यप्रदर्शन और सफलता को इतना अधिक अनावश्यक महत्त्व दिया जाता है कि जो लोग सफल नहीं हो पाते हैं; उन्हें हीन भावना और निराशा इस प्रकार घेर लेती है कि उन्हें लगता है; अब अपनी हालत पर हँसने जैसी कोई बात नहीं रह गई है।

इस परिषद में इस विषय पर कुछ निष्कर्ष प्रस्तुत किए गए जो सचमुच विचार करने के लिए प्रेरित करते हैं। चालीस साल पहले की तुलना में निराशा की गर्त में डूबने की सम्भावना अब दस गुना बढ़ गई है। मनोवैज्ञानिक ऑलिवर जेम्स के मतानुसार मस्तिष्क में पाया जानेवाला 'आनन्द रसायन' हमारी आनुवंशिकता पर निर्भर करता है। निराशावाद ने पूरे अमेरिका और यूरोप महाद्वीप को घेर लिया है।

इस परिषद में यह स्पष्ट नहीं हुआ कि इस सन्दर्भ में भारत में क्या स्थिति है। लेकिन मुझे लगता है कि हमारे यहाँ हँसना अथवा हमारी हँसी अभी तक तो दुर्लभ अथवा मुश्किल नहीं हुई है। इसका एक कारण यह बताया जा सकता है कि हम अब तक बहुत अधिक भौतिक अर्थात बाहरी रूप में उतने उन्नत नहीं हुए हैं। अब भी चौपाल पर अथवा गली के नुक्कड़ पर तमाखू-खैनी मलते हुए अथवा पान चबाते हुए हँसी-मज़ाक़ करनेवाली मित्र मंडली दिल्ली से लेकर गली तक दिखाई देगी। आज भी तंगहाली और दुख में भी हँसी बनाए रखने की प्रथा कुछ हद तक दिखाई देती है। पश्चिमी देशों में चल रही प्राणघाती होड़ ने अब तक हमारे देश पर आक्रमण नहीं किया है।

हमारे यहाँ लोग जैसे किसी भी बात पर खिलखिलाकर हँसते हैं, ठहाके लगाते हैं; ऐसी हँसी और ठहाके की आवाज़ की गूँज मैंने जापान में नहीं सुनी। शायद जापानी मनुष्य को स्वभावत: हँसी-मज़ाक़ करना अच्छा नहीं लगता है। यही नहीं बल्कि मुझे लगता था कि वे हँसना ही नहीं जानते लेकिन ऐसा नहीं है। चौराहे पर खड़े होकर बातें झाड़ने की आदत जापानियों को नहीं है क्योंकि उनके पास उतना समय भी नहीं है। दौड़ना इस देश का धर्म है; 'हँसना' नहीं, लेकिन जापानी मनुष्य आख़िरकार मनुष्य ही है। वह जीवन की ओर गम्भीरता से देखता है; तो क्या हुआ?

यह सही है कि उसे काम की व्यस्तता के कारण हँसने का अवसर नहीं मिलता; फिर भी शाम को काम समाप्त होने के बाद वह अपने चेहरे पर लगे सारे मुखौटे उतार फेंक देता है और पब-बार अथवा क्लब में घुस जाता है। फिर वहाँ अपने साथियों के साथ वह हँसी-मज़ाक़ और मनोरंजन में ख़ुद को डुबो देता है; बेहोश कर देता है। किसी को ऐसा भी लग सकता है कि जापानी लोगों में हँसी-मज़ाक़ करने का बोध अथवा समझ नहीं है। और यह वास्तविकता भी है। जीवन की हर बात को गम्भीरता से लेनेवाले जापानी लोगों के पास सच पूछिए तो हँसने की फ़ुरसत ही कहाँ है?

लेकिन हर वर्ष तोक्यो में हँसने की बहुत बड़ी प्रतियोगिता का आयोजन किया जाता है। प्रतिभागी को एक मिनट का समय दिया जाता है और इस एक मिनट में वह कितना बड़ा ठहाका लगाता है अथवा ज़ोर से हँसता है; उसके आधार पर उसकी गुणवत्ता निश्चित की जाती है। हँसने का शौक़ होकर भी हँस नहीं पाते लेकिन सच में कैसे हँसना चाहिए इसे समझने की जो इच्छा रखते हैं; उनके लिए जापान में प्रशिक्षण की सुविधा उपलब्ध है। जापान में 'राकुगो' नाम का हँसने का एक कला का प्रकार है। उसका प्रशिक्षण लिया जा सकता है। इतना ही नहीं बल्कि गुणवत्ता के अनुसार उसकी डिग्री भी मिलती है। बहुत पहले दरबार में विदूषक, भाँड़ अथवा मसख़रे हुआ करते थे। राकुगो एक तरह व्यावसायिक हास्यकला है। इसमें रंगमंच पर राकुगो कलाकार पारम्परिक तकिये पर बैठते हैं। इसके बाद सूत्रधार (जो स्वयं एक निष्णात राकुगो कलाकार होता है) उन्हें कोई प्रसंग, शब्द अथवा घटना देता है। प्रत्येक राकुगो कलाकार को उस प्रसंग, शब्द अथवा घटना का निर्धारित समय में मज़ाक़िया अथवा विनोदपूर्ण ढंग से कथन करना होता है। इसमें दर्शकों को हँसाना अनिवार्य होता है। इसके लिए उस कलाकार में उच्च स्तर का प्रशिक्षण और विशेष विनोद बुद्धि अथवा मज़ाक़िया स्वभाव का मिश्रण होना आवश्यक है। इसके बिना एक अच्छा राकुगो कलाकार होना सम्भव नहीं है। राकुगो में विनोद अथवा हँसी-मज़ाक़ के अनेक प्रकार हैं। कई राकुगो कलाकार एक पात्रीय नाटकों का मंचन करते हैं। वह भी केवल एक ही स्थान पर बैठकर। जिन जापानी लोगों के बारे में यह कहा कि उनमें विनोद बुद्धि अथवा हँसी-मज़ाक़ की समझ नहीं है; उन्हीं जापानियों को मैंने राकुगो के कार्यक्रम हँसते-हँसते में लोट-पोट होते देखा है।

आज विश्व में तनाव-दबाव, प्रतियोगिताएँ बढ़ती जा रही हैं। यह सब देखने के बाद अब मुझे भय लगने लगा है कि कहीं दुनिया से हँसी समाप्त तो नहीं हो जाएगी। इक्कीसवीं शताब्दी में हँसने वाले और हँसाने वाले लोगों का भाव बढ़ने की सम्भावना है परन्तु 'स्कूलों, कॉलेजों में किस तरह हँसाया जाए', 'हँसना किसे

कहते हैं?' 'मानव समाज में हँसने का क्या स्थान है?' 'हँसना : उद्गम, विकास और पतन', 'बीसवीं शताब्दी में हँसोड़', 'हास्य धुरन्धर व्यक्ति' जैसे विषयों को शायद महत्त्व प्राप्त होगा। मनुष्य और पशु के बीच का मूलभूत फ़र्क़ हँसना है परन्तु हँसना नष्ट हुआ तो हमारे भीतर की आदमीयत समाप्त होने जैसा ही होगा न! पहले '**हँसिए और मोटे बनिए**' यह वाक्य सुनने को मिलता था और अब? अब तो हँसना भी बन्द हो गया और मोटा होना तो तक़रीबन अपराध-सा हो गया है। मतलब...सब कुछ ख़त्म ही।

इसके बावजूद मुझे यह भय कभी अनुभव नहीं होता कि दुनिया से अथवा होंठों से हँसी कभी ग़ायब भी हो जाएगी। कम-से-कम भारत में ऐसा होगा; मुझे असम्भव लगता है। जब तक विदूषकों की तरह आचरण करने वाले राजनीतिक नेता हैं; जब तक उनका रेखाचित्र खींचने वाले आर. के. लक्ष्मण—भारत के विख्यात कार्टूनिस्ट और पु. ल. देशपांडे—मराठी भाषा के प्रसिद्ध साहित्यकार हैं, जब तक गाँव-गाँव में नौटंकी में अभिनय करनेवाले मसख़रे हैं; जब तक विरोधाभास, विसंगति, विवाद और विस्फोट हैं, जब तक हास्य अभिनेता महमूद, जॉनी वॉकर (वर्तमान समय में जॉनी लीवर) हैं; तब तक दुनिया से हँसी का नाम-ओ-निशान मिटना असम्भव है। वैज्ञानिकों का काम लोगों को भयभीत करना है। मुझे यह बिलकुल सही नहीं लगता कि मनुष्य हर रोज़ छह मिनट ही हँसता है। बिलकुल हास्यास्पद...बचकानापन है। लोग छह मिनट ही हँसते हैं यह देखने के लिए क्या वैज्ञानिक हर एक के घर घड़ी लेकर गए थे?

बेघर गोमाता

गाय एक पवित्र विषय है लेकिन यही गायें जब नई और पुरानी दिल्ली के प्लास्टिक काग़ज़ खाकर मौत के दरवाज़े पर पहुँचती हैं तब गाय का विषय पवित्र न रहकर चिन्ता का विषय बन जाता है। दिल्ली के पशु चिकित्सक डॉ. विजय चौधरी का कथन सुनिए, "गायों के पेट में हमें काँच के टुकड़े, चप्पलें, कमीज़ें, ब्लेड के टुकड़े जैसी कई चीज़ें मिली हैं लेकिन इन सबसे महाभयानक है—प्लास्टिक की थैलियों का पाया जाना।"

दिल्ली मतलब गायों का खुला खेल मैदान। राजधानी दिल्ली में अन्दाज़न चालीस हज़ार गायें मुक्त संचरण-विचरण करती हैं परन्तु इन पवित्र गायों के जीवन में बहुत बड़ा संघर्ष निर्माण हुआ है। एक तो यहाँ उन्हें खाने के लिए चरागाह नहीं हैं। इसलिए पेट भरने के लिए इन गायों को अपना खाना कूड़े-कचरे में तलाशने

के सिवाय कोई चारा नहीं है। दिल्ली का कुछ विशेष क्षेत्र छोड़ दें तो इन गायों को बिना किसी रोक-टोक के घूमने की आज़ादी है। दिल्ली की सड़कों पर आपसे मिलने वाला प्राणी मतलब गाय है। इन गायों की कुछ ख़ास आदतें हैं। पहली आदत मतलब उन्होंने राजधानी को अपना ही मान लिया है। दूसरी, मतलब उनके लिए यातायात का कोई भी नियम लागू नहीं होता है। ये गायें आक्रामक बिलकुल नहीं हैं। सबसे मज़े की बात यह है कि वे किसी की भी परवाह नहीं करतीं और बैठने पर उन्हें कोई उठा नहीं सकता।

मुझे लगता था कि इन सभी गायों पर किसी का भी अंकुश नहीं है लेकिन वैसा

नहीं है। उनमें से कुछ गायों को तो लोग जान-बूझकर सड़कों पर खुला छोड़ देते हैं और शाम में घर ले जाते हैं, दुहते हैं; फिर से सड़क पर खुला छोड़ देते हैं। इन गायों को सड़कों पर खाने को मिल जाता है तो फिर हम अपने घर में इन्हें चारा क्यों खिलाएँ; यह सवाल इनके मालिकों का है। अब दिल्ली सरकार ने स्वच्छन्दता से घूमनेवाली गायों को पकड़कर गौशाला में ले जाने का अभियान प्रारम्भ किया है। गायों को पकड़ने के लिए एक ट्रक और आठ लोगों की एक पलटन चल पड़ती है। गाय को पकड़ना कोई मामूली कार्य नहीं है। वह एक कला भी है और विज्ञान भी। उसे पकड़ना है; नियंत्रण में करना है और ट्रक में चढ़ाना है। यह बड़ा कठिन कार्य होता है। कई बार गायों को पकड़कर ले जाते समय (आमतौर पर गायों को चारा न खिलाने वाले) आसपास के लोग ग़ुस्से में आ जाते हैं। उन्हें यह अच्छा नहीं लगता कि उनकी गोमाता को ऐसा अपमान और दुख सहना पड़ रहा है। लोग विरोध करते हैं। परिणामस्वरूप कई बार छोटे-मोटे झगड़े और विवाद खड़े हो जाते हैं।

दस साल पहले मैं एक जापानी प्रतिनिधि मंडल के साथ जापान से भारत आया था। वह जापानी प्रतिनिधि मंडल भारतीय महोत्सव के लिए एक फ़िल्म भी बनाने जा रहा था। मेरे बहुत से कर्तव्यों में से एक कर्तव्य यह था कि हो सके उतना उन्हें भारत की निर्धनता और ग़रीबी की शूटिंग करने न दूँ क्योंकि वही-वही बातें विदेश में दिखाई जाने से हमारे देश की छवि धूमिल हो जाती है। इस प्रतिनिधि मंडल के साथ सड़कों पर घूमते समय जैसे ही गायें दिखाई देतीं; मैं तुरन्त उन्हें 'नहीं' का संकेत करता क्योंकि गायें दिखाई देते ही वे जापानी कैमरा से लैस आगे बढ़ते। अब आप कहेंगे, 'सड़कों पर गायें हैं ही तो उनकी शूटिंग करने में क्या बिगड़ता है?' यह सवाल मेरे भी मन में उत्पन्न हुआ था लेकिन मुझे बताया गया था कि सड़क पर घूमते-भटकते कुछ भी खानेवाली गायें यदि फ़िल्मों में बार-बार दिखाई जाएँ तो भारत की छवि पर प्रतिकूल प्रभाव पड़ेगा। परिणाम यह हुआ कि गाय के दिखाई देते ही जापानी प्रतिनिधि मंडल और मैं; हम एक-दूसरे को देखते और अन्त में वे मेरी लगातार 'ना', 'नहीं' के संकेत से इतने उकता गए कि गायों की शूटिंग करने की हठ ही छोड़ दी। अब गाय के दिखाई देते ही वे मेरी ओर देखते...हँसते और मज़ाक़ में स्वयं ही 'नहीं' अथवा 'ना' कहते।

हमें बचपन में बताया गया था कि गाय के पेट में छत्तीस करोड़ देवता निवास करते हैं लेकिन दिल्ली की गायों के पेट में तो काँच के टुकड़े, लोहा-वायर जैसी चीज़ें पाई गईं। सड़कों पर घूमने वाली इन गायों को देखने पर यह सवाल मन को बेचैन कर जाता है कि सचमुच हम गाय की पूजा क्यों करते हैं? गाय को पवित्र क्यों मानते हैं? ये गायें अलग-अलग बीमारियों की शिकार बनती हैं। हम उनका

आदर करते हैं मतलब क्या करते हैं? दुनिया के किसी भी देश की सड़कों पर घूमती-भटकती गायें दिखाई नहीं देतीं। कोलतार अथवा डामर की सड़क गाय की गोठ नहीं हो सकती। उन्नत देशों की तुलना में भारत में गायों को अधिक महत्त्व प्राप्त है; ऐसा भले ही लगता हो परन्तु सच्चाई और वास्तविकता क्या है; इसे हम सभी जानते हैं।

गाय को गोमाता कहें...उसकी पूजा करें...उसे पवित्र मानें...यह सब स्वीकार है। इनसान क्या और गाय क्या! किसी का भी बेघर होना हम सबके लिए शर्म और अप्रतिष्ठा की बात है।

यदि हम शहरों को साफ़-सुथरा रखना चाहते हैं तो गायों के निवास की सम्मानजनक स्थान में व्यवस्था करनी होगी।

कूड़ा निर्माण केन्द्र

बहुत पहले मैंने एक सपना देखा था और अब वह सपना मुझे बार-बार दिखाई देता है। मैं एक बहुत बड़े ढेर पर खड़ा हूँ और चारों ओर टुकुर-टुकुर देख रहा हूँ। मुझे सभी ओर सिर्फ़ यही दिखाई दे रहा है—कूड़ा-कचरा, काग़ज़ के टुकड़े, बेकार के छाते, टूटे-फूटे गमले, फटे-पुराने कपड़े, काँच के छोटे-बड़े टुकड़े; यहाँ तक कि रेडियो, टेपरिकार्डर, टीवी और इलेक्ट्रॉनिक उपकरणों के खुले पुर्ज़े और उनके बिखरे हुए शरीर वहाँ फैले पड़े हैं। मैंने पैरों के नीचे देखा...धूल, मिट्टी, जंग लगे लोहे के तार, चार और दो पहियोंवाली गाड़ियों के स्पेअर पार्ट्स। क्षितिज भी कूड़े का। आकाश और ज़मीन भी कूड़े-कचरे की। इनसान, प्रकृति, पर्वत-खाई, नदी-नाले, यहाँ तक कि चील-गिद्ध भी नहीं। भीतर से कँपा देने वाला आतंक। मैं हड़बड़ाकर सपने में से जाग जाता हूँ। मेरी छाती बुरी तरह धड़क रही है।

लगातार सुन्दरता की तलाश में घूमनेवाला मैं तो फिर...ऐसा सपना मुझे ही क्यों दिखाई दिया? इसका उत्तर ढूँढ़ने का प्रयास मैंने स्वयं में और आसपास में भी किया। तब जाकर मेरे सपने का वास्तविक कारण मेरे ध्यान में आया।

जैसे—पढ़ने के लिए *टाइम्स ऑफ़ इंडिया* लिया। बाईं ओर का समाचार-'दुनिया का सबसे निरंकुश शहर दिल्ली'; उच्चतम न्यायालय की व्यथा। न्यायालय ने प्रशासन को एक तरह चेतावनी दी है। जल, वायु प्रदूषण, अतिक्रमण, क़ानून एवं व्यवस्था; इनमें से आप कोई भी उदाहरण लीजिए और बताइए कि क्या किसी भी क़ानून का पालन किया जाता है? आगे का समाचार पढ़ने की इच्छा ही समाप्त हो गई। इसी उच्चतम न्यायालय के सम्मुख अगले बीस सालों में ख़त्म नहीं होंगे; इतने

सारे मुक़दमे पेंडिंग पड़े हैं...और वह भी तब...जब नए मुक़दमे नहीं आएँगे तो। देश के उच्च न्यायालयों में बीस लाख तो उच्चतम न्यायालय में दो लाख मुक़दमे पेंडिंग पड़े हैं। गिनीज़ बुक ऑफ़ वर्ल्ड रेकार्ड में अदालत का वह मुक़दमा दर्ज़ है जो दुनिया में सबसे लम्बे समय तक चला। पुणे के एक मन्दिर में पूजा-पाठ और देखभाल करने वाले महन्त ने 1205 ई. में मुक़दमा दायर किया था और मुक़दमे का फ़ैसला 1966 ई. में आया। लगभग 761 वर्षों बाद। मेरा सिर चकरा गया। दिल्ली में घटित अनगिनत अपराध की घटनाएँ समाचार-पत्रों में छपती रहती हैं। तो फिर हम पाँच-हज़ार वर्षों वाली उज्ज्वल और गौरवशाली परम्परा, इतिहास और संस्कृति के उत्तराधिकारी कैसे हो सकते हैं? यह सवाल लगातार चुभता रहता है।

कुछ तो कुरूप, अमंगल है जो जीवन में प्रवेश कर रहा है। हमारे सामाजिक जीवन, राष्ट्रीय जीवन और व्यक्तिगत जीवन का सन्तुलन डगमगा रहा है। बढ़ता शहरीकरण, जनसंख्या में लगातार होती जा रही वृद्धि, क़ानून का खुले रूप में होनेवाला सिर्फ़ अनादर ही नहीं बल्कि दुरुपयोग, गली से लेकर दिल्ली तक सरेआम हो रही गुंडागर्दी और पूरे देश की राजनीति पर अपराध जगत का प्रभाव जैसी सच्चाइयाँ चिल्ला-चिल्लाकर कह रही हैं कि हम किस अँधेरी खाई में गिर चुके हैं। हम सब को अच्छी तरह मालूम है कि आज राजनीतिक नेता, नौकरशाही व्यवस्था यहाँ तक कि स्वयंसेवी (ग़ैरसरकारी) संगठन भी भ्रष्टाचार में आकंठ डूबे हैं। जनता ने भी यह मान लिया है कि हम असहाय हैं; कुछ नहीं कर सकते। इसलिए जनता ने भी इस गिरावट और अवमूल्यन को जान-बूझकर नज़रअन्दाज़, उपेक्षित कर दिया है।

सर्वांगीण विचार करने के बाद मुझे ऐसा लगता है कि लगभग पूरी जनता ही भ्रष्ट हो गई है। जिसे हम आम आदमी कहते हैं; वह उतना भोलाभाला और मासूम नहीं है; जितना हम उसे समझते हैं और यह एक कठोर सच्चाई है। मेरे दफ़्तर की इमारत ऐतिहासिक विरासत को दर्शाती है लेकिन इस इमारत के खम्भे के पास जो संक्षिप्त सी ओट अथवा आड़ है; वह हिस्सा पान की पिचकारियों से रंगीन हो उठा है। जिसे हम आम जनता कहते हैं; उसका दिल्ली की सड़क पर गाड़ी चलाने का ढंग देखें तो विस्मित होने के सिवाय कुछ नहीं होगा। हर एक इस अन्दाज़ में गाड़ी चलाता हुआ दिखाई देगा मानो वह दूसरे को पीटने ही निकला हो। गन्दगी सिर्फ़ झुग्गी-झोंपड़ियों में ही है; ऐसा नहीं है। बल्कि दक्षिण दिल्ली के तथाकथित धनवानों के आवासीय क्षेत्रों की सार्वजनिक सड़कों का पार्किंग के लिए किया जाने वाला उपयोग, मकानों और दुकानों द्वारा सड़क पर किया गया आक्रमण भी गन्दगी के नमूने ही हैं। मुख्य रूप से उनमें से अनगिनत 'सज्जनों' ने जिस ढंग से सम्पत्ति इकट्ठी की है; वह इस देश की सार्वजनिक गन्दगी का ही हिस्सा है। संक्षेप में;

कूड़ा-कचरा हमारे जीवन का अभिन्न अंग बनता जा रहा है। दिल बहलाने के लिए टीवी देखें तो दूरदर्शन से लेकर 'स्टार प्लस' तक और 'फैशन टीवी' से लेकर 'बी4यू' तक हर चैनल के गिरते स्तर का अनुभव होता है; जो मस्तिष्क के तारों को झनझना देते हैं। हमारे यहाँ चुनावों को लोकतंत्र की प्रक्रिया कहने की प्रथा है लेकिन उत्तर प्रदेश के चुनावों में शामिल हुए गुंडागर्दी की ऐतिहासिक पृष्ठभूमि वाले इच्छुक प्रत्याशियों की संख्या देखने के बाद लगता है कि उनके पीछे हज़ारों की संख्या में चलने वाली जनता भोलीभाली और विवश तो बिलकुल ही नहीं है बल्कि वह तो इस 'कूड़ा-कचरा निर्माण कारख़ाने' में काम करनेवाली फौज बन चुकी है।

अर्थात इस कुरूपता...इस कूड़ा-कचरे को दोष नहीं दिया जा सकता। किसी भी प्रकार की हिंसा के लिए सिर्फ़ बन्दूक़ ही नहीं बल्कि वह बन्दूक़ चलाने वाले हाथ और सच पूछिए तो वह मनुष्य; उसके हाथ और मन ही इस पूरी हिंसा के लिए ज़िम्मेदार होते हैं। राष्ट्रीय जीवन में आई हुई गन्दगी, विकृति और अस्वच्छता विगत पचपन वर्षों में हमारे ही बोए हुए वृक्षों के फल हैं। जनता की जो योग्यता, जो लियाक़त होती है; उसी योग्यता और लियाक़त की उसे सरकार मिलती है; सेवा-सुविधाएँ मिलती हैं; सुख-दुख मिलता है; यही नहीं बल्कि शिक्षा, सड़क, अस्पताल, मकान, बिजली, पानी आदि सब कुछ मिलता है। एडमंड बर्क कहता है, 'जहाँ आम जनता भ्रष्ट बन जाती है; वहाँ स्वतंत्रता निवास नहीं करती।' लेकिन हम स्वतंत्रता की परवाह कहाँ करते हैं? ब्रिटिश-अमेरिकी लेखक एश्ले ब्रिलियंट जो कहता है; वह हम पर बहुत लागू होता है। वह कहता है, 'मैं कम भ्रष्टाचार चाहता हूँ (लेकिन ऐसा होना सम्भव न हो तो) अथवा उसकी ज़्यादा-से-ज़्यादा हिस्सेदारी तो भी।' यह कथन दर्शाता है कि आम आदमी को अब भ्रष्टाचार में शामिल होना अच्छा लगने लगा है। किराए के ज़्यादा पैसा ऐंठने वाला रिक्शा, सड़क का निर्माण करवाने में पैसा खाने वाला ठेकेदार, ट्रैफ़िक पुलिसवालों की मुट्ठी गरम करके अपना गला छुड़ाने वाले हम, फ़िल्म का टिकट काला बाज़ारी में ख़रीदने वाले हम सभी एक नाव के यात्री हैं। अब इस नाव के डूबने की कोई सम्भावना नहीं है। यह नाव किनारे पर तो बिलकुल नहीं पहुँचेगी। क्योंकि नाव डूबेगी इतना इसमें भार लदा नहीं है और कहीं पहुँच सके तो इसमें पाल-पतवार और मस्तूल भी नहीं हैं। इस स्थिति में सवाल यह रह जाता है कि अब क्या करें! हम तो क्रान्ति, नवनिर्माण, विद्रोह, परिवर्तन जैसे सभी शब्दों में से पहले ही हवा निकालकर इन शब्दों को पंचर कर चुके हैं। 'नाहीं निर्मल जीवन, काय करील साबण।' कबीर के शब्दों में कहना हो तो 'न्हाये-धोये क्या भया, जो मन मैल न जाए।' अब ऊपर की इन पंक्तियों में जीवन की जो सच्चाई छुपी है; वह अधिकाधिक धधकने लगी है।

इस पर एकमात्र रास्ता यही बचा है कि हम अपने जीवन को अधिक साफ़-सुथरा, ईमानदारी से परिपूर्ण, सक्षम और सशक्त बनाएँ तथा जहाँ जैसा सम्भव हो; व्यक्तिगत स्तर पर सौन्दर्य बढ़ाने का प्रयास करें। जब तक हम स्वयं चलकर स्वतंत्रता तक नहीं पहुँचेंगे तब तक स्वतंत्रता का हमारे आँगन में आना सम्भव नहीं है। भोर होते-होते विनाश की रात आई और वह वहीं रुक गई। जब तक जीवन की मशालें नहीं जलाएँगे तब तक कूड़े-कचरे के ढेर भी ख़त्म नहीं होंगे और उन ढेरों पर खड़ा हूँ; ऐसे सपने भी...।

अध्यात्म या धर्मान्धता?

प्रबोधनकार ठाकरे का एक लेख पढ़ा। रोंगटे खड़े हो गए। धर्मान्धता, जातीयता, धर्म-मन्दिरों के नाम पर चलने वाली राजनीति के विरुद्ध लिखते समय उनकी क़लम की प्रखर धार देखकर आश्चर्य हुआ कि ऐसे भी लोग हमारे बीच में हुए थे। *साधना* साप्ताहिक पत्रिका में उनका 'मन्दिरों का धर्म, धर्म के मन्दिर' शीर्षक से लेख छपा था। इस लेख में उल्लिखित विचार ऐसे हैं कि जो व्यक्ति स्वयं को भारत देश का नागरिक कहलाता है; ऐसे प्रत्येक नागरिक को वे विचार अपने व्यवहार में उतारने चाहिए। इस लेख में व्यक्त स्पष्ट विचार जहाँ एक ओर किसी भी विचारवान व्यक्ति को झकझोर कर रख देते हैं तो वे विचार यह भी कहते हैं कि आज जिस तरह धर्मान्धता के समर्थक सभी ओर प्रतिष्ठा के साथ विराजमान हैं; उनकी सामाजिक और राजनीतिक विचारधारा की जड़ों की जाँच करना बहुत आवश्यक है।

मेरे घर में काम करने वाले सागर से जब मैंने पूछा कि क्या अयोध्या में मन्दिर बनाना ज़रूरी है? उस समय वह टीवी पर गुजरात में हुए दंगों के दृश्य देख रहा था। मेरी ओर देखकर वह बोला, "सर...इतने सारे लोग मरनेवाले होंगे तो मन्दिर नहीं चाहिए।" फिर से वह टीवी देखने लगा। इनसान ही इनसान के साथ कितनी क्रूरता और निर्दयता से बर्ताव कर सकता है; इसके जीवित दृश्य देखने में मग्न हो गया।

लेकिन जो बात सागर की समझ में आती हैं; वह इस देश के शासकों और राजनीतिकों की समझ में कैसे और क्यों नहीं आती? इस पहेली को मैं सुलझा नहीं पाता हूँ। आज देश के सम्मुख मुख्य समस्या कौन-सी है? विज्ञान, प्रौद्योगिकी, विकास, रोज़गार, निर्धनता, प्रदूषण, पर्यावरण, शिक्षा, स्वास्थ्य जैसी एक-से-एक गम्भीर चुनौतियाँ देश के सम्मुख मुँहबाये खड़ी हैं। ऐसी स्थिति में इस देश का वर्तमान समय मन्दिर के मुद्दे को लेकर टुकड़े-टुकड़े हो रहा है; यह इस देश की

अविश्वसनीय, कल्पनातीत और वर्णनातीत त्रासदी है, ट्रेज़डी है। कोई भी विचार अथवा संकल्पना जो देश को भविष्य के बदले भूतकाल की गर्त में धकेल रही है; ऐसे विचार अथवा संकल्पना को पढ़े-लिखे व्यक्ति को ठुकराना चाहिए। इतना ही नहीं बल्कि उसका प्राणपण से विरोध करना चाहिए। गुजरात में जो आँधी आई तब तथाकथित लोग क्या कर रहे थे? सुख-सुविधाभोगी गृहिणियाँ और बड़े-बड़े अधिकार पदों पर बैठे अधिकारी इस लूट-पाट में शामिल हुए थे...ऐसे दृश्य सामने आए हैं। सबको रुककर विचार करना आवश्यक है। धर्म पर आधारित राज्य शासन चलाने से क्या होता है; इसे हमने अफ़गानिस्तान में देखा है। आज हमने भी वही मार्ग चुना है; इस सच्चाई को नज़रअन्दाज़ नहीं किया जा सकता। धर्म के विविध अर्थों और नामों से चलनेवाले कालबाह्य संस्थानों के हाथों में हम अपने जीवन की बागडोर सौंप रहे हैं; यह बड़े ही दुख की बात है और उससे भी अधिक यह ख़तरे की घंटी है। यदि हमने समय रहते स्वयं को नहीं सँभाला तो गुजरात में जो घटना घटित हुई; वैसी घटनाएँ बार-बार घटित होंगी। धर्म का यह आक्रमण और अतिक्रमण हमारे सम्पूर्ण जीवन को लील रहे हैं। गुजरात में हुआ हमला हमारी समग्र जीवनधारा एवं विचारधारा पर आक्रमण है। उसे समय पर विफल करना हमारा राष्ट्रीय कर्तव्य है।

मेरे घर के पीछे वाली गली में बरगद का एक पेड़ है। उसकी खोह में आठ-दस ईंटें और पत्थर रखकर मन्दिर जैसा बनाया गया है। पिछले एक-दो वर्षों में उसका बढ़िया विकास भी हुआ है। अब कुछ ही महीनों में वहाँ एक पुजारी आएगा। लोग दर्शन करने हेतु भीड़ करेंगे। पूरी बस्ती की शान्ति भंग होगी। फिर वहाँ भव्य मन्दिर बनेगा। वह रास्ते पर अतिक्रमण करके ही बनेगा। इस शहर में इतने सारे मन्दिर हैं तो फिर और एक मन्दिर क्यों चाहिए? लेकिन ऐसा कहेंगे तो कई की भावनाएँ आहत हो जाएँगी। भावनाओं के बल पर अपना स्वार्थ साधनेवालों की हमारे देश में कोई कमी नहीं है।

दिल्ली में ऐसी अनेक सड़कें हैं; जहाँ दस-पन्द्रह वर्ष पहले छोटे-छोटे धार्मिक स्थान, मन्दिर या मस्जिदें थीं और आज वे भव्य रूप धारण किए ठाठ-बाट से खड़े हैं। ये सभी स्थान सार्वजनिक जगहों पर खड़े तो हैं ही लेकिन उनमें से कुछ धार्मिक निर्माण कार्य तो सड़क के बीच में आ जाते हैं। हम हड़बड़ा जाते हैं। राजेन्द्र प्रसाद रोड, कस्तूरबा गांधी मार्ग, बहादुरशाह ज़फर मार्ग, जनपथ सड़कों को देखें तो इन सड़कों पर हुए आक्रमण को देखकर मन में रोष व्याप्त हो जाता है। यह आक्रमण अथवा अतिक्रमण प्रतीकात्मक है। इन धार्मिक स्थानों ने सड़कों को तो लील ही ली है; अब ये राष्ट्रीय जीवन को भी निगलने जा रहे हैं।

संविधान ने धार्मिक स्वतंत्रता प्रदान की है उसी संविधान ने घूमने-फिरने और संगठन की स्वतंत्रता भी प्रदान की है लेकिन किसी भी सभ्य देश में इस स्वतंत्रता को निरंकुश और अबाधित स्वतंत्रता नहीं कहा जाता। यदि धर्म का अर्थ श्रद्धा-आस्था, उपासना, पूजा होता है तो वह मनुष्य की आत्मिक उन्नति के लिए है और उसका सच्चा स्थान मन के भीतर होना चाहिए। बहुत हुआ तो घर के अन्दर होना चाहिए। धर्म को और भी लचीला बनाना हो तो उसे धर्मस्थान के अन्दर रखिए। धर्म को सड़क पर लाकर राष्ट्र के जीवन में बारूद का धमाका करने का यह प्रयास वास्तव में सभी के मौलिक अधिकारों पर प्रहार करने जैसा है। इसकी निन्दा और भर्त्सना की जानी चाहिए।

धर्म के सार्वजनिकीकरण का व्यक्तिगत रूप से मैं विरोध करता हूँ। भगवती जागरण, शिवप्रतिमा की शोभायात्राएँ, दुर्गापूजा, गणेशोत्सव जैसी सार्वजनिक रूप से मनाई जानेवाली प्रथाओं के स्थान पर देश का ध्यान स्वास्थ्य, शिक्षा, व्यवसाय और विकास के अन्य घटकों पर केन्द्रित होना चाहिए। सरकार भी कई बार ग़लत मार्ग पर चल सकती है। लोकतंत्र में तो जनता को जो चाहिए उसके बदले उनकी भावनाओं को जगाकर, उकसाकर उनकी आँखों में धूल झोंकने के प्रयोग किए जाने की आशंका मज़बूत होती जा रही है। लेकिन इसे रोकेगा कौन? आप और हम ना! 'लगातार पहरा देना और जागरूक' रहना स्वतंत्रता के मूल्य हैं और ये मूल्य चुकाने पड़ते हैं। यह भूलकर कैसे चलेगा?

लेख समाप्त करने से पूर्व प्रारम्भ में जिनका उल्लेख किया अर्थात प्रबोधनकार ठाकरे को नमन करना आवश्यक है क्योंकि धर्मान्धता पर वे बिजली की तरह टूट पड़ते हैं। धर्म के नाम पर चलनेवाले अनाचार और पाखंड पर कोड़े बरसाते हैं। "धर्म के लिए बनवाए गए मन्दिरों का धर्म इतना राक्षसी बन चुका है कि उसको उखाड़े बिना भविष्य में हिन्दुओं का अस्तित्व सुरक्षित रूप में बना रहना बहुत कठिन हो गया है। राजनीतिक स्वतंत्रता की शेख़ी बघारनेवालों को चाहिए कि वे सभी क्षेत्रों में चल रही ग़ुलामी और इस ग़ुलामी को जन्म देनेवाली संस्थाओं को जलाकर राख कर दें।"

घोषणाओं का उद्यान

दिल्ली के रिंग रोड से आकर बाईं ओर मुड़ने से पहले बहुत बड़े-बड़े बोर्ड-बैनर लगे हुए हैं। सात-आठ महीने पहले वहाँ अचानक एक नया चमचमाता बोर्ड प्रकट हुआ। बोर्ड पर शब्द थे 'दिल्ली विकास प्राधिकरण मिलेनियम पार्क'। बोर्ड

के ये अक्षर बीतते दिनों-महीनों के साथ धुँधले पड़ते जा रहे हैं। कुछ जगहों पर बढ़ती घास में बोर्ड होने की कुछ निशानियाँ दिखाई देती हैं। जो मिलेनियम मनाना है; वह आया भी है लेकिन नए सहस्त्रक के लिए जो उद्यान बनाया जा रहा है; उसका कोई भी निशान अथवा चिह्न दिखाई नहीं देता है। यह बात मैंने अपने मित्र से कही तो उसने कहा, "बोर्ड तो लगा दिया है। अब उद्यान बनाने के लिए पूरे हज़ार साल पड़े हैं। चौथे सहस्त्रक के प्रारम्भ में भी यह उद्यान तैयार हो जाता है; तब भी काफ़ी है।"

लेकिन अब यह सब देखने-सुनने के बाद मुझे हँसी नहीं आती बल्कि ग़ुस्सा आता है। मिलेनियम का बोर्ड मुझे हमारी सामाजिक व्यवस्था को ग्रसित कर चुके 'एड्स' रोग का प्रतीक अनुभव होता है। जिस प्रकार 'एड्स' होने पर शरीर की प्रतिरक्षा प्रणाली ध्वस्त हो जाती है; ठीक वैसे ही हमारे समाज का हो रहा है। वह ज़ंग खाता बोर्ड, वहाँ बढ़ती जा रही घास, किसी तरह अपने को सँभाले हुए उसकी चहारदीवारी, उद्यान बनने से पहले ही उद्यान की जगह को लीलनेवाली अवैध झुग्गी-झोंपड़ियाँ, खुले में मल-मूत्र विसर्जित करते स्त्री-पुरुष, बच्चे-बूढ़े। इस पृष्ठभूमि में यहाँ कभी यह उद्यान अस्तित्व में आएगा; ऐसा बिलकुल नहीं लगता।

जनता को स्वप्न देखने और स्वप्नों को भंग होते देखने की आदत हो चुकी है। जनता जानती है कि 'शब्द' मतलब अर्थहीन ग़ुब्बारे हैं। लन्दन में भी 'मिलेनियम डोम' की योजना बनाई गई थी। इस 'मिलेनियम डोम' के निर्माण में अलग प्रकार की तकनीकी का उपयोग किया जानेवाला था। वह बहुत पहले बन चुकी थी। परसों ही उस डोम में प्रियंका चोपड़ा को 'विश्वसुन्दरी' का ताज़ पहनाया गया। 'डोम' बनकर तैयार हो जाता है तो 'उद्यान' का निर्माण क्यों नहीं करवाया जा सकता है? इसका कारण यह है कि हमारे देश में शब्दों के अर्थ खोते जा रहे हैं। 'सत्यमेव जयते' का आदर्श लेकर संविधान का अवतरण हुआ लेकिन यहाँ सत्य की विजय होती; शायद ही दिखाई देती है। 'आपके साथ, सदैव आपके लिए' जैसे दिल्ली पुलिस के आदर्श वाक्य पुलिस विभाग को दी गईं हज़ारों मारुति गाड़ियों पर आन-बान-शान के साथ झलकते हैं। हालाँकि हर रोज़ समाचार-पत्रों में पुलिस विभाग के भ्रष्टाचार, अत्याचार और दुष्टाचार के समाचार भर-भरकर छपकर आते हैं। फिर भी पुलिस विभाग के आदर्श वाक्य 'आपके साथ, सदैव आपके लिए' है। यदि समाचार-पत्रों में इतना सब कुछ छपकर आता है तो प्रत्यक्ष में सच्चाई इससे भी भयानक होगी; इसमें रत्ती-भर भी शंका नहीं है। इन समाचारों में पुलिस द्वारा की जानेवाली लापरवाही, अपराधियों के साथ उनकी साँठ-गाँठ, धनवानों का अपहरण जैसी घटनाओं से लेकर आरोपी महिलाओं पर होनेवाले बलात्कार, पुलिस हिरासत

में होनेवाली सन्देहास्पद मौत, बेगुनाह लोगों को दी जानेवाली यंत्रणाएँ जैसी ख़बरें भी होती हैं; जो मन को विचलित कर देती हैं।

मैंने स्वयं पुलिस विभाग का ऐसा यादगार अनुभव किया है। मैं अपने एक मित्र के घर में रात का भोजन कर बाहर आया तो पाया कि बग़ल में पार्क की हुई मेरी गाड़ी दिखाई नहीं दे रही है। वहाँ 'नो पार्किंग' का बोर्ड भी नहीं था। फिर भी गाड़ी को वहाँ न पाकर मैं स्तब्ध रह गया। क्या करना च्ाहिए, यही सोचता हुआ मैं वहाँ खड़ा था; तभी वहाँ के कुछ लोग मेरे पास आए और कहा, "आपकी गाड़ी पुलिस ले गई है।" मेरे मित्र के स्कूटर पर बैठकर हम दोनों पुलिस थाने पहुँचे। वहाँ पुलिस इंस्पेक्टर ने बताया, "किसी ने सौ नम्बर पर डायल करके शिकायत की कि यहाँ एक लावारिस गाड़ी खड़ी है। वह ले जाइए।"

"कोई बात नहीं...गाड़ी वापस करिए," मैंने कहा।

"उसके लिए समय लगेगा। हमें कन्फर्म करना होगा कि गाड़ी के मालिक आप ही हैं।"

"ये गाड़ी के काग़ज़ात हैं, यह पहचान-पत्र, यह गाड़ी की चाभी...अब गाड़ी वापस कीजिए।"

"लेकिन काग़ज़ात में दर्ज़ पता और आपके बताए हुए पते में फ़र्क़ है।"

"वह तो होगा ही क्योंकि गाड़ी का रजिस्ट्रेशन जब किया तब मैं वहाँ रहता था। अब मैं वहाँ नहीं रहता।"

"तो फिर रजिस्ट्रेशन-पत्र के पते में सुधार क्यों नहीं किया?"

"यह पूछने का अधिकार आपको नहीं है।"

"आपको गाड़ी चाहिए या नहीं?"

"गाड़ी मेरी है। आप मुझे परेशान कर रहे हैं।"

"हमें सही और सन्तुष्ट करनेवाले आपके उत्तर चाहिए।"

"देखिए...इंस्पेक्टर साहेब...आपकी पीठ पीछे एक बड़ा बोर्ड लगा है। उस पर लिखा है, 'किसी लावारिस गाड़ी को उठाकर ले आने पर यदि गाड़ी की शिनाख़्त चौबीस घंटे के भीतर की जाती है तो किसी भी प्रकार की पुलिसी कार्रवाई के बिना गाड़ी तुरन्त वापस कर दें।'

"वह बोर्ड पर लिखा है। सच में ऐसा कुछ नहीं होता है।"

"क्यों? क्यों तकलीफ़ें बढ़ाते हैं आप जनता की?" मैं परेशान हो उठा था। इस ग़ैर-ज़िम्मेदाराना पुलिस व्यवस्था में पढ़े-लिखे मुझ जैसे की इतनी बुरी हालत है तो आम आदमी का क्या होता होगा? क्या करना चाहिए? उस सब-इंस्पेक्टर के पीछे वाले बोर्ड पर लिखा हुआ था, 'कोई भी समस्या हो; सम्पर्क करें।' उस

वाक्य के सामने पुलिस आयुक्त, उपायुक्त, सह-आयुक्त के दूरभाष नम्बर लिखे हुए थे। मैंने अपने मित्र के सेलफ़ोन से उन सभी को फ़ोन किए। उनमें से कोई भी अपने दफ़्तर में नहीं था। उनके दफ़्तर में ऐसी शिकायतों को दूर करने के लिए कोई व्यवस्था भी नहीं थी। सभी ओर अँधेरा। मन में ये वाक्य चक्कर काट रहे थे 'आपके साथ,' 'सदैव आपके लिए', 'दिल्ली पुलिस'। तीन घंटों के अथक प्रयासों के बाद और अन्त में "आप नौकरी से हाथ धो बैठेंगे" इस धमकी के बाद मेरी गाड़ी मुझे मिली। मैंने ईश्वर को धन्यवाद दिया। पुलिस थाने से बाहर निकले। वहाँ जिप्सी गाड़ियों का बड़ा काफ़िला मुझे देखकर मानो ज़ोर-ज़ोर से चिल्ला रहा था, "आपके साथ, आपके लिए, सदैव दिल्ली पुलिस।" गाड़ी में बैठा तो समझ में नहीं आ रहा था, हँसें या फिर रोएँ?

स्वतंत्रता के पचास वर्षों बाद सभी क्षेत्रों में गिरावट आ गई है, स्खलन हुआ है लेकिन इस पूरी गिरावट में शब्दों का, शब्दों के अर्थों में जो गिरावट आई है, जो स्खलन अथवा अवमूल्यन हुआ है; वह मुझे लज्जित कर देता है। पूरे भारत को 'चले जाओ,' 'चलो दिल्ली', 'भारत छोड़ो' जैसे नारों ने खँगाल दिया था और जिसका परिणाम भारत नाम का सपना साकार होने में हुआ। इसके पश्चात कई नारे आए; जिन नारों ने जीवन को ग्रसित करनेवाली समस्याओं से हमारा ध्यान हटा दिया। सभी राजनीतिक दलों ने सुविधाजनक नारों की फसल कभी स्वदेशी तो कभी मिश्रित बीजों के बल पर उगाई लेकिन इन नारों से ग़रीबी, बेरोज़गारी, विषमता, शहरी-ग्रामीण के बीच की खाई जैसी समस्याओं पर विजय पाई नहीं जा सकी।

वाचालों अथवा गप्प हाँकनेवालों की नगरी में अब प्रत्यक्ष कार्यों का क्या महत्त्व है? महत्त्व तो दूर...लेकिन आवश्यकता ही रह नहीं गई है। वाचालपन्थी अथवा इन गपोड़ियों ने अब एक नई शब्द-सम्पदा तलाश कर जनता के मत्थे मढ़ दी है। यहाँ जो व्यक्ति समस्या को हल करने के बदले उसे जटिल बना देता है; उसे विशेषज्ञ कहते हैं। जैसे—'आपकी शिकायतों पर विचार किया जाएगा।' 'परिस्थिति तनावपूर्ण परन्तु नियंत्रण में है।' 'स्वास्थ्य गम्भीर परन्तु ख़तरे से बाहर है।' 'उच्चाधिकार समिति की रिपोर्ट आना शेष है।' 'सरकार विशेष आयोग का गठन करने जा रही है।' 'पंचवर्षीय योजना में इन परियोजनाओं का समावेश है।'

ऐसे सभी वाक्यों के स्थान पर मैं ऐसे वाक्यों की अपेक्षा करता हूँ। जैसे—'रुकिए...स्वीकृति-पत्र दस मिनट में मिलेगा।' 'आपकी सड़क का कार्य पन्द्रह दिन पहले प्रारम्भ हुआ है।' 'चलिए...मैं प्रत्यक्ष साइट पर आकर दिखाता हूँ।' 'आपके

पत्र का उत्तर?' 'वह तो कब का भेजा गया है?' 'रुकिए...आपको मैं इसकी एक और कॉपी देता हूँ।' 'अरे भाई...ऐसे घबराइए मत। जनकपुरी पुलिस ने घर में क़ीमती चीज़ों की चोरी करनेवाले को गिरफ़्तार कर लिया है। घंटे भर में ही चोर को माल समेत यहीं पर लाया जाएगा।' पते पर ले जाना है? आवेदन-पत्र दीजिए। शाम में हमारा कर्मचारी आकर काम कर जाएगा। लेकिन ध्यान रहे...उस कर्मचारी को बख़्शिश न दें। यह हमारे कार्यालयीन नियमों के विरुद्ध तो है ही, साथ ही, आपको भी रिश्वत देने के अपराध में गिरफ़्तार किया जा सकता है।'

शब्दों को अर्थ कब प्राप्त होता है और कब नहीं; इसे सौभाग्य से जनता अब भी समझती है। जनता जानती है कि शासकों और राजनीतिक नेताओं के आश्वासन और वादे झूठे-मिथ्या होते हैं लेकिन यहीं पर हमारा दायित्व समाप्त नहीं हो जाता। हमारे प्रतिनिधि के रूप में हम उनसे सवाल नहीं पूछते, जवाब नहीं माँगते। हम कब साफ़-साफ़ उनसे पूछेंगे, 'आपने अपने घोषणा-पत्र में कई झूठे वादे किए, बाँध का निर्माण कार्य अब भी अधूरा पड़ा है, लोगों को गन्दा पानी पीना पड़ता है, आपके घर की सामनेवाली सड़क छोड़कर गाँव की सभी सड़कें कच्ची हैं।' मानते हैं कि जनप्रतिनिधि भी आम जनता की तरह ही होते हैं लेकिन यदि जनता में ही सुधार की प्रखर भावना न हो तो जनप्रतिनिधियों को तो खुला मैदान ही मिल जाता है।

ये जनप्रतिनिधि सन्त तुकाराम के अभंग (सबद) की आड़ में छिपने का प्रयास करते हैं। सन्त तुकाराम ने कहा था, 'आम्हा घर धन शब्दांचीच रत्ने' अर्थात 'हमारे घर में जो धन है; वह शब्दों के रत्नों के रूप में ही है।' हमारे जनप्रतिनिधि सन्त तुकाराम की यही पंक्ति सुनाकर जनता को शब्दों के रत्न लुटाते हैं और असली हीरे-मोती, माणिक-रत्न स्विस बैंक में रखते हैं। ये जनप्रतिनिधि जनता में केवल शब्द अर्थात आश्वासन-वादे क्यों बाँटते हैं तो इन जनप्रतिनिधियों का उत्तर होता है, देखिए स्वयं सन्त तुकाराम कहते हैं, 'शब्द वाटू धन जनलोक' अर्थात 'जनता में शब्दों का धन बाँटेंगे' तो लीजिए साहब...हम सन्त तुकाराम की सीख का पालन कर रहे हैं। अपने नाकारापन को शब्दों में छुपा रहे हैं और जनता है कि बेख़बर सोई हुई है। इसके विपरीत जनता कहती है, 'शब्दची आमच्या जिवाचे जीवन' अर्थात 'शब्दों से ही हमारा जीवन चलता है।' नौकरी नहीं है—चलेगा, रहने के लिए झुग्गी-झोंपड़ी चलेगी, सड़क, पानी, बिजली कुछ भी नहीं होगा तो भी चलेगा। क्यों? शब्दों से ही हमारा पेट भर जाता है।

लेकिन जो देश पूरे विश्व में अपने नाम का डंका बजवाना चाहता है; वह देश करनी के बदले कथनी के बल पर अपने लक्ष्य को नहीं पा सकता। क्योंकि

दुनिया सच्चाई चाहती है। दुनिया पूछती है, 'ग़रीबी रेखा के नीचे कितने लोग हैं? झुग्गी-झोंपड़ियों में रहनेवाले लोगों की संख्या कितनी है? मानवाधिकार का क्या हो रहा है? सूचना जानकारी अधिकार का क्या? आन्ध्र में किसानों द्वारा की जा रही आत्महत्या का क्या कारण है? भागलपुर में क़ैदियों की आँखें कैसे चली गईं? भारत में कितने गाँवों में पीने का पानी उपलब्ध है? राजस्थान की ग्रामीण स्त्रियों के जीवन का कितना समय पानी भरने में नष्ट होता है? आज भी दलितों पर इतने बड़े पैमाने पर अत्याचार क्यों होते हैं।' इनमें से किसी भी प्रश्न का सन्तोषजनक उत्तर मेरा देश दे नहीं सकता।

लेकिन मज़े की बात तो यह है कि अन्तरराष्ट्रीय परिषदों में भारतीय लोगों का डींगें हाँकना रुकता नहीं है। अन्तरराष्ट्रीय बातचीत, चर्चाएँ, विवाद करना भी विज्ञान और कला है लेकिन कई बार भारतीय लोग वहाँ भी लम्बी-चौड़ी बातें हाँककर प्रभाव छोड़ने का प्रयास करते हैं। मेरा एक भारतीय मित्र है। उसने इन भारतीय प्रतिनिधियों के बोलने के लोभ का वर्णन करते हुए बताया, 'अन्तरराष्ट्रीय बातचीत के दौरान दो समस्याएँ होती हैं; पहली, बातचीत में जापानी प्रतिनिधि को कैसे बुलवाएँ अथवा बोलता करें क्योंकि वह बहुत कम बोलता है और दूसरी, बोलनेवाले भारतीय प्रतिनिधि को बोलने से कैसे रोकें क्योंकि उसके बोलने का निर्धारित समय कब का ख़त्म हो चुका होता है।' मेरा अपना अनुभव भी लगभग कुछ ऐसा ही है। हमारे सभी सचिव, मंत्रिगण, वैज्ञानिक, श्रमिक प्रतिनिधि, प्रशासक बोलने में बड़े पटु हैं लेकिन क्या करना है इतना बोलकर!

दिवंगत प्रधानमंत्री और आनन-फ़ानन में त्यागपत्र देने के लिए विवश किए गए तत्कालीन विदेश सचिव पी. वेंकटेशन के बीच का एक कथित प्रसंग मुझे याद आ रहा है। उनके बीच चल रही चर्चा में विषय था विदेश में भारत की छवि कितनी बुरी है। राजीव गांधी थोड़ा-सा शिकायत के स्वर में बोले, 'विदेश में हमारे देश की छबि अब भी साँप, मदारी, हाथी, ग़रीबी, ताजमहल से ऊपर उठ नहीं पाई है। हमारे दूतावास के अधिकारी क्या करते हैं? सभी देशों में जाकर उन्हें भारत की नई छवि निर्माण करनी चाहिए। लोगों को समझाकर बताना चाहिए।'

वेंकटेशन प्रधानमंत्री की बातों को ध्यान से सुन रहे थे। कहा जाता है कि राजीव जी की बात ख़त्म होते ही वेंकटेशन ने तुरन्त उत्तर दिया, 'प्रधानमंत्री जी, मुझे यह बताइए कि कॉपी ओरिजिनल काग़ज़ से अच्छी कैसे हो सकती है?' प्रधानमंत्री ने इस पर क्या कहा; इसकी तफ़सील उपलब्ध नहीं है।

ऊपर की बातचीत का सार यह होगा कि जो हम नहीं कर सकते; उसके बारे में कुछ कहना नहीं चाहिए और जो कर सकते हैं; उसके बारे में वह होने के बाद

बोलना चाहिए। इसलिए लगता है कि बग़ीचा हो या न हो; कम-से-कम उसका बोर्ड तो भी लगा नहीं होना चाहिए।

काशी-वाराणसी

काशी अथवा वाराणसी कहते ही आँखों के सामने क्या आता है? धार्मिकता, पवित्रता, परमपूज्य गंगा मैया, घाट और भीड़। इस शहर को प्रत्यक्ष देखने पर देखनेवाला स्तब्ध रह जाता है। फिर थोड़ा-सा होश में आने पर महसूस होता है कि काशी-वाराणसी अथवा बनारस विश्व में जीवित सबसे प्राचीन शहर हैं। मणिकर्णिका और हरिश्चन्द्र घाटों पर चौबीस घंटे; एक-दो नहीं बल्कि कई चिताएँ जलती रहती हैं। बुढ़ापे में शरीर जर्जर होने पर मरनेवाले लोग वाराणसी में मृत्यु की बाट जोहने के लिए आते हैं। हमारे धर्मग्रन्थों, पंडों और परम्परा ने यह गारंटी दी है कि स्त्री-पुरुष, आसपास के वृद्ध स्त्री-पुरुष यदि काशी में मृत्यु को प्राप्त करते हैं तो उन्हें सीधे स्वर्ग में प्रवेश मिल जाता है। परिणामस्वरूप काशी में मृत्यु की कामना में भीड़ लगी रहती है।

यह कहानी जो लिखी गई है वह केवल अतिशयोक्ति अथवा धार्मिक स्थली की निन्दा करने के उद्देश्य से नहीं लिखी गई है। प्रत्यक्ष में काशी गए थे और वहाँ यह कहानी अनुभव की थी। अब देखिए न। हम काशी क्यों जाते हैं? काशी विश्वेश्वर जी के दर्शन करने। है न। लेकिन दर्शन करने के बाद ऐसा नहीं लगता कि दर्शन करने के लिए क्यों इतनी ज़द्दोज़हद की! मैं श्रद्धालु हूँ फिर भी पत्थर के ईश्वर पर मेरा विश्वास समाप्त हुए बहुत सारे वर्ष बीत चुके हैं। मेरे मन में काशी का एक विशेष आकर्षण है कि कोई शहर हज़ारों वर्षों तक इस तरह जीवित रह सकता है? इस शहर में लोग सैकड़ों वर्षों से चली आ रही परम्परा को बनाए रखते हैं और पूरे भारत से लगातार लोग यहाँ आते रहते हैं; गंगा जी के दर्शन करते हैं, विश्वनाथ जी के पैरों पर मत्था टेकते हैं और इच्छा व्यक्त करते हैं कि वहीं पर मौत आ जाए। इन सबके पीछे क्या रहस्य है; इसे लेकर मेरे मन में सदैव कुतूहल रहा है। दस वर्ष पूर्व भी मैं अपने माता जी-पिता जी को लेकर यहाँ आया था; तब भी यही लगा था कि पुण्य प्राप्त करने के बदले यह रहस्य खुल गया तो अच्छा होगा।

हम अपने रुकने के स्थान पर जा पहुँचे। सुबह का खिड़की से आनेवाला उजाला अनुभव हुआ। खिड़की खोली। उसी समय एक अवर्णनीय स्वर्गिक आनन्द से साक्षात्कार हुआ। सीढ़ी-दर-सीढ़ी नीचे की ओर जाता हुआ और नदी

में डूबा हुआ घाट। घाट नदी में मिल गया या फिर नदी घाट में विलीन हो गई; यह समझ में नहीं आएगा; ऐसी सीढ़ियाँ। इसके बाद दूर रेती में जाकर मिला हुआ गंगा का पाट जो एक नज़र में समा नहीं पाता। रेतीले तट के बाद झाड़ियाँ और झाड़ियों के पीछे से उगता हुआ सूरज का साफ़-सुथरा लाल गोला। उस गोले से लेकर मुझ तक पानी में से पहुँचनेवाला स्वर्ण स्तम्भ। मैं स्तम्भित होकर उस दृश्य का रसपान करता रहा। विश्वनाथ जी के दर्शन होने से पहले ही विश्व दर्शन हो गए।

उस समय मेरे तात्या (पिता जी) और काकू (माता जी) जी साथ थे। फिर भी गंगा जी में स्नान करने का साहस नही हुआ। हाथ में पानी लिया लेकिन न तो कुल्ला कर पाया और ना ही जलप्राशन कर सका। उस समय मन को एक प्रश्न कचोटता रहा कि गन्दे पानी से युक्त यह गंगा जी पवित्र कैसे हो सकती हैं?

मेरे तात्या और काकू ने स्नान किया। मैं वैसा ही सूखा। उस समय हम हनुमान घाट पर एक धर्मशाला में ठहरे हुए थे। उस धर्मशाला के प्रांगण में से हरिश्चन्द्र घाट दिखाई देता था। ऐसा माना जाता है कि हरिश्चन्द्र घाट पर राजा हरिश्चन्द्र ने डोम का कार्य किया था। यहाँ चौबीसों घंटे शव जलते रहते हैं। जब एक शव का दाह-संस्कार चलता रहता है तब दूसरे शवों को प्रतीक्षा करनी पड़ती है। मैं और मेरे तात्या चुपचाप वहाँ रुककर उस दृश्य को देखते रहे। उस समय मनुष्य, जीवन, अस्तित्व, मोह, अन्त, शोक जैसी बातों का अर्थ क्या होता है; यही विचार मन में आते रहे। दाह-संस्कार करने से पहले प्रत्येक शव को गंगा जी में नहलाकर अथवा कम-से-कम भिगोकर, पूजा-पाठ कर उसका दाह-संस्कार करने की प्रथा है लेकिन इसे तटस्थ रूप में प्रत्यक्ष देखते समय मनुष्य सुख और दुख के परे

चला जाता है। एक ही समय में वहाँ मानव के विचारों, विकारों के दृश्य दिखाई देते हैं। बड़ी सफ़ाई और कुशलता से चिता रचने वाले डोम, मुझ जैसे कई दर्शक, गंगाजी के पाट में विशेष रूप से हिन्दुओं के दाह-संस्कार को एकटक देखने वाले विदेशी पर्यटक...सब कुछ स्तब्ध कर देनेवाला। यहाँ जलते शव की खोपड़ी को लाठी से फोड़ने की प्रथा है। ऐसा करने से उस मृत मनुष्य की आत्मा को मुक्ति प्राप्त होती है; यह धारणा इस कृति के पीछे है। नीचे की ओर नदी पाट के पास दाह-संस्कार के बाद जो राख फेंकी जाती है; वहाँ कुछ डोम राख को टटोलते बैठे रहते हैं। मरे हुए आदमी का स्वर्ण-सिक्के ढूँढ़ने का उनका यह प्रयास रहता है। ये डोम हर रोज़ सैकड़ों दाह-संस्कार देखते हैं। फिर भी इन डोमों की जीवन के प्रति आसक्ति-आकर्षण कम नहीं होता है।

इस बार भी वही सब कुछ देखा। बस! इस समय तात्या नहीं रहे थे। मैंने उनकी अस्थियाँ जनवरी में ऋषिकेश और हरिद्वार में गंगा जी में बहा दी थीं। अब वे कहाँ होंगी? उनकी अस्थियाँ हरिद्वार से कब की इलाहाबाद, वाराणसी होती हुई गंगासागर में समा गई होंगी। लेकिन इतना सब करने के बाद भी ऐसा आभास क्यों होता है मानो तात्या अब भी यहाँ-वहाँ, आसपास, कहीं-न-कहीं हैं।

कुछ भी हो। काशी ज़रूर सोचने के लिए विवश कर देती है। यह नगरी प्राचीन तो है ही लेकिन यहाँ इतिहास, संस्कृति, कला, धर्म के एक विलक्षण मिश्रण का अनुभव होता है। इसके बावजूद यहाँ की तंग गली-कूचों में जिस तरह बारह लाख लोग रहते हैं; वह देखकर इस नगरी के प्रति आदर-सम्मान का भाव तो अनुभव होने लगता ही है। साथ ही; यह सन्देह भी होने लगता है कि कहीं स्वयं भगवान शंकर जी तो इस नगरी को चलाते नहीं होंगे? मानवी स्वभाव, इक्कीसवीं शताब्दी और विज्ञान की दृष्टि से कई अनसुलझी बातों से यहाँ लगातार भेंट होती रहती है, लेकिन 'क्यों' और 'कैसे?' इन प्रश्नों के उत्तर मिलते नहीं हैं।

दशाश्वमेध घाट पर तड़के साढ़े पाँच पर पहुँचे। चारों ओर अँधेरा था। फिर भी शहर कब का जग चुका था और अपने-अपने काम पर लग चुका था। यहाँ का प्रमुख घाट दशाश्वमेध घाट है। काशी में गंगा जी का स्नान मतलब इस घाट पर गंगा जी का स्नान करना है। मैं साढ़े पाँच पर वहाँ स्नान करने नहीं बल्कि उगते सूरज को देखने पहुँचा था। दशाश्वमेध घाट से लगकर आरपी घाट है। आरपी अर्थात राजेन्द्र प्रसाद। सभी इसे आरपी घाट कहते हैं। बंगलुरु में एम जी रोड मतलब महात्मा गांधी रोड, सतारा में एल.बी.एस. मतलब लाल बहादुर शास्त्री कॉलेज और मुम्बई में जे.एन.पी.टी. मतलब जवाहरलाल नेहरू पोर्ट ट्रस्ट। मुझे नामों का ऐसा लघुरूप और वह भी अंग्रेज़ी में...खटकता है। तो...इस राजेन्द्र प्रसाद

घाट पर विशेष रूप से सीमेंट का एक बड़ा प्लेटफ़ॉर्म बनवाया गया है। उस पर होकर अँधेरे में भी अनुभव होनेवाला गंगा जी का पाट देखा। गंगा जी बड़ी शान्ति से बह रही थीं। उसी समय मैं पलक झपकते ही उस प्लेटफ़ॉर्म से दूर हो गया क्योंकि नीचे की तरफ़ से भस्स से पेशाब की तेज़ दुर्गन्ध नाक में प्रविष्ट हुई और वहाँ रुकना असम्भव हुआ। दुर्भाग्यवश काशी की यह एक विशेषता है कि जहाँ-जहाँ कोना है; वहाँ-वहाँ ऐसी दुर्गन्ध अनुभव होती है। स्वच्छता की सोच अब भी वास्तविकता में उतरी नहीं है।

साथवाले घाट के ऊपर जाकर बैठ गया। देखा तो नदी के उस पार आकाश में धीरे-धीरे रंगों का आगमन होने लगा था। इस क्षण से लेकर सूर्योदय होने तक जो नाट्य रंग घटित हुआ; उसके लिए एक ही शब्द है—'अनुपम'। सूर्य के आने का समाचार मिलते ही आकाश में हुई विभिन्न हलचलें; उसके पश्चात क्षितिज पर रंगों का उत्सव और गंगा जी के पाट पर पुलकन उत्पन्न करता हुआ उस सूर्य का आना। एक ही पल में लौकिकता से अलौकिकता की ओर ले जानेवाला वह दृश्य... वह नज़ारा। काशी जाने के बाद आदमी सिर्फ़ यही क्यों नहीं देखता।

सूर्य के दर्शन कर मैं दशाश्वमेध घाट से काशी विश्वनाथ जी की ओर मुड़ा। यह मन्दिर मुख्य सड़क से लगभग सौ-डेढ़ सौ मीटर की दूरी पर है। सच कहें तो यह मन्दिर गली में ही है। गली के मुँह पर मन्दिर का प्रवेश द्वार है। आसपास की भीड़, गन्दगी, पुरानी दुकानों की पृष्ठभूमि में वह साधारण-सा प्रवेश द्वार विचित्र-सा लगता है। इसके बाद अन्दर जाना प्रारम्भ करते हैं; वैसे-वैसे दिल पर भय और दबाव बढ़ने लगता है। यह गली बहुत हुआ तो चार-छह फ़ुट लम्बी है लेकिन छोटी-छोटी दुकानों से खचाखच पटी हुई है। गली के अन्दर उजाला और हवा को अन्दर आना सख़्त मना है। समय छह-सवा छह का है...फिर भी भीड़ धीरे-धीरे बढ़ने लगी है। लोग एक-दूसरे के सहारे स्वयं को सँभाले हुए आगे बढ़ सकते हैं। साथ में छोटा बच्चा अथवा कोई बूढ़ा आदमी होगा तो उसका हाथ कसकर पकड़े रखना अथवा उसे पीठ पर लदवा लेने के सिवाय कोई चारा नहीं होता है। इसके अलावा पैसे के पर्स पर हाथ जमाए रखना ज़रूरी होता है। जूते-चप्पलें कहाँ रखनी चाहिए...यह भी एक चिन्ता होती है। एक पंडा पीछे पड़ गया। किसी तरह उसे भगाया। संक्षेप में; काशी विश्वनाथ जी के दर्शन करने के लिए मन में भक्ति भावना और शान्ति तो थी, लेकिन वैसा वातावरण बिलकुल नहीं था। साथ ही; जिस तरह दुकानदार श्रद्धालुओं का ध्यान आकर्षित करते हैं; वह सब कुछ अजीब और अभद्र ही लगता है। ख़ैर...इस भीड़ से निपटते हुए विश्वनाथजी के दर्शन करने के लिए छोटे से मन्दिर के गर्भगृह में प्रवेश करें तो

वहाँ इतनी खचाखच भीड़ लगी होती है कि ठीक से दर्शन करने का सवाल ही पैदा नहीं होता है। पुलिस और पंडित जी भीड़ को आगे बढ़ने का आदेश ही देते रहते हैं। चाँदी का चौकोर कुंड, उसमें गढ़े हुए सोने में स्थापित छोटा-सा शिवलिंग सच पूछें तो चित्र में बहुत ही सुन्दर दिखाई देता है लेकिन यहाँ...वास्तव में उसका सौन्दर्य निहारना दुर्लभ...असम्भव था! क्योंकि दर्शन की सुचारु व्यवस्था बिलकुल नहीं है। दर्शन करो, पैसे फेंको, प्रसाद लो और भागो...। ऐसा है यहाँ का तरीक़ा। मैं इस तरीक़े से निपटकर बाहर आया और राहत की साँस ली। आसपास के सभी लोग इस वातावरण में सन्तुष्ट और आश्वस्त लग रहे थे। उस प्रचंड भीड़ के सामने ये सभी असुविधाएँ उनके लिए मामूली थीं। दर्शन कैसे भी हो; दर्शन करना ही महत्त्वपूर्ण है।

बाहर आकर बाईं ओर मुड़ा। बहुत तंग होती गई गली में से आगे गया। मन्दिर से लगी मस्जिद देखने में मेरी रुचि थी। 1992 ई. में बाबरी मस्जिद की पृष्ठभूमि में यहाँ का वातावरण बड़ा ही तंग और तनावपूर्ण बन गया था। पिछली बार मैंने यह मस्जिद देखी थी तब इतना ही ध्यान में आया था कि एक भव्य और सुन्दर पथरीला तथा सिन्दूर से चमचमाता नन्दी उस मस्जिद को टकटकी बाँधे देख रहा है। विचार किया तब ध्यान में आया कि कभी किसी समय यहाँ मन्दिर रहा होगा। बाद में मालूम हुआ कि काशी विश्वनाथ जी का मूल स्थान वही है। पिछली बार मन्दिर और मस्जिद के खुले स्थान में गंगाजल बेचनेवाली दुकानें थीं। अब वहाँ पुलिस की छावनी है। मस्जिद के चारों ओर छह से आठ मीटर तक तार की मज़बूत दोहरी चहारदीवारी बँधवाई गई है। भीतर मस्जिद की दीवारों के कोने-कोने में पुलिस की चौकियाँ हैं। बाहर भी ऐसी ही परिस्थिति है।

क्या भारतीय विश्वबन्धुत्व की संकल्पना में इस तरह का भेदभाव निहित है? अगर है तो हमें विचार करने की आवश्यकता है।

काशी मन्दिरों की नगरी है। भारत के प्रत्येक विख्यात मन्दिर के प्रतिरूप का यहाँ निर्माण करवाया गया है लेकिन यहाँ की सड़कें मतलब संसार का आठवाँ अजूबा है। किसी भी सड़क को देखिए। खचाखच भीड़...गाड़ियाँ, साइकिलें, साइकिल रिक्शे, लोग, ठेले-रेड़ियाँ दिखाई देती हैं। इनके साथ सड़क पर जगह पाने के लिए सूअर, कुत्ते, भेड़ों, गायों-बैलों और बड़ी संख्या में रिक्शों के बीच होड़ मची रहती है। हिन्दुओं के लिए गाय पवित्र है और शंकर जी का वाहन-बैल। परिणामस्वरूप नगरी की 'पवित्रता' और भी बढ़ जाती है। साथ ही; सड़क की गन्दगी में इस कारण अधिक वृद्धि हो जाती है। इससे बार-बार मन में शंका आने लगती है कि नगर प्रशासन नाम का कोई चीज़ है या नहीं। हर सुविधाजनक कोना यहाँ पेशाबघर के

रूप में उपयोग में लाया जाता है। बरसात के दिनों में तो यहाँ की सड़कों की हालत अत्यन्त भयानक और विदारक हो जाती है। वैसे भी चार पहियोंवाली गाड़ियाँ पाँच किलोमीटर प्रतिघंटा की गति से ही शहर की सड़कों पर चल सकती हैं। बारिश के दिनों में सभी ओर दुर्गन्ध फैलानेवाला कीचड़ और पानी सभी ओर भरा रहता है। नगरनिगम के कुछ अधिकारियों के साथ बात की तो वे बाले, "यहाँ हर बात पर आन्दोलन होता है। सड़क को चौड़ा करने की बात हो या फिर नई नालियाँ खुदवाने की बात हो। हर नागरिक विरोध करते हैं।" मैंने कहा, "शहर के लिए जहाँ से गंगा जी का पानी लिया जाता है; वहीं पर मैंने सैकड़ों भैंसों को पानी में नहाते देखा है। यह कैसे चलता है?" उन्होंने कहा, "क़ानूनन गंगा जी में भैंसें उतारी नहीं जा सकतीं लेकिन शहर के मेयर यादव समाज के हैं।" मैं हड़बड़ाया। मेरे हड़बड़ाए चेहरे को देखकर वे अधिकारी बोले, "पूरे यादव समाज का मुख्य व्यवसाय दूध का है। सभी भैंसें उनकी ही हैं। अब मेयर ही यादव हैं तो इन भैंसों को गंगा स्नान करने से मना करना कभी भी सम्भव नहीं है। जातिगत वोटों की राजनीति...इस पर क्या कह सकते हैं? गाँव-गाँव में; काली भैंसें; यह कहावत मन में कही। जनता गंगाजल के नाम पर निश्चिन्त क्या पीती है? किसे पता।

काशी में जो सदाबहार आनन्द मिलता है; उनमें एक है—नाव में बैठकर अलग-अलग समय पर गंगाविहार करना। यह आनन्द सौ-दो सौ रुपयों में दो-चार लोग ले सकते हैं। नाव खेकर गंगाविहार करें तो फिर मोटरबोट से अधिक आनन्द ले सकते हैं। नाव कहीं से भी किराये पर मिल जाती है। काशी नगरी के किनारे लगभग तीन हज़ार नावें और बोटें हैं। मुझे जितने मल्लाह अथवा नाविक मिले; उनमें चालीस वर्ष से अधिक आयुवाले नाविक अनपढ़ और अशिक्षित थे तो अधिकांश युवा मल्लाह शिक्षित-पढ़े-लिखे थे। अस्सी घाट से लेकर इस नगरी के सबसे अन्तिम घाट के बाद नदी पर एक दोहरा पुल है; यहाँ तक की नौकायात्रा कई अर्थों में अविस्मरणीय, यादगार बन जाती है। अस्सी घाट से नाव एक-एक घाट पार करती हुई आगे बढ़ती जाती है तब काशी नगरी का समग्र अर्थ, उद्देश्य प्राप्त कर जाने का बोध होता है। नदी में होने के कारण पैरों के नीचे की गन्दगी, दुर्गन्ध, लोगों की भीड़ का अहसास तक नहीं होता है। ऐसा लगता है जैसे किसी पुस्तक को पढ़ते हुए हम उस पुस्तक द्वारा यात्रा कर रहे हैं और एक-एक पन्ने उलटते जा रहे हैं। दाईं ओर रेतीला तट और झाड़ियाँ हैं। इसलिए हमारा पूरा ध्यान बाईं ओर के घाटों पर चला जाता है। हरिश्चन्द्र घाट पर लाशें जल रही हैं, किनारे पर नावें एक-दूसरे से बाँधकर खड़ी की गई हैं। पहलवान लोग हनुमान घाट पर अपने शरीर को रगड़ और मल रहे हैं। वहीं पर उनके लँगोट सूख रहे हैं। दूर कहीं

किसी घाट की इमारत पर दो-तीन गायें रुकी हुई हैं। श्रद्धालुओं का ताँता लगा हुआ है। साधु-संन्यासी ध्यान में लीन हैं अथवा घाट पर बैठे हुए हैं। मानवी स्वभाव का विलक्षण दर्शन कराने वाला यह एक जीवन्त नाट्य है और काशी नगरी का यही सार तत्त्व होना चाहिए।

काशी नगरी अनेक बातों के लिए विख्यात है। गंगास्नान और विश्वनाथ जी के दर्शन के रूप में काशी धार्मिक श्रद्धा भाव का केन्द्र है लेकिन काशी नगरी सिर्फ़ यहाँ तक सीमित नहीं है। यह नगरी संगीत का अति पुरातन केन्द्र है। विख्यात शहनाई वादक बिस्मिल्ला ख़ाँ यहीं के थे। सितारवादक रविशंकर भी यहीं के। यहाँ मिट्टी का दंगल जितना प्रसिद्ध; उतनी ही प्रसिद्ध बनारसी साड़ी भी है। काशी नगरी में मुस्लिमों की संख्या पैंतालीस प्रतिशत है। उनमें अधिकतर वस्त्र बुनाई के व्यवसाय में लगे हुए हैं। मज़े की बात तो यह है कि सभी घरों में अब भी हथकरघा ही चलता है और एक साड़ी बुनने में एक से छह महीने लगते हैं। जब मैं हथकरघावालों से मिला तो मालूम हुआ कि काम करनेवाले अधिकतर बालमज़दूर हैं लेकिन ये बालमज़दूर हँसते-खेलते हुए काम कर रहे थे। लगा कि ये बालमज़दूर पाठशाला गए होते तो बहुत अच्छा होता। फिर लगा कि यदि ये बालमज़दूर यहाँ काम न करते तो सड़कों पर भीख माँगते फिरते होते और शायद बनारसी रेशमी साड़ियों का नाम-ओ-निशां कब का मिट चुका होता। यह एक विरोधाभास है। आज के समय में कुछ विसंगतिपूर्ण और क़ानूनन ग़लत। काशी नगरी हिन्दू धर्म के साथ-साथ बौद्धों और जैनियों का भी विख्यात केन्द्र है। यहाँ के बनारस हिन्दू विश्वविद्यालय और भारत भवन संग्रहालय भी ख्याति-प्राप्त स्थान हैं। यहाँ भारत का पहला भारतमाता मन्दिर है जिसका उद्‍घाटन महात्मा गांधी जी के हाथों हुआ था। आज इस मन्दिर के सामने बहुत बड़ी सब्ज़ी मंडी है और यहाँ इतनी गन्दगी होती है कि नाक पकड़कर ही मन्दिर में प्रवेश करना पड़ता है।

मैं जहाँ भी जाता हूँ; उस स्थान का महाराष्ट्र से कितना और क्या सम्बन्ध है; यह ढूँढ़ने का मेरा प्रयास रहता है। काशी नगरी में महाराष्ट्र और मराठी संस्कृति को जोड़ने वाले कौन-कौन से पुल हैं। सबसे बड़ा पुल है काशी विश्वनाथ जी का मुख्य मन्दिर। इस मन्दिर का निर्माण 1775 ई. में इन्दौर की महारानी अहिल्यादेवी होल्कर ने करवाया था। इसके पूर्व का मन्दिर औरंगज़ेब ने तोड़ा था और इस स्थान पर ज्ञानवापी मस्जिद का निर्माण करवाया था। ज्ञानवापी यह नाम मस्जिद को कैसे मिला; क्या पता? वहाँ पर एक कुआँ है शायद उसी से मिला हो। सिख नरेश महाराजा रणजीत सिंह ने एक टन स्वर्ण देकर वर्तमान मन्दिर को स्वर्ण का मुलम्मा चढ़ाया है।

काशी के घाट स्थापत्य कला के आदर्श हैं। ये घाट केवल स्नान करने के स्थान नहीं हैं बल्कि संस्कृति, जीवन-प्रणाली, धार्मिकता के जीवन्त प्रतीक हैं। यहाँ का हर घाट अपनी विशेताओं को लिये हुए है। प्रत्येक का अपना इतिहास है। यहाँ महाराष्ट्र से सम्बन्ध रखने वाले राजा घाट, भोंसले घाट, पेशवा घाट और गणेश घाट दिखाई दिए। इन चारों घाटों का स्वतंत्र इतिहास ढूँढ़ने के लिए समय नहीं था। लगता है कि ये चारों घाट मराठी सरदार, पेशवा अथवा छत्रपतियों द्वारा बनवाए गए हैं। इसके अतिरिक्त दशाश्वमेध घाट के आसपास की बस्ती में अनगिनत मराठी ब्राह्मण लोग दो-तीन सौ वर्षों से स्थायी रूप से रहते आ रहे हैं। महाराष्ट्र से आईं कुछ महिलाओं से प्रत्यक्ष में बातचीत करने का अवसर दशाश्वमेध घाट पर मिला। कुछ वृद्ध महिलाएँ थीं जो पुणे जिले की जुन्नर तहसील की रहने वाली थीं। वे सभी एक महीने के लिए उत्तर भारत की यात्रा पर आई थीं। ये महिलाएँ गंगास्नान कर घाट पर ही कपड़े सुखाती बैठी थीं और काशी में गंगास्नान करने से धन्य होकर बोल रही थीं। उनके साथ मैं मराठी में बोल सका; इसकी मुझे और उनको भी बहुत ख़ुशी हुई।

तो...ऐसी है यह काशी नगरी। वरुणा और अस्सी नदियों के त्रिभुज प्रदेश में यह नगरी बसी हुई है। इसलिए इसे वाराणसी नाम मिला। इस नगरी का उल्लेख महाभारत के पूर्व समय से काग़ज़ातों में पाया जाता है। काशी नगरी के वाराणसी और बनारस नामों को छोड़कर अविमुक्तक, आनन्द कानन ब्रह्मवर्धा, महाशमशान, सुरन्धना, सुदर्शना और रम्या आदि अनेक नाम हैं।

रात के समय नाव में बैठकर गंगाविहार करते हुए घाटों का नयनाभिराम दृश्य मन में संग्रहीत कर रखना काशी का अनुपम आनन्द है। इस आनन्द का अनुभव करते समय अकस्मात मेरा ध्यान बाईं ओर गया अर्थात उलटी दिशावाले किनारे की ओर। वहाँ जो दिखाई दिया उसने मुझे स्तिमित, स्तम्भित, हर्षभरित कर दिया। मैं स्तब्ध और अवाक् रह गया। ऊपर साफ़ आसमान, उसके नीचे अँधेरे का विशाल पट्टा; उसके बाद धुँधला-सा प्रकाशमान, रेतीला किनारा...उसके बाद नदी के पाट की शुरुआत...और...नदी के पाट में लगभग आधा किलोमीटर दूरी तक दीपों की पंक्ति। साथ ही; हर दीप का एक छोटा प्रतिबिम्ब पानी में।

"ये इतने सारे दीये पानी में कैसे जला दिए हैं? इसका बिजली का कनेक्शन कहीं नज़र नहीं आ रहा है," मैंने पूछा।

मल्लाह ने कहा, "साहब...ये सारे दीये मिट्टी के हैं, बिजली के नहीं हैं।"

मैंने फिर पूछा, "फिर ये इस तरह एक क़तार मैं कैसे खड़े हैं?"

उस मल्लाह ने जो कुछ कहा; वह सुनकर तो मैं और भी अधिक स्तब्ध हुआ।

उसने बताया, "ये सभी श्रद्धालु एक-एक दीया गंगा जी में बहा देते हैं। फिर ये सभी दीये हवा के झोंके से काशी के घाट से होते हुए उलटी तरफ़ एक-एक करके आते हैं और किनारे से एक ख़ास दूरी पर एक-दूसरे से सटकर एक पंक्ति में शामिल हो जाते हैं। तभी दूसरे और भी दीये आकर शामिल हो जाते हैं।

बड़ी देर तक पानी और लहरों पर दीयों का यह नृत्यनाट्य चलता रहा। जैसे-जैसे उस पार के घाट पर लोगों की भीड़ कम हुई वैसे-वैसे इस किनारे पर दीये भी कम होने लगे। हम 'स्वर्गिक आनन्द' शब्द का प्रयोग करते हैं। वास्तव में वह 'स्वर्गिक आनन्द' यही है; ऐसा अनुभव करा देनेवाला यह दृश्य था।

मैंने और एक विस्मयकारी दृश्य देखा और वह भी ऐसे ही अचानक...। एक शाम नाव में घूमकर लौट रहा था तो मैंने दशाश्वमेध घाट पर मेले जैसी धूम देखी। घाट पर असंख्य छोटे-छोटे दीये दिखाई दे रहे थे। हमारे मल्लाह ने बताया, "माँ गंगा जी की आरती होनेवाली है। हमने अपनी नाव नदी में रोक दी और उस दीपपर्व का अनुभव किया। हमारे आसपास बीस-पच्चीस नावें, उनमें सवार विदेशी पर्यटकों समेत रुकी हुई थीं। अचानक हवा में कई स्वर गूँजे; वैसे 'जय गंगा मैया' का स्वर वातावरण में गूँज उठा और गंगा जी की आरती प्रारम्भ हुई। दशाश्वमेध घाट पर पाँच छोटे वृत्ताकार रंगमंच। प्रत्येक रंगमंच पर धोती, ऊपरी वस्त्र धारण किए और हाथ में बड़ी-सी आरती लिये पाँच पुरोहित खड़े हैं। वे सभी लगभग आयु से युवा थे। वास्तव में वह आरती नहीं थी। वह एक कला की अभिव्यक्ति थी। वह एक ज़बरदस्त परफ़ॉर्मेंस था। सामने वह विशाल घाट किसी भव्य रंगमंच अथवा स्टेज़ की तरह अनुभव हुआ। एक ही समय में सैकड़ों पात्र अलग-अलग भूमिका निभा रहे थे। वे पाँच अभिनेता अर्थात पुरोहित उस रंगमंच के केन्द्रबिन्दु थे। वातावरण की तल्लीनता अवर्णनीय। वे पुरोहित केवल आरती नहीं उतार रहे थे बल्कि कभी वे बैठते हुए, कभी चक्कर काटते हुए बड़े कलात्मक ढंग से आरती की प्रस्तुति कर रहे थे। इस आरती की पृष्ठभूमि में घंटानाद और गंगाजी की स्तुति चल रही थी। आधा घंटा चली यह आरती मुझे सैकड़ों वर्षों से चली आ रही भारतीय मान्यताओं-रूढ़ियों, दन्तकथाओं और धार्मिकता का सार तत्त्व अनुभव हुई।

सारांश! काशी ऐसी नगरी है; जिसका अनुभव एक बार तो लेना ही चाहिए। इस शहर की सबसे बड़ी विशेषता यह है कि इस शहर को रंगमंचीय व्यक्तित्व प्राप्त है। नदी पार का सूरज हो, रात में गंगाजी के पानी पर हिचकोले खाने वाले दीयों की लम्बी पंक्ति हो, घाट पर लगी लोगों की भीड़ हो या फिर गंगाजी की आरती के समय मंत्रमुग्ध कर देनेवाला वातावरण हो। यह शहर एक 'न भूतो, न भविष्यति'

रंगमंच है। इस रंगमंच पर भारतीय जीवन के लगभग सभी अच्छे-बुरे प्रसंग चौबीसों घंटे घटित होते रहते हैं। हम भी यहाँ एक सामान्य, नगण्य पात्र के रूप में आते हैं; किसी का भी ध्यान किसी के आने-जाने की ओर नहीं रहता है। कहीं इसी गहरे बोध को लेकर शेक्सपियर ने इस दुनिया को रंगमंच तो कहा नहीं होगा?

लेकिन शेक्सपियर भी सोच नहीं सकता ऐसा रंगमंच यदि देखना चाहते हैं तो एक बार वाराणसी में अवश्य आना चाहिए।

जीवन एक मंच

एक शाम फ़ोन की घंटी घनघना उठी।

"कौन बोल रहा है?"

"प्रधानमंत्री के कार्यालय से बोल रहा हूँ, यह अक्षर थिएटर का ही नम्बर है ना?"

"जी हाँ।"

"आज शाम होनेवाली रामायण की प्रस्तुति देखने के लिए इन्दिरा गांधी उपस्थित रहेंगी। स्वागत...भाषण-वाषण का झमेला नहीं रखना है। वे एक सामान्य दर्शक की तरह रामायण की प्रस्तुति देखेंगी।"

उस शाम इन्दिरा गांधी आईं। अक्षर थिएटर में की गई रामायण की प्रस्तुति देखीं। "रामायण की सबसे हटकर प्रस्तुति देखीं" प्रशंसा के ये उद्‌गार कहे और वे चली गईं।

यह कोई काल्पनिक कहानी नहीं है। जलबाला वैद्य और गोपाल शर्मन दुनिया से हटकर दम्पती है। आज की घटना उनके चालीस वर्षों के नाट्यमय जीवन का एक पृष्ठ है। इसी दिल्ली में, बिलकुल बग़ल में ये पति-पत्नी रहते हैं; जिन्होंने कला के प्रति स्वयं को समर्पित किया है। इनकी खोज मेरे लिए एक संजोग से हुई। अक्षय थिएटर...अक्षर रंगमंच कॉम्पलेक्स एक अद्वितीय संस्था है जिसने स्वयं को अभिजात कला के प्रति समर्पित किया है। इस कॉम्पलेक्स में सर्वोत्तम साउंड और लाइट व्यवस्था से युक्त तीन रंगमंच (स्टेज) हैं। इसमें एक आर्ट गैलरी, एक कैफ़े, एक साउंड स्टूडियो और कई कार्यशालाएँ हैं।

जलबाला वैद्य और गोपाल शर्मन की सहयात्रा अनगिनत खाई-गड्ढों, आदर-सम्मान, सन्तोष और रोमहर्षक प्रसंगों से लबालब भरी है। गोपाल शर्मन दिल्ली के अंग्रेज़ी समाचार-पत्रों में भारतीय जीवन और कलाओं पर लेख, काव्य, कहानी लिखते। उनके लिखे लेख, काव्य, कथाएँ भारत के भूतपूर्व राष्ट्रपति डॉ. राधाकृष्णन को अच्छे लगते थे। डॉ. राधाकृष्णन की नज़र धीरे-धीरे धुँधली होती गई। तब शर्मन का लेखन पढ़ने की उनकी इच्छा अधिक बलवती होती गई। उनकी इच्छा थी

कि शर्मन का लेखन कोई उन्हें पढ़कर सुनाए। यह ज़िम्मेदारी जलबाला वैद्य पर आ गई। राष्ट्रपति जी को पढ़कर सुनाना है इसलिए उन्होंने थोड़ी-बहुत तैयारी कर ली। राष्ट्रपति जी को उनका वाचन इतना पसन्द आया कि वे बोले, "आप बहुत प्रभावपूर्ण ढंग से पढ़ती हैं। आपके पढ़ने का तो रंगमंच पर मंचन अर्थात प्रस्तुति की जानी चाहिए।

डॉ. राधाकृष्णन के इन शब्दों में 'अक्षर अभिजात रंगमंच संस्था' नाम के वृक्ष का बीज छुपा हुआ था। शर्मन की कहानी-कविताओं का मंचन 'फुल सर्कल' के नाम से प्रारम्भ हुआ। इनमें जलबाला वैद्य ने प्रमुख (और एक पात्रीय) भूमिका निभाई। 'फुल सर्कल' का पहला मंचन लन्दन के उसी विख्यात थिएटर में हुआ जहाँ टी.एस. इलियट के *मर्डर इन कैथेड्रल* का मंचन हुआ था। यूरोप-भर घूमते हुए और स्तुति सुमन की वर्षा में सराबोर होते हुए यह दम्पती लन्दन में आया तब 'रॉयल शेक्सपियर कम्पनी' ने शर्मन को एक नया नाटक प्रस्तुत करने में सहयोग दिया। तब तक *संडे टाइम्स* और *गार्जियन* जैसे समाचार-पत्रों ने इन दोनों की बहुत प्रशंसा की थी और इनका स्वागत भी किया था।

शर्मन भारत लौट आए। पाँच हज़ार वर्षों पूर्व रामायण पर समकालीन नाटक तैयार किया। 26 कलाकारों की एक टीम तैयार की लेकिन ऐन समय पर भारतीय प्रायोजकों ने दग़ा की। सिर्फ़ एक आवश्यकता के रूप में शर्मन ने वह पूरा नाटक जलबाला वैद्य द्वारा एकपात्रीय भूमिका में प्रस्तुत किया। मज़े की बात तो यह कि इस रामायण को अभूतपूर्व ख्याति प्राप्त हुई। इस नाटक को न्यूयॉर्क के ब्रॉड वे, वाशिंगटन में स्मिथ्सोनियन, लन्दन में सैडलर्स नेल, कनाडा और फिनलैंड के नेशनल थिएटर में दो हज़ार से अधिक बार मंचन हुआ और इस नाटक ने इस क्षेत्र में अनगिनत कीर्तिमान स्थापित किए। कोई नाटक कम्पनी कल्पना भी नहीं कर सकती; इतने अधिक सम्मान इस दम्पती को प्राप्त हुए।

भारत के पैंतीस शहरों में रामायण की प्रस्तुति हुई। इन प्रस्तुतियों में रामायण का वह मंचन इस दम्पती को बार-बार याद आता था जो वर्ष 1983 में पुणे के बालगन्धर्व में खचाखच भीड़ में हुआ था। नाटक का मंचन होने के बाद तालियों की जो गूँज उठी थी जैसे उसको अब भी सुन रही हों; वह भाव चेहरे पर लाकर जयबाला बता रही थीं।

आज संसद से लगभग आधा किलोमीटर के भीतर अक्षर कॉम्पलेक्स साकार हो उठा है। यह कॉम्पलेक्स इतना सुन्दर बना है कि इसे किसी की नज़र ना लगे। यह कॉम्पलेक्स तीन स्तम्भों पर खड़ा है और वे तीन स्तम्भ हैं जलबाला वैद्य, गोपाल शर्मन और उनकी कन्या अनसूया वैद्य। मेरी जानकारी में इस प्रकार का कॉम्पलेक्स

दुनिया का एकमात्र कॉम्पलेक्स है। कॉम्पलेक्स के प्रस्ताव की गुणवत्ता के कारण यह जगह उन्हें तब मिली जब मोरारजी देसाई प्रधानमंत्री थे। इस कॉम्पलेक्स में बढ़ईगिरी, शिल्पकार्य, निर्माणकार्य, काव्य-संगीत जैसी सभी कलाओं का संगम दिखाई देता है। शर्मन जी द्वारा निर्मित ये सभी कलाएँ स्थापत्य कला की दृष्टि से आदर्श नमूना कही जा सकती हैं। इस दम्पती को अभी तक राजमान्यता अर्थात सरकारी मान्यता प्राप्त नहीं हुई है परन्तु उन्होंने लोकमान्यता के सारे ज्ञात-अज्ञात कीर्तिमान तोड़ दिए हैं। 'अक्षर' संस्था के इस दम्पती ने अपनी विकासयात्रा में अनेक मील के पत्थर स्थापित किए हैं। इस संस्था ने दूरदर्शन के लिए *द इंडिया अलाइव* नाम के तीस कड़ियोंवाले धारावाहिक का निर्माण किया। महिला ट्रक ड्राइवर से लेकर नोबल पुरस्कार प्राप्त चन्द्रशेखर; जिन्होंने भारत का निर्माण करवाने में अपना योगदान दिया है; उनके दर्शन कराए। कश्मीर में चौदहवीं शताब्दी में नन्दऋषि नाम के सूफी सन्त महात्मा थे। उनके जीवन और कार्यों पर छह कड़ियोंवाले धारावाहिक का निर्माण किया। उनकी प्रस्तुतियों पर ख़ुश होकर अमेरिका के बाल्टीमोर शहर ने उन्हें मानद नागरिकता प्रदान की है। आपातकाल के दौरान उनका लिखा प्रहसन *लेट अस लाफ अगेन* बहुत लोकप्रिय हुआ था।

गोपाल शर्मन और जलबाला वैद्य अपनी आयु के साठ वर्ष कब के पार कर चुके हैं लेकिन दोनों के चेहरे खिले-ताज़ा फूल की तरह सात्त्विकता से परिपूर्ण दिखाई देते हैं। एक शाम मैंने उनकी एक नाट्य प्रस्तुति देखी। एक घंटे तक जलबाला वैद्य ने रवीन्द्रनाथ ठाकुर की कहानी 'काबुलीवाला' की नाट्य प्रस्तुति की। इसके पश्चात शर्मन ने लगभग एक घंटा रवीन्द्रनाथ ठाकुर ही की *गीतांजलि* प्रस्तुत की। रोज़मर्रा के कपड़े, मेकअप नहीं के बराबर, सहजता को अपने में समेटनेवाली ये प्रस्तुतियाँ नाटक की एक नई व्याख्या लोगों के सम्मुख व्याख्यायित करती हैं। मध्यान्तर अर्थात इंटरवल में इसी कॉम्पलेक्स की खुली जगह में उगाई हुई सब्ज़ियों का बनाया हुआ सूप पीने का (मुफ़्त में) सुनहरा अवसर मिलता है। सब कुछ नया-नया, अनोखा, नवचेतना से भरा हुआ, जीवन के प्रति आशावादी बनानेवाला।

जलबाला वैद्य मूलत: आधी मराठी और आधी ब्रिटिश हैं। उनके पिता सुरेश वैद्य समाजवादी विचारक थे। लन्दन में पत्रकारिता करते हुए अंग्रेज़ों ने उन पर मुक़दमा दायर किया। वे उस मुक़दमे से बरी हुए। इस बात से चर्चिल बौखला उठे। सुरेश वैद्य को इंग्लैंड से निष्कासित किया गया। उन्होंने अपना शेष जीवन मुम्बई और दिल्ली में बिताया और अन्त में अमेरिका में प्राण त्यागे। जलबाला की शिक्षा-दीक्षा लन्दन, मुम्बई और दिल्ली में हुई। गोपाल शर्मन का जन्म कोलकाता में हुआ। यद्यपि उनकी पढ़ाई-लिखाई लखनऊ में हुई और वे दिल्ली में रहे लेकिन उनका

कार्यक्षेत्र पूरी दुनिया में फैला हुआ है। तेरह नाटकों के वे लेखक और निर्माता हैं। तीन पुस्तकें लिखी हैं; साठ टीवी कार्यक्रम प्रस्तुत कर चुके हैं; स्तम्भ लेखक के रूप में लेखनकार्य किया। इस प्रदीर्घ यात्रा के बाद भी उनका उत्साह और जोश किसी सोलह वर्ष के युवक की तरह बना हुआ है।

इस दम्पती की चिन्ता क्या है? "हमारे बाद इस कॉम्पलेक्स को चलानेवाले और इन नाटकों का मंचन करनेवाले कलाकार तैयार करना हमारी चिन्ता है।" उन्होंने बालक-बालिकाओं से लेकर युवा-युवतियों तक सभी को प्रशिक्षण देने का कार्य प्रारम्भ किया है। वे कहते हैं, "प्रकाशनगृह (पब्लिशिंग हाउस) और फ़िल्म निर्माण हेतु स्टूडियो शुरू करने का हमारा मानस है।"

मनुष्य ने ठान लिया तो वह कितनी परिपूर्णता और सार्थकता के साथ जी सकता है; यदि यह देखना और अनुभव करना है तो एक बार बाबा खड़क सिंह मार्ग पर लोहिया अस्पताल और गोल डाकखाना के बीच के परिसर में 'अक्षर कॉम्पलेक्स' है। वहाँ अपनी चरणधूलि ज़रूर झाड़नी चाहिए।

दाभोलकर : एक सकारात्मक पथिक

जब तक दाभोलकर दिल्ली में थे; उनके बारे में लिखना सम्भव नहीं था। उन्हें बिलकुल अच्छा नहीं लगता। उनका मानना था, 'दोस्तों को दोस्तों के बारे में लिखना नहीं चाहिए।' मैंने एक-दो बार उन पर लिखने के लिए उनसे अनुमति लेने का प्रयास किया लेकिन उन्होंने उसे साफ़ ठुकरा दिया। बीस-बाईस सालों के बाद एक जून को उन्होंने दिल्ली छोड़ दी। दिल्ली छोड़ने से पहले तीन दिन उनका टेलीफ़ोन ख़राब था या फिर हो सकता है कि दिल्ली के आख़िरी तीन दिनों में उन्हें कोई परेशान या तंग न करे; इसलिए उन्होंने ही ऐसी व्यवस्था कर दी हो। उन्होंने दिल्ली छोड़ी और अब वे सातारा में अपने 'या' (आइए') नाम के सुन्दर घर में पहुँच गए होंगे। 'सतारा को लाभ, वही दिल्ली का घाटा' यह स्पष्ट समीकरण मेरे मन में आया। दाभोलकर दिल्ली में नहीं हैं; यह बात मन को उद्विग्न-परेशान कर देनेवाली एक सच्चाई है।

दाभोलकर को समझना आसान नहीं था। यह दावा करना कि हमारी दो-ढाई साल की मित्रता में मैं उन्हें पूरी तरह समझ पाया; बहुत बड़ा दुस्साहस होगा लेकिन उनके व्यक्तित्व के विभिन्न पहलुओं को समझ सका और समझा कि यह आदमी असली है, खरा सोना है। जी.ए. की भाषा में कहा जाए तो 'आरबाट'। जी.ए. ने लोगों का वर्गीकरण दो शब्दों में किया है। चिल्लर (रेज़गारी/मामूली) और आरबाट

(औलिया/पहुँचा हुआ)। चिल्लर अर्थात सामान्य लोग तो हमें हमेशा मिलते रहते हैं लेकिन आरबाट लोग बड़ी मुश्किल से मिलते हैं और मिलते भी हैं तो उनका सम्पर्क लम्बे समय तक नहीं मिलता। दिल्ली के इस भीड़-भाड़वाले जीवन में दाभोलकर नाम का आरबाट आदमी मिला और कई अर्थों में मेरे व्यक्तित्व का रंग बदल गया।

दत्तप्रसाद दाभोलकर महाराष्ट्र के लिए अपरिचित नहीं हैं और वे सुपरिचित भी नहीं हैं। यह हमारे समाज की एक विशेषता ही है कि हर्षद मेहता को सभी जानते हैं; केतन पारेख लोगों के दिलों पर छा गया है; दाऊद इब्राहिम घर-घर में पहुँच गया है लेकिन दत्तप्रसाद जैसा व्यक्ति महाराष्ट्र के लिए अब भी अनजान-अपरिचित है जो लगातार उत्तम लेखन कार्य कर रहा है; जिसने अपने कर्तृत्व-कार्यों से दिल्ली जैसे राष्ट्रीय-अन्तरराष्ट्रीय स्तर पर अपना प्रभाव जमाया है और साथ-साथ मराठीपन का गर्व अनुभव करता है।

मेरा और उनका परिचय अचानक हुआ। वास्तव में यह परिचय 1989 ई. में होना चाहिए था लेकिन वह दस वर्ष देरी से अर्थात वर्ष 1999 में हुआ। मेरे हाथ उनकी एक पुस्तक *बखर राजधानी* (अर्थात *राजधानी का इतिहास*) लग गई। हमारे यहाँ समकालीन इतिहास की तटस्थ-वस्तुनिष्ठ समीक्षा करने की परम्परा वैसे भी नहीं है परन्तु इस पुस्तक में जिस ढंग से किसान आन्दोलन और उससे अधिक महत्त्वपूर्ण वर्ष 1984 में इन्दिरा गांधी की हत्या के बाद भड़के सिख विरोधी दंगे-फसादों की समीक्षा की गई है; यह सब कुछ हमें अन्दर से हिला देता है; झँझोड़कर रख देता है। स्वतंत्रता के बाद पचास वर्षों में हम स्वतंत्रता का उपभोग करने योग्य नहीं बने हैं; हम अयोग्य हैं, ऐसा अनुभव करानेवाले क्षणों की कमी नहीं है। हमने अपने चारों ओर विकास और संस्कृति के जो परकोटे खड़े किए हैं; वे कितने खोखले हैं; इसकी ओर ये घटित दंगे-फसाद बड़े प्रभावी ढंग से संकेत करते हैं। मुझे लगता है कि दाभोलकर की लिखी पुस्तक प्रत्येक विद्यार्थी को पढ़ने के लिए अनिवार्य कर देनी चाहिए।

दाभोलकर लिखने के लिए लिखते नहीं। वे तब लिखते हैं जब विषय के प्रति उनकी श्रद्धा बढ़ जाती है। मैंने उनकी सभी पुस्तकें पढ़ी नहीं हैं लेकिन जो भी पढ़ी हैं; उनसे सूरज की तरह उनके जीवन-मूल्य जगमगा उठते हैं। उनका पहला मूल्य विकास की राहें है। *बखर राजधानीची* पुस्तक हो अथवा विशेष विकास की समस्याओं से सम्बन्धित *प्रकाशाच्या वाटा* अर्थात *प्रकाश की राहें* पुस्तक हो; इन दोनों पुस्तकों की जड़ में उनका सामाजिक चिन्तन निहित है। हमारे सामने दाभोलकर समाज की सकारात्मक प्रवृत्ति की खोज करनेवाले शोधकर्ता के रूप में आते हैं। प्रथम मूल्य की तरह दूसरा मूल्य भी उतना ही महत्त्वपूर्ण है; और वह

है—उनकी असाधारण विज्ञाननिष्ठा। उन्होंने *विज्ञानेश्वरी* जैसी पुस्तक तथा नक्षत्रों और खगोल पर पुस्तकें लिखी हैं। विज्ञान के संस्कार नई पीढ़ी में अंकुरित होने चाहिए; इसे ये पुस्तकें सीधी-सादी भाषा में बताती हैं। अजीब बात यह है कि ऐसी पुस्तकें लोकप्रिय नहीं बन पाती हैं लेकिन ध्यान में रखना चाहिए कि ऐसी पुस्तकों का शायद जीवन-मूल्य शुद्ध साहित्यिक पुस्तकों की तुलना में अधिक महत्त्वपूर्ण है। उनका तीसरा मूल्य कविता है। कविताएँ उनकी शक्ति भी हैं और उनकी कमज़ोरी भी हैं। वे व्यवसाय से वैज्ञानिक और अनुसन्धानकर्ता हैं लेकिन उनके रक्त में लाल कोशिकाओं के स्थान पर कविताओं का नर्तन है। कविता का विषय आते ही वे किसी प्रपात की तरह कविता पाठ करते हैं। बहुसंख्य कवियों को अपनी ही कविताएँ पढ़ सुनाने का शौक़ होता है लेकिन उन्हें यह शौक़ नहीं है। मराठी कविताओं का वे 'इनसायक्लोपीडिया' हैं।

सन्त ज्ञानेश्वर हों अथवा सन्त तुकाराम, कवि सुर्वे हों या फिर ढसाळ, कवि बोरकर हों अथवा कवि ताँबे; दाभोलकर अपनी खड़ी आवाज़ में उन कविताओं के प्रत्येक शब्द हमारे सामने इस प्रकार गुंजायमान कर देते हैं जैसे गाड़ी की छत पर वर्षा के ओले गिरते हों। उनकी अपनी कविताओं का संग्रह *छाया* शीर्षक से अभी-अभी प्रकाशित हुआ है। यह संग्रह द्रौपदी पर आधारित कविताओं और तलाक़ से सम्बन्धित कविताओं के कारण पठनीय बन गया है लेकिन उनका *ये मराठीचिये नगरी* नाम का काव्य-संग्रह अब भी उपेक्षित और अप्रकाशित है।

दत्तप्रसाद दाभोलकर ब्रह्मा, विष्णु, महेश जैसे हैं। इनके शरीर पर त्रिमूर्ति जैसे तीन चेहरे हैं। पहला चेहरा साहित्यकार का है जिसे हमने देखा है। दूसरा चेहरा वैज्ञानिक का है। दिल्ली की जिस संस्था में दत्तप्रसाद विगत कई वर्षों से निदेशक थे; वह श्रीराम इंडस्ट्रीयल रिसर्च इंस्टीट्यूट पहले से विख्यात है ही लेकिन इसे विश्वविख्यात करने का कार्य दाभोलकर ने किया। उनके जीवन का मूल्य था कि कोई भी अनुसन्धान आर्थिक दृष्टि से आत्मनिर्भर बनना चाहिए और इसी मूल्य के आधार पर दाभोलकर ने इस संस्थान को पूरी तरह आत्मनिर्भर बनाने का कार्य किया। वे अंटार्कटिक अभियान पर जाने वाले एक वैज्ञानिक हैं। उनका तीसरा चेहरा समाजविचारक का है। सच कहें तो दार्शनिक का। दत्तप्रसाद निरन्तर भारत, भारतीय समाज, धर्म, शिक्षा, देशप्रेम, जातीयता और उसके दुष्प्रभावों के विषय में चिन्तन-मनन करते रहते हैं। मराठी जनता का विकास भी उनके सतत चिन्तन-मनन का विषय रहता है। हम दोनों ने घंटों इन विषयों पर विचार-विमर्श करने में बिताए हैं। दिल्ली के इंडिया इंटरनेशनल सेंटर, हैबिटेट सेंटर, साहित्य अकादमी में लगातार उपस्थित रहकर गम्भीरता से विषय 'नोट' कर लेने वाले दत्तप्रसाद अब दिल्ली

के लिए नहीं तरसेंगे बल्कि दिल्ली उनके लिए तरसेगी। दाभोलकर के विषय में लिखने के लिए यह जगह बहुत कम है क्योंकि समस्या यह है कि उनके बारे में क्या-क्या लिखें? उनके व्यक्तित्व के अनगिनत पहलुओं के बारे में? उनकी यात्रा के बारे में? महाराष्ट्र के कई दिग्गजों के साथ जो उनका व्यापक पत्राचार चलता था; उसके बारे में? उनके बताए हुए (बहुत बार सुने हुए) क़िस्सों के बारे में? दिल्ली के खान-पान से लेकर ऐतिहासिक वस्तुओं तक के सूक्ष्म ज्ञान के बारे में? उनके चुनिन्दा लोगों के बारे में? अन्तत: निश्चित किसके बारे में लिखें। उनके नाम पर सौ से अधिक पेटेंट और अनेक शोध प्रबन्ध हैं। विदेश का प्लास्टिक एंड रबड इंस्टीट्यूट, इंस्टीट्यूट ऑफ मटेरियल्स और रॉयल सोसाइटी ऑफ़ केमिस्ट्री जैसे प्रतिष्ठित संस्थानों के वे 'फेलो' हैं।

महाराष्ट्र को दाभोलकर के ज्ञान का लाभ उठाना चाहिए। कम समय में ही दोस्ती कैसी होती है; यह मुझे उन्होंने सिखाया। वे मुझसे आयु में बीस बरस बड़े हैं। कई बार हठ करने के बावजूद मेरे प्रति अन्त तक 'आप' और 'तुम' के बीच गड़बड़ी करते रहे। अब उनके साथ इंडिया इंटरनेशनल में पकौड़ियाँ खाने का अवसर मिलेगा, यह सम्भावना समाप्त हो गई है। महाराष्ट्र से उनके पास आने वाली पुस्तकें और पत्र-पत्रिकाएँ उनसे बिना माँगे आती रहीं "आपको वह *दशकाची कविता* (दशक की कविताएँ) पुस्तक चाहिए थी न। मुझे मिल गई है। भिजवा देता हूँ।" यह कहनेवाले दाभोलकर अब दिल्ली में नहीं हैं।

दमास्कस के हैथम मास्टर

'अस्सलामअलैकुम' शब्द में निहित सौन्दर्य को मैं भारत में समझ पाता अथवा नहीं; इसके बारे में शंकालु हूँ। जैसे विदेशी व्यक्ति के लिए नमस्कार, नमस्ते, नमामि, नम: शब्दों में निहित अर्थों को समझना असम्भव है। उस विदेशी व्यक्ति की दृष्टि से भारत में किसी व्यक्ति के सामने आने पर अभिवादन करने के लिए उपयोग में लाया जानेवाला एक शब्द है अथवा वह शब्द अभिवादन की अभिव्यक्ति है। जब तक भारत में था तब तक 'अस्सलामअलैकुम' शब्द मुस्लिम भाई-बहनों को अभिवादन करने के लिए 'नमस्कार' शब्द का पर्यायवाची शब्द है, यही मानकर मैं चला था लेकिन यहाँ सीरिया में आने के बाद इस शब्द का अर्थ तो मैं समझा ही परन्तु इस शब्द में छिपे बहुआयामी सन्दर्भ और धीरे-धीरे इस शब्द की सुन्दरता भी ध्यान में आने लगी। मुझे ऐसी बातों को समझ लेना अच्छा लगता है। दमास्कस में संयुक्त राष्ट्र संघ की एक संस्था में पिछले बीस सालों से सिख पति-पत्नी भी

काम करते हैं। मुझे इस बात का आश्चर्य नहीं है कि उन्होंने अरबी भाषा का एक शब्द भी समझने-आत्मसात करने का प्रयास नहीं किया है। पिछले पैंतीस सालों से इस पति-पत्नी की नागरिकता अमेरिका की है। फिर भी ये पति-पत्नी पूरी तरह लुधियानवी हैं। उनका मित्र-परिवार, उनके अध्ययन और चर्चा के विषय, उनकी पसन्द-नापसन्द, ख़ाली समय बिताने के ढंग में कुछ भी अमेरिकापन पाया नहीं जाता। न्यूयॉर्क हो अथवा दमास्कस; वे सिर्फ़ भारतीय सिख के रूप में रहते हैं। नए देश में जाने के बाद यथासम्भव वहाँ की संस्कृति में घुल-मिलकर वहाँ की भाषा, रीति-रिवाज़ और ज्ञान में जो-जो उत्तम है, अच्छा है; उसे आत्मसात करने का प्रयास जो लोग करते हैं; मैं उनका मुरीद हूँ; प्रशंसक हूँ। क्योंकि सम्पूर्ण विश्व को एक परिवार मानना क्या भारतीयता नहीं है?

मेरी इस सम्पूर्ण बहस का यह विषय नहीं है। मेरी बहस का विषय दमास्कस के मेरे मास्टर जी हैथम कावाकिबी हैं। यदि मेरे जीवन में हैथम मास्टर जी न आते तो शायद सीरियन जीवन को छूने-समझने का अवसर मुझे न मिलता। यहाँ मेरे तीन साल रहने के बाद भी लुधियाना से आए हुए सिख दम्पती की तरह मैं भी किसी दूसरे देश में स्थानान्तरित हो जाता लेकिन हैथम मास्टर मेरे जीवन में आए और मेरे सम्मुख अरबी संस्कृति का एक नया किवाड़ खुल गया।

दमास्कस सीरिया की राजधानी है। इसकी जनसंख्या लगभग चालीस से पचास लाख है। बड़ा चहल-पहलवाला शहर है। विश्व में सबसे प्राचीन और अखंड बस्ती वाली राजधानी के रूप में इस शहर की ख्याति रही है। यहाँ हैथम मास्टर जी से मुलाक़ात होना संयोग की बात है।

मेरे घर के बग़ल में फ़ोटोग्राफ़ी की एक दुकान है। दमास्कस पहुँचने के बाद प्रारम्भ में मैं बहुत उकता गया था। इस बोरियत-भरे जीवन में ताज़गी के रंग भरने के लिए मैंने अपने शौक़ को दोबारा शुरू किया; जिस शौक़ को मैं लगभग आठ साल पहले त्याग चुका था और वह शौक़ था...फ़ोटोग्राफ़ी करना। मैंने फ़ोटोग्राफ़ी शुरू की और बग़लवाली दुकान में फ़ोटो धुलने के लिए जाने लगा। लगभग तीस साल उम्र के दो भाई इस दुकान को चलाते थे। दमास्कस में सभी एक-दूसरे के साथ हँसते-खेलते बातचीत करते हैं। अस्सलामअलैकुम (शान्ति बनाए रखो) के साथ-साथ अहलन वसहलन (स्वागतम) इन दो शब्दों की दिल खोलकर वर्षा करते हैं। हमारे यहाँ अजनबी व्यक्ति को अभिवादन करने पर अथवा "कहिए...कैसे क्या हैं?" यह पूछने पर उसका क्या नतीज़ा निकलेगा; बताया नहीं जा सकता। यदि हम भाग्यशाली हैं तो वह सामने वाले व्यक्ति द्वारा आपको अभिवादन किए जाने की सम्भावना है और यदि दुर्भाग्यशाली होंगे तो उस एक प्रश्न से जातीय अथवा धार्मिक

हिंसा भी भड़क सकती है। परस्त्री, परपुरुष, जाति-धर्म, आयु-लिंग जैसे जंजाल में से सामनेवाला व्यक्ति क्या अर्थ निकालेगा; इसका कोई भरोसा नहीं है। इसलिए हमारे यहाँ चुपचाप चलने की प्रथा है। यदि आप दमास्कस में हैं तो पहला प्रश्न पूछा जाएगा, 'किस देश से आए हैं?' और उत्तर मिलते ही 'अहलन वसहलन' इन शब्दों से आपका हार्दिक स्वागत किया जाएगा।

बग़लवाली दुकान में भी यही अनुभव मिला। उन दो भाइयों के साथ-साथ उस दुकान में एक वृद्ध आदमी से मिलना हुआ। बढ़िया से कपड़े पहने हुआ... ठीक-से बाल सँवारे हुआ...शानदार, चमकीले जूते पहना हुआ और उम्र हो जाने पर भी उत्साह और जोश से भरा हुआ वह व्यक्ति उन दो बेटों का बाप था। ख़ाली समय होने से वह मुझसे गप्पें हाँकने लगा। पाँच-दस मिनट गप्पें लगाने के बाद वह एक बात बार-बार करता, "आपके लिए कुछ कर सकूँ तो मुझे बहुत ख़ुशी होगी। आप दमास्कस में बहुत ख़ुश रहें।" उसकी ये बातें बढ़ती उम्र की अच्छाई है; यही मानकर मैं चल रहा था। वैसे इस उम्र में यह क्या कर सकता है लेकिन हर बातचीत के अन्त में वह यह प्रश्न पूछता था। एक बार मैंने ग़लती से कहा, "अगली बार बताता हूँ।" अगली बार मुलाक़ात होते ही याद से उसने पूछा, "आप बताने वाले थे न! क्या मैं आपके लिए कुछ कर सकता हूँ?" मैंने भी कहा, "क्या आप मुझे थोड़ा अरबी सिखा देंगे?" उनके चेहरे पर मुस्कुराहट जगमगा उठी। वे ख़ुश होकर बोले, "आप जब कहेंगे तब और जहाँ कहेंगे वहाँ सिखाऊँगा।" लेकिन मैं थोड़ा-सा सावधान हो गया...सोचा...यह मुझे पढ़ाने लगे और एक महीने के बाद चवन्नी के बदले रुपया माँगने लगे तो क्या करेंगे? विदेशियों को लूटने में तो सभी पक्के और शातिर होते हैं। मन में उठी शंकाओं के तूफ़ान को चेहरे पर न लाते हुए मैं बोला, "ऐसा करेंगे, मुझे पक्का क्या सीखना है, यह मैं आपको कल तक बताता हूँ...बस। आप अपना मेहनताना बता दीजिए। ऐसे मुआमले में बाद में ग़लतफ़हमी नहीं होनी चाहिए।" मैं बहुत संयमपूर्वक बोल रहा था। उन्होंने कहा, "ठीक है। आप यहीं रहते हैं ना?"

"जी हाँ।" मैंने कहा, "आप शाम छह बजे आइए। चाय पीएँगे और आगे की बातें तय करेंगे।"

दूसरे दिन वह व्यक्ति आएगा; इस हिसाब से मैंने मन में सब कुछ सोचकर रखा। हमारे विदेशी होने से किसी भी हालत में यदि वह हमें लूटने की सोच रहा होगा तो उसकी इस सोच और कोशिश को नाकाम बनाना है; इस प्रकार की लामबन्दी मैंने मन में कर ली थी। इस लड़ाई में मैं अकेला रहकर पराजित न हो जाऊँ; इसके लिए मैंने अपनी विदुषी पत्नी को भी इस परिस्थिति से पूरी तरह अवगत

कराया और अपने पक्ष में कर लिया। संक्षेप में; यदि उस बूढ़े के मन में हमें लूटने की कोई योजना बनी होगी तो हम उस योजना को सफल होने नहीं देंगे। इस तरह चिकनी-चुपड़ी और मीठी-मीठी बातें करके लोगों को लूटने वालों के अनेक प्रसंग हम पति-पत्नी ने एक-दूसरे को बताए। घड़ी में छह बजे और दरवाज़े की घंटी बज उठी। वाह! बिलकुल समय पर। मैंने दरवाज़ा खोला। वह आया था। उसका स्वागत किया और हम हॉल में बैठे। कुछ ही क्षणों में वह मुद्दे पर आया।

"बोलिए...क्या-क्या सीखना चाहते हैं?"

"देखिए...यह सब कुछ इस बात पर मुनहसिर है कि आप कितनी फ़ीस लेंगे।" मैं पूरी सावधानी से बोला।

"उसकी आप फ़िक्र न करें।"

"वैसे नहीं, लेकिन बाद में इसे लेकर बेकार में झगड़ा नहीं चाहिए...फ़ीस के बारे में अभी तय कर लेते हैं।" हम उसकी चालबाज़ी के शिकार नहीं होना चाहते थे। दाम सही लगते हैं तो ख़रीदेंगे, नहीं तो सौदा रद्द करेंगे...कोई ज़बरदस्ती तो है नहीं। उसने कहा, "ऐसा कीजिए। आपको जो सीखना है; वह बता दीजिए। उसके बाद मैं अपनी फ़ीस बताता हूँ।"

"हमें बोलचाल और बाज़ार की अरबी सीखनी है। अरबी की वर्णमाला सीखनी है। हमें वह अरबी सीखनी है जिसकी ज़रूरत दुकान में, सब्ज़ी बाज़ार में, सड़क-पता पूछते समय पड़ती है। सड़क पर लगे बोर्ड पढ़ने आने चाहिए। साथ ही; सीरियन लोग, उनका इतिहास, उनकी संस्कृति, धर्म, रीति-रिवाज़ की जानकारी चाहिए। हर हफ़्ते में दो दिन लगभग डेढ़ घंटा हमें पढ़ाइए। अब बताइए...कितनी फ़ीस लेंगे?" हम पति-पत्नी ने जो रणनीति बनाई थी; उसके अनुसार मैं बोला।

वह थोड़ा दुविधा में पड़ गए।

"हूँ। मैं कुछ समझ नहीं पा रहा हूँ कि आप बार-बार एक ही सवाल क्यों पूछ रहे हैं कि मैं कितनी फ़ीस लूँगा। आप पूछ रहे हैं इसलिए बता देता हूँ। हर घंटे का मैं एक सीरियन पाउंड (लगभग एक रुपया) या फिर दस लाख पाउंड (दस लाख रुपये) लूँगा। कितना देंगे; आप तय कीजिए।"

अब हम चक्कर में पड़ गए। क्या कहना चाहिए इसलिए हम पति-पत्नी ने एक-दूसरे की ओर देखा।

"मैं आपसे एक भी पैसा नहीं लूँगा क्योंकि यह काम मैं पैसे के लिए नहीं करता हूँ। अरबी भाषा सम्पन्न और समृद्ध भाषा है। कोई विदेशी हमारी भाषा सीखना चाहता है। इस भाषा की सम्पन्नता का कुछ हिस्सा मैं आपके साथ हिन्दुस्तान भेज सका तो यही मेरी सबसे बड़ी ख़ुशी होगी।"

हम दोनों स्तब्ध रह गए। इस दुनियादारी को निभाते हुए हर बात की क़ीमत पूछने और देने की हमें आदत लग गई है लेकिन यहाँ इस विशाल अरब की मरुभूमि में अपने ज्ञान की नीलामी न करनेवाला एक 'ओएसिस' (नख़लिस्तान) मिला।

"मेरा नाम ज्ञानेश्वर मुळे।"

"मैं हैथम कावाकिबी।"

हमने एक-दूसरे से हाथ मिलाया। इसके बाद हैथम कावाकिबी हमारे मास्टर जी बने लेकिन मैं अब तक उनका विद्यार्थी बना हूँ कि नहीं; मुझे नहीं मालूम।

हैथम कावाकिबी ने अपने जीवन में कभी भी मास्टरी नहीं की। उन्हें पढ़ाने का अनुभव भी नहीं है। अब तक की सारी ज़िन्दगी फ़ोटोग्राफ़ी के कारोबार में बितानेवाले हैथम ने अब दुकान की बागडोर अपने अधेड़ उम्र के बच्चों को सौंप दी है लेकिन ज़रूरत की मुताबिक़ हैथम उनकी सहायता करते हैं। बचा हुआ समय वे समाजसेवा में लगाते हैं। हैथम मास्टर उनहत्तर वर्ष के युवा हैं। लगातार किसी-न-किसी काम में व्यस्त लेकिन चेहरे की ताज़गी और ऊर्जस्विता ऐसी कि किसी भी जवान को लज्जित कर दे।

हैथम मास्टर जी ने पढ़ाना प्रारम्भ किया। रविवार और बुधवार को शाम पाँच बजे दूतावास में मिलना तय हुआ। हमारी कक्षा में मैं, मेरी पत्नी और हम जैसे दमास्कस के दो-तीन भारतीय लोग। हमारे पास ब्लैक बोर्ड नहीं था। पहली कक्षा दूसरे दिन से प्रारम्भ होने वाली थी।

दोपहर को भोजन करने घर जा रहा था। मास्टर जी से भेंट हुई। उनके हाथ में विदेशियों को अरबी सिखाने के लिए पाठ्यपुस्तकें थीं। उन्होंने कहा, "ब्लैक बोर्ड का मसला मैंने हल कर दिया है। वे मुझे बग़ल वाले मकान के आँगन में ले गए। वहाँ दीवार से लगकर तीन पहियों वाले स्टैंड पर ब्लैक बोर्ड रखा हुआ था। अपनी जेब से एक काग़ज़ी थैली निकाली और उसमें रखी खड़ियाँ दिखाईं। मास्टर जी के चेहरे पर बड़ी ही प्यारी, सुन्दर और मासूम ख़ुशी छाई हुई थी।

'कल से हमारा अरबी का क्लास शुरू।'

एक बात मेरे ध्यान में आई कि अरबी सीखने की जितनी हमारी इच्छा अथवा उत्कंठा थी; उससे कई गुना ज़्यादा छटपटाहट उस आदमी को हमें अरबी सिखाने की थी। उनके चेहरे पर हमें पढ़ाने का जो कोमल उत्साह दिखाई दे रहा था; उसे देखकर मैं मन-ही-मन लज्जित हो गया।

दूसरे दिन के क्लास में सबसे पहले हैथम मास्टर आए। उनके हाथ में एक थैली थी। हम एक-एक करके आए। इसके बाद उन्होंने थैली में से दवात और चार-पाँच

क़लमें निकालीं। ये कलमें दिखाई देने में पेन जैसी थीं लेकिन उन पेनों की ख़ास बात यह थी कि वे पेनें फाउंटेपेन भी थीं। वास्तव में वे फाउंटेपेनें भी नहीं थीं बल्कि हम बचपन में जिसे नोकवाली पेन कहते थे; वैसी पेन थी। उस पेन में ऊपर एक निब होती थी और नीचे एक जिब। निब का अगला हिस्सा नरकट जैसा होता था।

"अरबी सीखनी है तो इस पेन का इस्तेमाल करना चाहिए। इससे अक्षरों की बनावट लिखनी आ जाती है और सुन्दर लिखावट भी लिखना आसान हो जाता है। कहकर हैथम मास्टर जी ने एक साफ़-सुथरे और सफ़ेद काग़ज़ पर अरबी अक्षर लिखकर दिखाए। वे अक्षर, वह काग़ज़ मुझे एक अलग ही दुनिया में ले गया। मेरे गाँव की वह दुनिया। एक तरफ़ तो नरकट से लिखने के दिन...वर्णमाला की पुस्तक, सुलेखन...ये थे मेरे गाँव के दिन तो दूसरी ओर *क़ुरआन* की आयतें, ताजमहल पर उकेरे हुए लिपिचित्र, फ़तेहपुर सीकरी की नक़्क़ाशीदार उर्दू और *अरेबियन नाइट्स* का काल्पनिक ज़श्न...यह था...मेरे मन में उठे यादों के फौव्वारे का स्वरूप।

हैथम मास्टर जी ने हमें वर्णमाला पढ़ानी शुरू की। एक से दस अंकों की जानकारी दी। प्रतिदिन के जीवन में 'अस्सलामअलैकुम' जैसे वचनों का अर्थ समझाकर बताया। उनहत्तर वर्ष के हैथम और तीस-चालीस के आयु वाले हम उनके विद्यार्थी। कक्षा में बैठकर सीखने का नया आनन्द हैथम मास्टर जी ने हमें देना प्रारम्भ किया।

हैथम मास्टर जी 'किसी तरह ही महीना पूरा करना है' वाले मास्टर जी नहीं थे। वे पढ़ाने की पूरी और ख़ास तैयारी करके आते। हमें डेढ़ घंटा होने पर ही वे दम लेते।

कुछ दिनों बाद हैथम फिर से एक थैला ले आए। हमारे सामने थैली में से एक-एक चीज़ें बाहर निकालकर रखीं। वास्तव में वे कुछ और नहीं तो अलग-अलग आकारोंवाली सब्ज़ियाँ और फल ले आए। उनकी इस कल्पना से हमें बहुत अच्छा लगा। इससे यह स्पष्ट होता है कि हैथम जी 'निपटना' शब्द से परिचित नहीं थे।

मेरी और हैथम मास्टर जी के बीच दोस्ती के तार जुड़ गए। मेरा दफ़्तर मेरे घर से पैदल चलते हुए पाँच मिनट की दूरी पर था। इसलिए आते-जाते हुए कई बार मास्टर जी मिल जाते हैं। इस तरह मास्टर जी से मिलना बचपन में गाँव में होता था। अब एक अलग देश में एक विदेशी मास्टर जी अधेड़ उम्र वाले विद्यार्थी से मिल रहा था। मिलने के बाद गप्पें तो हो ही जाती हैं। दमास्कस में होने वाली छोटी-मोटी घटनाएँ, जीवन के कटु-मीठे प्रसंग हैथम से सुनने को मिलने लगे।

सीरिया की अठासी प्रतिशत जनता मुस्लिम है। हैथम मास्टर जी भी मुस्लिम हैं। उस दिन मैं दफ़्तर से घर लौट रहा था। रास्ते में मास्टर जी मिल गए। मास्टर जी ने पूछा, "कहाँ जा रहे हैं?"

मैंने कहा, "खाना खाने।"

"आप मुस्लिम नहीं हैं?"

"जी नहीं, लेकिन आपने कैसे जान लिया?"

"यह तो रमज़ान के रोज़ों का महीना है और आप खाना खाने जा रहे हैं!"

"मुआफ़ कीजिए...मैं उपवास मतलब रोज़ा वग़ैरह कुछ नहीं रखता हूँ।"

"ठीक है...ठीक है...आई लाइक हिन्दूज़। महात्मा गांधी हिन्दू थे।"

हमारी बातचीत यहीं ख़त्म हो गई। हैथम जी पक्के और श्रद्धावान मुस्लिम हैं परन्तु बहुसंख्य सीरियन जनता की तरह वे सहिष्णु भी हैं। उन्हें अरबी और विशेष रूप से सीरिया के गौरवशाली इतिहास पर बड़ा गर्व है लेकिन वे अन्य सभी पुरातन संस्कृतियों और आधुनिक विचारों के समर्थक भी हैं। मुझ जैसे 'काफ़िर' अर्थात विधर्मी को वे जिस आत्मीयता से अरबी सिखा-पढ़ा रहे हैं; लगता है कि यदि वे हमारे बच्चों को पढ़ाएँगे तो ऐसे ही पढ़ाएँगे। उनके पढ़ाने में जो प्यार, आस्था पाई जाती है; वह आज के समय में दुर्लभ हो गई है।

मज़े की बात है कि हैथम जी को अरबी भाषा समृद्ध और सम्पन्न होने पर बड़ा गर्व है। यही कारण है कि मुस्लिम देशों में; ख़ासकर सीरिया में सड़क पर, बाज़ार में, सरकारी काग़ज़ातों में अरबी भाषा की जो दुर्दशा और दुरवस्था हो रही है; वह उनसे देखी नहीं जाती।

मुझसे कहते हैं, "बातचीत कोई भी हो, जगह कोई भी हो...अरबी अल्फ़ाजों का कोई ग़लत इस्तेमाल या फिर तलफ़्फ़ुज करता हुआ दिखाई देता है तो मैं फ़ौरन उसे रोकता हूँ और समझाता हूँ कि हमारे अज़ीम-ओ-शान माँ-बाप (अरबी ज़बान) की ऐसी बेइज़्ज़ती मत करो।" वे टीवी देखते हैं। टीवी में कई बार मंत्री बोलते हैं तो ग़लतियाँ होती रहती हैं। हैथम जी ये सारी ग़लतियाँ लिखकर रखते हैं। दूसरे दिन उन सभी ग़लतियों का ज़िक्र उन मंत्रियों को ख़त लिखकर करते हैं और कहते हैं, "हमारी ज़बान के साथ ऐसा खिलवाड़ मत करिए।" रोचक बात यह है कि अरबी भाषा इस पूरे उपमहाद्वीप में बोली जाती है। हैथम जी इज़िप्ट से लेकर सऊदी अरब और जॉर्डन से लेकर ओमान तक सभी देशों के लोगों को इसी तरह पत्र भेजते रहते हैं।

हैथम मास्टर जी का पहनावा पश्चिमी ढंग का और सुन्दर होता है। कपड़ों की पसन्द-नापसन्द के बारे में वे बड़े सावधान रहते हैं। नौकरी से अवकाश ग्रहण करने के बाद कई लोग यह प्रश्न पूछते हैं, 'अब क्या सजने-सँवरने के ये दिन हैं?' कुछ लोग फटीचरी हालत में रहते हैं लेकिन मास्टर जी का पहनावा व्यवस्थित और शालीन होता है। उनके कपड़ों में दिखावा नहीं होता लेकिन एक ख़ूबसूरती

होती है। हालाँकि इस मुद्दे को अचूकता से समझाना मुश्किल है लेकिन इस तरह समझाया जा सकता है कि मान लो; कोई उनकी हमउम्र औरत उनसे मिलती है तो यूँ ही सही लेकिन वह मास्टर जी और उनके कपड़ों को एक नज़र ज़रूर देखेगी।

आप मास्टर जी को कभी चुप बैठे हुए नहीं देखेंगे। एक दिन शाम को मैं बाहर जा रहा था तो देखा...मास्टर जी फुटपाथ पर कुछ सोचते हुए, खड़े हैं। मेरे 'मर्हबा' कहते ही उन्होंने भी मुस्कुराकर 'मर्हबा तेन' जवाब दिया और सामने खड़ी गाड़ी की ओर उँगली दिखाते हुए बोले, "गाड़ी कैसे पार्क करनी चाहिए, यह अक़्ल भी इस गाड़ी के ड्राइवर को नहीं है।" गाड़ी इस तरह पार्क की गई थी कि फुटपाथ पर चलना मुश्किल हो गया था। मैं थोड़ी देर उनसे बातचीत करके आगे बढ़ गया। मैं जानता था कि ड्राइवर के अपनी गाड़ी के पास लौट आने तक मास्टर जी उसका वहीं पर इन्तज़ार करेंगे। उसके आने पर वे उसे प्रेम से समझाएँगे और उसके बाद ही घर जाएँगे।

एक बार मुझे रोककर बोले, "कल टीवी पर *गांधी* फ़िल्म थी। आपने देखी?"

"मुझे पता ही नहीं था।"

"कल मैंने वह फ़िल्म पाँचवीं बार देखी। बहुत बड़ा शख़्स था। हमारे अरब रहनुमाओं को उनसे कुछ सीखना चाहिए।"

मैं जानता था...गांधी का उल्लेख होते ही मास्टर जी भावुक...जज़्बाती बन जाते हैं। मैं वहाँ से खिसक लिया।

हैथम मास्टर जी ज़िन्दगी से, इनसानों से, जानवरों से बहुत प्यार करते हैं। ख़ास कर बिल्लियों से। एक बार घर से बाहर निकला तो पाया...अँधेरे में एक आदमी दोनों हाथों से एक ऊँची लाठी पकड़े हुए पेड़ की डाली से कुछ गिराने की कोशिश कर रहा है। नज़दीक गया तो देखा...मास्टर जी हैं। ऊपर की तरफ़ देखा तो दो डालियों पर दो बिल्लियाँ हैं।

"मास्टर जी क्या हुआ?"

"ऊपर की डाली पर बैठी हुई बिल्ली नीचे की डाली पर बैठी बिल्ली को नीचे आने नहीं दे रही है। वह नीचे वाली बिल्ली भूखी है।

मेरी समझ में नहीं आ रहा था कि रोएँ या हँसे। मास्टर जी का बिल्ली प्यार मैं जानता था। इसलिए पूछा, "लेकिन आप क्या कर रहे हैं?"

"ऊपर वाली बिल्ली को लाठी से डरा रहा हूँ तो वह और ऊपर जाएगा। फिर नीचे वाला बिल्ला नीचे आएगा। मैं उसके लिए खाने की चीज़ें लाया हूँ। वह यह खा लेगा। मास्टर जी लगभग एक घंटा वहाँ खड़े थे और बिल्लों का मसला हल करने की कोशिश करते रहे। मेरी मदद की वजह से वे मसला हल करने में सफल

हुए। उस समय उनके चेहरे पर उभरी हुई ख़ुशी देखने लायक़ थी।

"शायद मुझ जैसे विदेशी का चेहरा देखकर ऊपर वाला बिल्ला डर गया होगा।" मैंने कहा और मास्टर जी पेट पकड़कर हँसने लगे। उनका चश्मा नीचे गिर गया। वे हँसते हुए बोले, "उन बिल्लों से मैं बच्चों की तरह प्यार करता हूँ। इसलिए मुझसे डरते ही नहीं। उनके पैरों के पास बिल्लियों के खाने की चीज़ों की थैली रखी हुई थी। मास्टर जी ने अपने बच्चों को खिलाना शुरू किया।

इसी बीच हमारी कक्षा की विद्यार्थी संख्या घटने लगी। किसी-न-किसी वजह से ग़ैरहाज़िर रहना...फिर बिलकुल न आना। मास्टर जी अपने विद्यार्थियों की बड़ी चिन्ता, फ़िक्र करते थे। कोई नहीं आता था तो वे इस प्रकार प्रयास करते कि वह विद्यार्थी किसी भी तरह फिर आना शुरू कर दे। "उनसे कहिए कि वे बिलकुल फ़िक्र न करें। मैं फिर से सब कुछ पढ़ा दूँगा। उनको फ़ोन करके देखिए न। उनके बच्चों की तबीयत ठीक नहीं थी। अब भी ठीक नहीं है क्या? अगर वे मेरे पढ़ाने के ढंग में कोई बदलाव चाहते हैं तो मैं तैयार हूँ।" कहते हुए वे विद्यार्थियों के लौट आने का इन्तज़ार करते।

इस समय मैं उनका इकलौता विद्यार्थी रह गया हूँ। बाक़ी सभी किसी-न-किसी बहाने कक्षा से चम्पत हो गए हैं। मास्टर जी अब भी आस लगाए हैं कि वे विद्यार्थी लौट आएँगे। उन्हें लगता है कि वे मिट्टी के शिक्षक नहीं हैं लेकिन सच्चाई यह है कि उन्हें सच्चे विद्यार्थी नहीं मिले। मेरी और उनकी थोड़ी-बहुत यारी हो गई है लेकिन मैं कक्षा नहीं छोड़ूँगा; इसका मुझे ही भरोसा नहीं है। मैं सब्र का प्याला थामकर बैठा हूँ।

मैंने उनसे प्रार्थना की कि कक्षा के आख़िरी पन्द्रह-बीस मिनटों में वे सीरिया के इतिहास, संस्कृति, साहित्य, धर्म, विख्यात व्यक्तियों के विषय में बताएँ। तुरन्त उन्होंने एक-एक प्रसिद्ध व्यक्तियों की कहानियाँ बताना शुरू किया। एक बार सीरिया के प्रधानमंत्री फ़ारिस ख़ुर्री संयुक्त राष्ट्रसंघ में फ्रांस के प्रतिनिधि के लिए आरक्षित कुर्सी में जाकर बैठ गए। यह देख फ्रांस के प्रतिनिधि ग़ुस्से में आ गए। उसने फ़ारिस के लिए भद्दे शब्द कहे। पच्चीस मिनट के बाद ख़ुर्री कुर्सी से उठे और उससे कहा, "मैं सिर्फ़ पच्चीस मिनट आपकी कुर्सी में बैठा तो आप इतना आगबबूला हो गए लेकिन पच्चीस वर्षों से आप हमारे मुल्क़ को हड़प किए हुए हैं...तो क्या हमें ग़ुस्सा नहीं आना चाहिए?" उसी बैठक में सीरिया की स्वतंत्रता की प्रक्रिया शुरू हो गई।

मास्टर जी ने रक्षा मंत्री आज़म की कहानी बताई। एक मंत्री होने के बावजूद वह स्वयं फ्रांसीसी सेना से भिड़ गया, उनसे युद्ध किया और उसमें खेत रहा। एक

दिन मैंने मास्टर जी से पूछा, "मास्टर जी, यहाँ कावाकिबी नाम की सड़क है।"

"वे मेरे दादा जी हैं...उनकी कहानी बताऊँ क्या?"

"ज़रूर।"

मास्टर जी ने अब्दुल रहमान कावाकिबी की रोमांचित कर देनेवाली कहानी सुनाई। कावाकिबी ने गोपनीय ढंग से पत्रिकाएँ निकालकर, उनमें रूपकों, प्रहसन, प्रतीकों और व्यंग्य का प्रयोग कर तुर्कियों की पराधीनता...ग़ुलामी के विरोध में संघर्ष किया। तुर्कियों ने उनके नाम पर गिरफ़्तारी का वारंट जारी किया, पीछा किया, कावाकिबी भूमिगत हो गए। अन्त में कैरो के एक रेस्तराँ में उन्हें विष देकर मौत के घाट उतार दिया गया। भारतीय भाषा में कहना हो तो कावाकिबी यहाँ के सावरकर हैं।

सीरिया में कावाकिबी के पौत्र हैथम मास्टर जी मुझे अरबी भाषा सिखाते हैं; जब मैं यह कहता हूँ तब मुझे गर्व का अनुभव होता है क्योंकि यहाँ सभी दादा जी और पौत्र को जानते हैं।

एक बार मैंने मास्टर जी से कहा, "आपके बचपन के बारे में कुछ बताइए।" मास्टर जी ने अपने बचपन के समय की इस्कन्द्रून प्रदेश की यादें बताईं। जब वे आठ-दस साल के थे और तुर्कियों के आक्रमण के अन्तर्गत इस्कन्द्रून प्रदेश था। बाद में इस्कन्द्रून को तुर्कियों ने हड़प लिया और मैं अपने प्रदेश की ख़ुशी से हमेशा के लिए महरूम हो गया। इस्कन्द्रून एक छोटा-सा नन्दनवन...स्वर्ग था।"

मास्टर जी की यह कहानी सुनते हुए मैं इतना भावुक हो गया कि बैठे-बैठे मैं एक कविता लिख डाली। इधर उन्होंने अपनी कहानी समाप्त की और उधर मैंने वह कविता उनको पढ़कर सुनाई। हिन्दी में लिखी वह कविता—

इस्कन्द्रून : हैथम के मन का देश
कहानी इस्कन्द्रून की,
तुर्की सैनिकों ने हैथम को पकड़ा
छोटा हैथम खंजर नहीं जानता था।

सैनिक ने कहा, "छोटे हैथम, यह तुम्हें काटने के लिए।"

फिर तुर्की ने काट लिया हैथम का इस्कन्द्रून।

सुन्दर इस्कन्द्रून हैथम के हाथ से छिना गया छोटा हैथम अब बूढ़ा हो गया है।

उसकी झुर्रियाँ, सफ़ेद बाल बढ़ते जा रहे हैं।

इस्कन्द्रून अब भी है, उसके दिल में छिपा जो बचपन में काटा गया था तुर्की के खंजर से; और अलग हो गया था :

‘एक पूरा मुल्क
अपनी ही मिट्टी से।’

हैथम मास्टर जी की आँखों से आँसुओं की झड़ी लग गई। उनकी आँखों से पूरा इस्कन्द्रून बह रहा था। कुछ समय बाद वे शान्त-स्थिर हो गए और बोले, “यह कविता और इसका आपने बताया हुआ अंग्रेज़ी तरजुमा मुझे दीजिए। यह कविता मैं अपने भाइयों और दोस्तों को दूँगा। शायद हम सभी इकट्ठे बैठकर रोएँगे। कुछ कहा नहीं जा सकता।

अगली कक्षा में मैं हैथम मास्टर जी को मेरी हिन्दी में लिखी कविता और उसका अंग्रेज़ी अनुवाद देनेवाला हूँ। हैथम मास्टर जी ने भीष्मप्रतिज्ञा की थी कि वे पढ़ाने की फ़ीस मुझसे नहीं लेंगे परन्तु मुझे कविता के रूप में उन्हें यह छोटी-सी गुरुदक्षिणा देने का अवसर अन्त में मिल ही गया। देश, भाषा, पहनावा, धर्म की सभी सीमाएँ लाँघकर यह सौभाग्य मुझे प्राप्त हुआ था और वह भी बड़ी आसानी से।

(यह लेख सीरिया की राजधानी दमास्कस में 2003-2006 के बीच दूतावास में मंत्री एवं उपमुख्य मिशन के पद पर कार्य करते समय लिखा है।)

ललित कम्प्यूटर : मैं जहाँ-जहाँ चलूँगा

मेरी सुन्दर तिमंज़िला इमारत के दफ़्तर में मेरी कुर्सी के दाईं ओर बड़ी शान से कम्प्यूटर स्थापित हुआ है। यदि यही कम्प्यूटर इसी क्षण मेरे जीवन से अदृश्य हो जाए तो? इस सवाल का जवाब देना मुश्किल है। सालों से आपका घनिष्ठ और अन्तरंग मित्र एकदम आपसे दूर चला जाए तो जो हालत आपकी होगी; वही हालत कम्प्यूटर के बिना मेरी होगी।

इस कम्प्यूटर और मेरे बीच वास्तव में क्या रिश्ता है; यह बताना कठिन है। इस दिशा में मैंने बहुत विचार किया और तब मेरे ध्यान में आया कि कुछ रिश्तों को नाम नहीं दिया जाता या फिर देना बहुत मुश्किल होता है। कम्प्यूटर माता-पिता, भाई-बहन, मित्र-सहेली का प्रेम नहीं दे सकता। लेकिन रह-रह कर मुझे लगता है कि कम्प्यूटर से जो असंख्य बातें-जानकारियाँ मुझे प्राप्त होती हैं; उनमें से कई बातें मुझे इन रिश्तों के लोगों से प्राप्त नहीं होती हैं। शायद इन दोनों रिश्तों की तुलना करना आवश्यक नहीं है। शायद ऐसी तुलना करना ग़लत भी होगा। पाठकों को लगता होगा कि मैं लगातार मनुष्य और मशीन तथा तकनीकी के बीच शत्रुता और दुश्मनी की नज़र से देखता हूँ। इसलिए मैं अप्रिय, एकान्तप्रिय और निराशावादी मनुष्य हूँ। परिणामस्वरूप मैं इस विषय की ओर मुड़ गया हूँ लेकिन ऐसा नहीं है। मैंने जाति, धर्म, भाषा, प्रान्त और देश की सीमाओं को लाँघकर मानवता से प्रेम किया है। मैंने यह प्रेम दिया है; वैसे ही पाया भी है। प्रकृति मुझे बहुत ही भाती है। वैसे ही टीवी पर 'एनिमल प्लैनेट' नेट जीयो, डिस्कवरी मेरे मनपसन्द चैनल हैं। पशु-पक्षियों से भी मेरा उतना ही प्रेम है। इस पूरी पृष्ठभूमि में कम्प्यूटर कहाँ है? मेरे जीवन में उसे अभिन्न स्थान कैसे प्राप्त हुआ? यह एक ऐसी प्रक्रिया तो नहीं ना जो हमें मनुष्यता से अमनुष्यता की ओर ले जा रही है। कई बार ऐसा होता है कि हमें कोई बात बहुत अच्छी लगती है लेकिन दूसरों पर

उसका उलटा असर पड़ने की आशंका निर्मित हो जाती है। इसीलिए कम्प्यूटर के साथ मेरी जो मित्रता हो रही है; उसे समझ लेना चाहिए; ऐसा मुझे स्वयं को ही लगने लगा है।

कोई रोचक पुस्तक पढ़ते-पढ़ते बीच में ही किसी काम के आ जाने से पुस्तक परे रखनी पड़ती है। लेकिन उस काम को करते समय भी हमारा मन बेकार में ही उस पुस्तक में अटका रहता है। कब फिर एक बार अपनी प्रिय जगह पर बैठकर या टेककर उस पुस्तक से एकरूप हो जाते हैं; ऐसा लगता रहता है। यदि वह पुस्तक हमारे प्रिय लेखक की होगी अथवा प्रिय विषय की होगी तो यह बेचैनी, यह अधीरता अधिक प्रखर होती है। उस क्षण हम जो अनुभूत करते हैं और उसके पश्चात वह पुस्तक हमें भीतर से कितना झकझोर देती है; यह इस पर निर्भर करता है कि वह पुस्तक हमें कुछ समय के लिए प्रभावित करेगी अथवा लम्बे समय तक हमें याद रहेगी। कम्प्यूटर के विषय में मैं जिस खिंचाव को अनुभव कर रहा हूँ; वह कुछ ऐसी ही लेकिन इससे अधिक स्थायी और टिकाऊ है।

मेरे जीवन में कम्प्यूटर बिलकुल अनजाने ही आ गया। वर्ष 1988 मे मैं तोक्यो में था। तब मेरी आयु तीस वर्ष की थी। उसके पहले वाली घटनाएँ मेरे जीवन में इस प्रकार थीं। ग्यारह वर्ष की आयु में टेलीफ़ोन देखा; उसका उपयोग किया। आयु के बीसवें-इक्कीसवें वर्ष में दूरदर्शन का परदा देखा। छब्बीस वर्ष की आयु में फ़ैक्स का उपयोग किया। इन सभी महत्त्वपूर्ण घटनाओं की तुलना में बड़ी महत्त्वपूर्ण घटना कम्प्यूटर के आगमन की थी। लेकिन इस बात का आभास (वह भी थोड़ा-बहुत) होने में लगभग दस-बारह बरस लग गए। वर्तमान समय

में संगणक केवल टेलीफ़ोन, फ़ैक्स, टेलीविज़न का ही नहीं अपितु समाचार-पत्र, टीवी-वी.सी.आर. इन सभी के प्रभावशाली विकल्प के रूप में हमारे सामने आया है। जब इंटरनेट का मायाजाल और कम्प्यूटर का मेल-मिलाप हुआ तब सूचना एवं प्रौद्योगिकी का ऐसा सुन्दर संगम हुआ कि हमारे जाने-अनजाने एक सच्चे अर्थ में अभूतपूर्व क्रान्ति का जन्म हुआ। इस क्रान्ति का वास्तविक परिचय होने के लिए भी कई दशकों का समय लग जाना होगा। मेरी दृष्टि से इस क्रान्ति का एक अटल परिणाम यह हुआ कि कम्प्यूटर अनिवार्य हो गया है। आज मैं जहाँ भी जाता हूँ; कम्प्यूटर की उँगली छोड़ता नहीं हूँ। अब वह परिवार का सदस्य बन चुका है। मेरा तबादला हुआ। हमने उसे बॉक्स में रख दिया लेकिन सीरिया में आकर जब तक हमने उसे टेबल पर अपने इष्टदेवता की तरह प्रस्थापित नहीं किया तब तक मानो हमारे प्राण फड़फड़ा रहे थे। हमें भय था कि उसे कुछ होगा तो नहीं। भारत में बार-बार उसकी याद आती थी। लगता था; उसके बिना विश्व से हमारा व्यवहार, हमारा सम्पर्क थम-सा, टूट-सा गया है।

जब पहली बार कम्प्यूटर का उपयोग किया तब टाइपराइटर के उपयोग से अधिक कुछ नहीं लगा। इसके पश्चात काग़ज़ातों के मैटर को सुरक्षित रखना, सूचियाँ क्रमबद्ध करना, निमंत्रण-पत्र बनाना जैसे सामान्य क्लर्की काम कम्प्यूटर करता था। इससे लाभ तो मिलता ही था। पहले पुराने पत्रों के सन्दर्भ, भेजे गए पत्रों की प्रतियाँ और विभिन्न पत्रों का मिलान अथवा क्रम लगाने के लिए किसी जानकार-विद्वान व्यक्ति को खोजना पड़ता था। अब उस सहायक जानकार व्यक्ति की खोज़ समाप्त हुई। कार्यक्षमता बढ़ गई। नई टिप्पणियाँ लिखते समय पहले वाली टिप्पणियाँ देखना आसान हुआ। लेकिन बस इतना ही! मैंने कम्प्यूटर पहली बार तब लिया जब मैं मास्को में था। मराठी सॉफ़्टवेयर कहीं से प्राप्त किया और टक-टक टाइप करते समय हरसिंगार के फूलों की तरह कम्प्यूटर के परदे पर उभर आने वाले मराठी अक्षरों को देखा। वह आनन्द, हर्ष बताया नहीं जा सकता। उसके पश्चात नए रूस में जो तूफ़ानी, हृदयविदारक, मौलिक परिवर्तन हुए; उन पर आधारित मैंने मराठी में पाँच सौ पृष्ठों वाली एक पुस्तक कम्प्यूटर पर टाइप की; जो आज भी धूल खाती हुई पड़ी है लेकिन उस पुस्तक को कम्प्यूटर पर लिखने अर्थात टाइप करने का आनन्द अनुभव किया। वर्ष 1989 में मैं दिल्ली में था; तब मेरे वरिष्ठ अधिकारियों से 'ई-मेल' सुनने को मिला लेकिन इसका प्रत्यक्ष अनुभव प्राप्त होने में वर्ष 1995 तक रुकना पड़ा। मुझे 'ई-मेल' का जो फ़ौरी लाभ हुआ; वह यह कि मेरे प्रेमजीवन में एक नया इलेक्ट्रॉनिक रंग निखर उठा। 'ई-मेल' के कारण पत्र भेजना और पत्र पाना इन दोनों बातों में ऐतिहासिक बदलाव आ गया।

सामान्य पत्रों के साथ शुभकामनाओं वाले पत्रों में इतनी अधिक विविधता जो अभी पाई जाती है; वह पहले कभी नहीं देखी थी।

इस समय कम्प्यूटर (और इंटरनेट) की सहायता से मैं क्या-क्या करता हूँ इसकी समग्र सूची बनाना भी सम्भव नहीं है। प्रतिदिन दफ़्तर में आते ही मैं सबसे पहले 'समाचार कॉम' नाम के वेब पेज पर जाता हूँ। वहाँ भारत के सभी प्रमुख समाचार-पत्रों के मुख्य समाचार, सुर्खियाँ देखता-पढ़ता हूँ। उसके पश्चात *सकाळ, पुढारी, लोकसत्ता* समाचार-पत्रों को पढ़ता हूँ। पन्द्रह-बीस मिनट तक कोल्हापुर के स्थानीय समाचारों से लेकर बी.बी.सी. के अन्तरराष्ट्रीय ताज़ा समाचारों पर नज़र डालता हूँ। इसके बाद मेरी दिनचर्या प्रारम्भ हो जाती है। ग्यारह बजे के आसपास मैं महाजाल पर जो मेरी हॉटमेल पर लेटर बॉक्स है; उसे खोलता हूँ। हालाँकि मेरा सेक्रेटरी पहले ही दफ़्तर का लेटर बॉक्स खोल चुका होता है। वह मुझे भारत के मंत्रालयों, विदेश के भारतीय दूतावासों, निजी संस्थाओं अथवा लोगों के आए हुए पत्र दिखाता है। उन पत्रों के उत्तर मैं उससे लिखवाता हूँ और कुछ ही समय में वह स्वयं ही मेरी ओर से ई-मेल भेज देता है। मेरे निजी पत्र बक्से के बारे में भी यही बात। सांगली-सोलापुर से लेकर दुनिया-भर के कई देशों में मेरे मित्र-सहेलियाँ फैली हुई हैं। उनके भी पत्र आते हैं। हाथ के चूहे अर्थात माउस पर उँगलियों से हल्की-सी टकटक करता हूँ और अपने उन पत्रों को पढ़ता हूँ। फिर 'उत्तर मार्ग' अर्थात 'आनसर वे' पर जाता हूँ और कुछ ही मिनटों में उन पत्रों के उत्तर देकर मुक्त हो जाता हूँ। परम्परा से चले आ रहे डाक विभाग को जो पत्र पहुँचाने में कई सप्ताह अथवा महीने लग जाते; वे सारे पत्र सही अर्थ में पलक झपकते ही आते और जाते हैं। तकनीकी विज्ञान का यह विलक्षण चमत्कार है और इस चमत्कार का छोटा-सा हिस्सा, अंश मेरे हाथ में आया है।

वर्ष 2003 में भारत के प्रधानमंत्री सीरिया के दौरे पर आए थे। इस दौरे के फ़ोटो कम्प्यूटर का उपयोग कर तत्काल भारत में भेजे। दफ़्तर में यह कम्प्यूटर मेरे बैकग्राउंड में भीमसेन जोशी जी का संगीत निरन्तर सुनाने का कार्य करता है। भारत के छोटे-छोटे शहरों की टेलीफ़ोन डायरेक्टरियाँ अब कम्प्यूटर में उपलब्ध हैं। अब तो कम्प्यूटर ने टेलीफ़ोन के विकल्प के रूप में भी काम करना शुरू किया है। मर्ढेकर की हों अथवा आरती प्रभू की कविताएँ; अब कम्प्यूटर के कारण पढ़ना आसान हो गया है। मेरे मित्रों-सहेलियों के जन्मदिन अब मेरा कम्प्यूटर याद रखता है और जन्मदिन के दो-तीन दिन पहले मुझे उन लोगों का स्मरण तो करा ही देता है; साथ ही शुभकामनाओं के पत्रों के सैकड़ों नमूने भी मेरे सामने रख देता है। मेरे कई दोस्तों के मतानुसार कम्प्यूटर 'हँसी-मज़ाक़' का गम्भीर विषय है क्योंकि वे

लगातार 'महाजाल' (मायाजाल) के चुटकुलों और लतीफ़ों को एक-दूसरे को भेजने में ही बहुत-सा समय बिताते रहते हैं। मेरा यह कम्प्यूटर संसार-भर के प्रोफ़ेसरों, वैज्ञानिकों, प्रबन्धकों, शासनकर्ताओं के विचार मेरी हथेली पर ला रखता है। दुनिया के सन्दर्भों की सबसे बड़ी लाइब्रेरी मायाजाल है और इस मायाजाल का दरवाज़ा लगातार खुला रखता है...यह मेरा कम्प्यूटर ही। संगीत के साथ फ़िल्म दोनों के लिए मेरा कम्प्यूटर ही मेरे उपयोग में आता है। *अन्तर्नाद* नाम के दीवाली विशेषांक में मॉरीशस पर लिखा लेख छपकर आया था। उसे पढ़कर असंख्य पाठकों की प्रतिक्रियाएँ मुझे तत्काल ई-मेल पर मिलीं। मित्रता का बीजारोपण हुआ। ऐसा घनिष्ठ सम्बन्ध मेरा कम्प्यूटर के साथ बनता जा रहा है। संगणक के साथ मेरी जो दोस्ती हुई है; वह लगातार उसकी ओर मुझे खींचती जा रही है। मेरे किस काम में कम्प्यूटर मेरी मदद नहीं करता? यह बताना कठिन है। अर्थात ये केवल मेरे ही अनुभव हैं; ऐसा नहीं है। ये अनुभव मेरे कई परिचितों के हैं; मित्रों-सहेलियों के हैं; परिवार के लोगों के हैं।

अगस्त-2003 में मैं अपने गाँव गया था। गाँव में मेरे मित्र श्री अरुण कुलकर्णी ने कम्प्यूटर और मायाजाल का उपयोग करना शुरू किया है। मैंने उससे पूछा, "इससे कोई लाभ भी होता है क्या?" उसने अभी-अभी ख़रीदा हुआ एक यंत्र दिखाया और कहा, "मैंने यह मशीन इंटरनेट से सम्पर्क कर ख़रीदी है। पनवेल का एक डॉक्टर इस मशीन को बेचना चाहता था। मैंने ख़रीद ली।" गाँव तक इंटरनेट और कम्प्यूटर कब का पहुँच चुका है। दो साल पहले मैं एक ऐसे व्यक्ति को खोज रहा था जो मेरी एक दीर्घ कविता *दूर रह गया गाँव* का अंग्रेज़ी में अनुवाद कर सके। कई से पूछा लेकिन कोई भी मुझे ऐसी कविता का काव्यात्मक अनुवाद करने वाले विशेषज्ञ तक ले नहीं जा सका। फिर मैंने यों ही इंटरनेट पर अनुवाद के वेब पृष्ठों पर मेरी इस 'अनुवाद की खोज' को रखा। कुछ ही दिनों में कन्हैया जोशी जी का मेल मेरे बक्से में आ गिरा। मैंने अपनी उँगली के पोर से 'चूहे' द्वारा उनका सन्देश खोला। वह सन्देश नहीं था बल्कि एक समस्त रिश्ते का उसमें बीज निहित था। इस विश्वजाल द्वारा श्री कन्हैया जोशी जी और श्रीमती आशा जोशी जी के साथ एक प्यार भरा रिश्ता जुड़ गया। श्री जोशी ने सन्त ज्ञानेश्वर के लिखे *अमृतानुभव* नामक ग्रन्थ का बड़ा ही रसपूर्ण और मधुर अनुवाद किया है। फिर भी उन्होंने मुझ जैसे व्यक्ति की इस दीर्घ कविता का अंग्रेज़ी अनुवाद उतने ही भावपूर्ण ढंग से किया।

कम्प्यूटर ने मेरे जीवन की पहचान ही बदल दी है। मेरे परिवार के सभी सदस्य कम्प्यूटर के बिना रह नहीं सकते। मेरी पत्नी तो कम्प्यूटर के साथ इतना समय

बिताती है कि मैं मज़ाक़ में कम्प्यूटर को उसका 'पार्ट टाइम पति' कहता हूँ। मेरे बच्चों का गृहकार्य कम्प्यूटर पर हो जाता है। वे दुनिया-भर के अपने मित्रों-सहेलियों को ई-मेल भेजते रहते हैं। हमारी तुलना में उनकी उँगलियाँ 'कुंजी पटल' अर्थात की-बोर्ड पर तेज़ गति से दौड़ती हैं। मामूली स्पेलिंग हो अथवा पुस्तक को पढ़ना... कम्प्यूटर आपकी मदद के लिए सदैव तत्पर है।

इसका अर्थ यह नहीं कि हम कम्प्यूटर के आदी बन गए हैं। अन्तरजाल की मोहिनी में फँसकर जीवन बरबाद कर लेने वालों की मैंने कई कहानियाँ सुनी और पढ़ी हैं। अश्लील वेबसाइट से लेकर मिथ्या फर्ज़ी विज्ञापनों तक सभी इस जाल में फँसे हुए हैं। कम्प्यूटर द्वारा विवाह के इच्छुक कई युवक-युवतियाँ हज़ारों मीलों से इकट्ठा आते हैं। इसमें कई लोग जल-झुलस जाते हैं। बच्चों की जिस आयु में उन पर संस्कार होने चाहिए; उस आयु में लड़कों-लड़कियों को कम्प्यूटर की लत लग जाती है। इस जाल में आर्थिक अपराधों से लेकर यौन-शोषण तक सब कुछ चलता रहता है। विश्व के सभी देशों की सरकारें इस विश्वजाल को पूरी तरह सुरक्षित बनाने के लिए नए क़ानून-अधिनियमों का गठन करने में लगे हुए हैं। कम्प्यूटर और विश्वजाल ने असंख्य लोगों का जीवन सिर के बाल से लेकर पैर के नाख़ून तक बदल दिया है। इस माध्यम के साथ जो रिश्ता हमारा बन जाता है; उसके प्रभाव में आकर हमारा सन्तुलन डगमगा जाना असम्भव नहीं है। इसका दायित्व निश्चित रूप से हमारे ज़िम्मेदार नागरिकों पर और विशेषकर अभिभावकों पर है। इंटरनेट एक तकनीकी विज्ञान है। इसका सोच-विवेक से उपयोग नहीं किया तो यह विनाश की आग सिद्ध होता है।

मैंने अपने कुछ मित्रों-सहेलियों से सम्बन्धित उनके अनुभवों के बारे में पूछा। हर एक ने अलग-अलग मत रखा। एक ने कहा, "आज राक्षस घर में पाँव जमाए बैठा है।" दूसरे ने कहा, "यह तो विचारों का वैश्वीकरण है।" एक सहेली ने कहा, "संसार के विषय में हमारा ज्ञान संसार पर अंकित करने का यह अनूठा साधन है।" दूसरी ने कहा, "यह एक अजीब-विचित्र दुनिया है उसमें घुसने का मतलब किसी विशालकाय लाइब्रेरी में भ्रमण करने जैसा है।" दूसरे एक विद्वान मित्र ने कहा, "यह यादों का एक अद्वितीय मन्दिर है।" एक दुकानदार मित्र ने कहा, "विश्वजाल के कारण जीवन में कोई भी बदलाव आया नहीं है। सिर्फ़ बिल तीन गुना आने लगा है।" भाषा में रुचि रखने वाली एक लेखिका बोली, "इंटरनेट एक चंचल स्थान है। वहाँ मैटर भी पानी की तरह झर-झर झरता रहता है।"

'जितने लोग, उतने स्वभाव', उतने ही विचार, दुविधा में... चक्कर में डालनेवाले। मुझे स्वयं को यह कम्प्यूटर, यह विश्वजाल किसी रोमांचित कर देनेवाले अन्तरिक्ष

की तरह अनुभव होता है। इस अन्तरिक्ष का कोई अन्त नहीं है। विश्व की हर बात जैसे इसमें प्रतिबिम्बित हो गई है। एक तरह यह विश्वजाल 'पिंड से ब्रह्मांड' तक की यात्रा के एक पुल, सेतु की तरह हमारे सामने आता है। इस विश्वजाल के वेब पृष्ठों की गिनती करना असम्भव है। इसलिए उन पृष्ठों में निहित समग्र जानकारी पढ़ने और उसे आत्मसात करने का प्रश्न ही पैदा नहीं होता है। मज़े की बात तो यह है कि हमारे इस विश्व की तरह इस विश्वजाल का आकार और दायरा भी प्रतिदिन फैलता जा रहा है। मेरा अनुमान है कि आगामी दस सालों में बिजली, टेलीफ़ोन, टीवी की तरह घर-घर में इंटरनेट होगा।

इंटरनेट के ऊपर जोक्स अर्थात विनोद-चुटकलों के जो स्थल अर्थात महाजाल हैं; उस महाजाल में उलझकर भटके हुए लोगों अर्थात 'जालबाज़ों (नशाबाज़) के लक्षण दिए गए हैं।

जैसे :

—जो सहेली की गृहपृष्ठ (होम पेज) का चुम्बन लेकर अपने दिन का प्रारम्भ करता है।

—जो सपने में भी इंटरनेट देखता है।

—जिसके कुत्ते का भी गृहपृष्ठ बनाया जाता है।

—मैसेज बॉक्स में 'मैसेज नहीं है' यह पढ़ने के बाद भी जो आदमी फिर से 'ई-मेल' चेक करता है।

जिसे अपने निकटतम परिचितों के बारे में यह भी जानकारी नहीं कि वे स्त्री हैं अथवा पुरुष क्योंकि सभी लोग एक-दूसरे को उनके तख़ल्लुस अथवा उपनाम से जानते हैं।

—जो तड़के तीन बजे शौचालय जाने से पूर्व 'ई-मेल' चेक करता है।

—जो शौचकार्य को 'डाउन लोडिंग' कहता है।

—जब पत्नी शिकायत करती है कि घर-गृहस्थी एक-दूसरे से बातचीत करने से चलती है; तब उसका पति उसे एक नया कम्प्यूटर ख़रीदकर दिलवाता है। (क्योंकि इससे 'चैटिंग' करना आसान हो जाता है।

—जो ख़ुद तो बेकार है लेकिन अपने बच्चों से कहता है, "पापा को काम करना है। कम्प्यूटर मत चलाओ।"

जालबाज़ों के ये लक्षण अभी मुझ तक पहुँचे नहीं हैं (अथवा मैं ऐसा मानकर चल रहा हूँ) लेकिन यह तो सच है कि एक छुपा आकर्षण हम दोनों के बीच में है। अब विश्व में 'आर्थिक खाई' के बदले 'डिज़िटल डिवाइड' अर्थात 'होना' और 'नहीं होना' इन शब्दों का प्रयोग होने के स्थान पर अब इस नई खाई का

वर्णन 'कम्प्यूटराइज़' (संगणकीय) और 'नॉन कम्प्यूटराइज़' (असंगणकीय) इस रूप में किया जा सकता है। सौभाग्य से मैं 'कम्प्यूटराइज़' अर्थात 'संगणकीय' हूँ। आनेवाले समय में चारों ओर संगणकीय बनने की छुतहा बीमारी फैलनेवाली है। उसमें क्या अच्छा है और क्या बुरा है; इसका चुनाव हर एक को स्वयं ही करना है।

मैंने अपने लिए एक मंत्र चुना है। 'गणनायकाय नमः' के बदले मैं 'संगणकाय नमः; विश्वजालाय नमः' बुदबुदाता हूँ। जय श्री संगणक!

(यह लेख मैंने 2004 में दमास्कस में लिखा था। आज संगणक स्मार्ट फ़ोन बनकर प्रत्येक हाथ में विराजमान है।)

देश-विदेश के नाई : एक सांस्कृतिक अनुभव

जैसे ही बाल बढ़ते हैं या लम्बे हो जाते हैं तो नाई याद आ जाता है। प्राय: हम बाल कटवाने नाई की दुकान में जाते हैं। बाल कटवाकर घर आने के बाद अपनी ही पहचान अथवा शिनाख़्त करने के लिए एक बार घर के अभ्यस्त आईने में स्वयं को घूरने-देखने के बाद और चेहरा पूरी तरह अलग दिखाई देने के बावजूद हम मूलत: वही हैं; यह विश्वास हो जाने पर हम नाई को भूल जाते हैं। मॉरीशस छोड़कर सीरिया नाम के लगभग पूरी तरह अजनबी देश में आने के बाद मैं इस अन्दाज़ से रह रहा था कि मुझे तो नाई की ज़रूरत ही नहीं है कि तभी 'बदरा छाए नभ में' और ख़्वाबों-ख़यालों में न होने के बावजूद बालों ने मेरे कानों के ऊपर का प्रदेश और माथे के दोनों ओर की भूमि को 'केशाक्रमित' कर दिया। एक रोबदार सीरियन नाई से मिलकर लौटते ही सिर के बाल उतरवाने के क़र्ज़ को कैसे उतारना चाहिए; इस कृतज्ञता की भावना से मैंने कलम हाथ में ली। अलग-अलग देशों के नाइयों के मुझ पर और मेरे सिर पर जो अनन्त उपकार हैं; उनको जैसा-का-वैसा शब्दबद्ध, कलमबन्द करना वैसे तो कठिन ही है।

यहाँ नाई की दुकान को 'सैलून' कहते हैं। सिर्फ़ कोल्हापुर में ही नहीं बल्कि कोल्हापुर के पास वाले मेरे गाँव में भी अब नाई की दुकान को 'सैलून' कहते हैं। 'सलून' अथवा 'सैलून' शब्द मराठी-हिन्दी में प्रचलित है और बाल कटवाने के बाद मनुष्य के सिर की हालत छीलने (मराठी में 'सोलणे) जैसी हो जाती है; इसलिए 'सलून' अथवा 'सैलून' शब्द हिन्दी-मराठी में आया; ऐसा मुझे कल-परसों तक लगता था। दमास्कस का यह नाई आधुनिक तो है ही। साथ ही; गोरा-चिट्टा, सुन्दर और आकर्षक व्यक्तित्व का लगभग बीस साल का नौजवान है। हमारे बीच भाषा की ज़बरदस्त समस्या थी ही। वह अरबी भाषा में तो मैं जान-बूझकर मराठी बोले जा रहा था। अन्त में हाव-भाव और इशारों-संकेतों से आपसी ताल-मेल बिठाते हुए भी आख़िर तक हम दोनों निश्चित रूप से क्या बोल रहे थे; इसे हम दोनों समझ नहीं सके थे। कम-से-कम पैसों में ज़्यादा-से-ज़्यादा बाल कैसे कटवाए जाएँ; यह

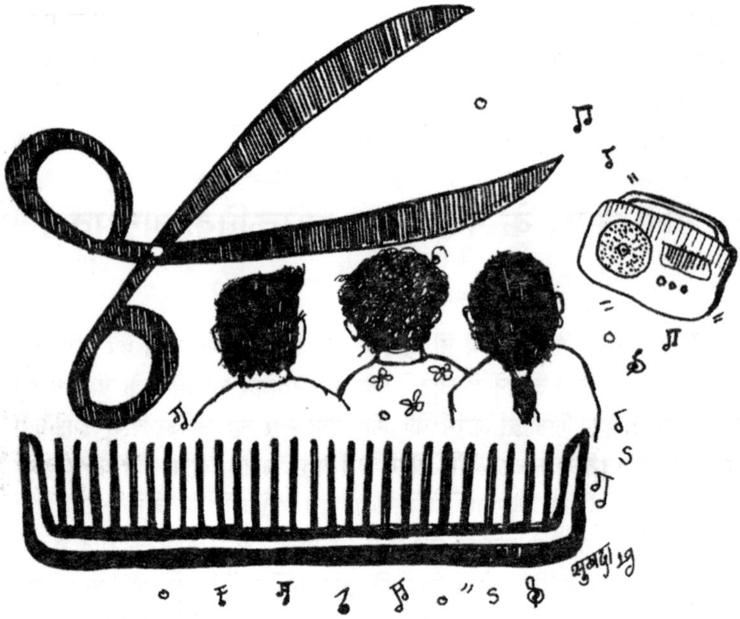

मेरी नीति तो उस युवक की नीति के एकदम उलट थी। बड़ी अजीब बात तो यह थी कि शुरुआत में गले के चारों ओर कपड़ा बाँधना, फिर पट्टी बाँधना और अन्त में उस्तरे से कान के ऊपर का और गर्दन के हिस्से की सफ़ाई करने जैसे दोयम कामों के लिए उसने अपने मातहत एक छोकरे जैसा प्रशिक्षार्थी रखा था। उस्तरा घुमाकर कटे हुए बारीक़ बालों को हाथ पर रखने की उसकी वह अदा मुझे गाँव के नाई की याद दिला गई। वैसे ही यहाँ पार्श्व में अरबी रेडियो संगीत बज रहा था। लगभग दादा कोंडके या फिर नई हिन्दी फ़िल्मी गानों की स्टाइल में। सबसे बड़ी बात तो यह कि यह देश इस्लामी देश है; इसका कोई चिह्न यहाँ नहीं था। क़ुरआन की एक आयत छोड़ दें तो वह सैलून मतलब शीशमहल था। मरलीन मैनरो, एलविस प्रिस्टले जैसे पश्चिमी हीरो-हीरोइनों की आकर्षक तसवीरें थीं। इन तसवीरों का साथ देने के लिए तंग और छोटे कपड़ों वाली युवतियों के चित्र थे। सैलून की बनावट ख़ूबसूरत और नए ज़माने की। इन सभी प्रसंगों में पैसे देने का क्षण बड़ा ही नाज़ुक और गम्भीर होता है। रेट का बोर्ड जैसा कोई झमेला नहीं होता है। उसने मुझसे बाल कटवाने के दो सौ सीरियन पाउंड (लगभग दो सौ रुपये) माँगे...मतलब दोगुने पैसे। ज़्यादा पैसे माँगे जाने की मैंने मराठी में शिकायत की। वह समझ गया। वह अरबी

में बोला, "आपने दो बार बाल और कम करने के लिए कहा।" मैं भी जान गया। फ़ैसला सुनाने के हिसाब से मैंने उसके हाथ पर डेढ़ सौ सीरियन पाउंड रखे। उसने नाराज़गी के साथ 'शुक्रान' कहा। मैं दुकान से निकल पड़ा।

क्या पता कैसे इस पल दिल्ली के ख़ान मार्केट जैसे अपेक्षाकृत धनाढ्य हिस्से में बीस-पच्चीस रुपल्ली में हल्की-फुल्की चम्पी-मालिश के साथ बहुत बढ़िया बाल काटे जाते हैं; यह हम विदेश जाकर भी भूल नहीं सकते। साथ ही; देश-विदेश में जाने-घूमने के बाद इतना तो मेरी समझ में आ गया है कि नाई और उसकी दुकान हर देश की एक अभिन्न सामाजिक संस्था है।

जब मैं जापान में रहा था तब पता चला कि बग़ल में एक सैलून है और वहाँ नाइन (महिला नाई) बाल काटती है। विदेशी (विशेष रूप से गोरी) महिलाओं का विचार आते ही आम हिन्दुस्तानी पुरुष में जागनेवाली उमंग मुझे भी हुई। लेकिन उसने जिस ठंडेपन से मन लगाकर बाल काटे तो मेरी सारी उमंग-तरंग रफ़ूचक्कर हो गई और जब उसने मुझसे बाल काटने के तीन हज़ार येन माँगे तब दिन में भी मेरी आँखों के आगे तारे चमक उठे। अपने आर्थिक पतन का भयावह दृश्य मेरी नज़रों के सामने आ गया और मैंने तुरन्त 'नाई अनुसन्धान' कार्य प्रारम्भ किया। दूसरे ही महीने में जापानी कार्य पद्धति को शोभा देगी ऐसी असेम्बली लाइन जैसे भव्य सैलून में पहुँचा। वहाँ इतनी भीड़ थी कि लगता था बाल कटाई थोक भाव में चलती है। किसी कारख़ाने की तरह एक-एक कुर्सी (व्यक्ति) आगे सरकती रही। आधे घंटे के बाद आख़िरकार मेरा भीतर प्रवेश हुआ। सामने ही बोर्ड लगा हुआ था...'प्रतीक्षा समय' तीस-से चालीस मिनट। भीतर लगभग पचास-साठ नाई अनुशासन के साथ बाल काटने के कार्य में मग्न थे। 'चूँ' तक नहीं थी। ऐसा लगा कि ज़ोर से चिल्लाकर पूछूँ कि ये लोग बोलते क्यों नहीं? लेकिन इस इच्छा को मन में ही दबा दिया। बड़ी अदब के साथ एक आदमी मुझे कुर्सी तक ले गया। मन्द मुस्कान और दबी हुई आवाज़ में उसने मेरा स्वागत किया। अपना नाम बताया। उसने मुझसे पूछा कि बाल कैसे कटवाने हैं? अर्थात, अपने काम का स्वरूप समझ लिया और अपने 'केशकर्तन' का कार्य प्रारम्भ किया। मैं समझ गया कि बातचीत बन्द है। इसलिए मैं आसपास का निरीक्षण करने लगा। वह सैलून अर्थात बाल कटाई का कारख़ाना बड़ा ही अनुशासनबद्ध था। आईने के सामने लगी तख़्ती पर मेरे बाल काटनेवाले नाई का नाम, उसका स्थान, शैक्षिक योग्यता, बाल कटाई में उपाधि और रुचियों के विषय में संक्षिप्त जानकारी अंकित थी लेकिन बातचीत अथवा चर्चा के लिए अवसर नहीं था। यदि हमारे यहाँ ऐसा नियम बना दिया जाए कि बाल काटते समय नाई किसी से बात न करे तो नाइयों की सभी दुकानें बन्द हो

जाएँगी। कई सैलून में तो मुख्य कार्य बोलना होता है और बाल काटने का काम दोयम होता है। मैंने भारत के किसी भी नाई के राजनीतिक विचारों का कभी भी विरोध नहीं किया। जब तक हमारा सिर और ख़ासतौर पर हमारी गरदन पूरी तरह नाई के हाथ में होती है तब तक इस प्रकार का विरोध करना मतलब कोई बड़ी मूर्खता करने के बराबर है।

लेकिन जापान में मैंने अपना मकान शिफ़्ट किया और एक बहुत ही सज्जन नाई से मेरा मिलना हुआ। उसकी आयु भले ही अस्सी के आसपास थी लेकिन उसकी याददाश्त बहुत तेज़ और तीक्ष्ण थी। उसने दूसरे विश्वयुद्ध में चीन और जापान में युद्ध किया था। उस समय जापानी सेना द्वारा किए गए अत्याचारों के विषय में वह बताया करता था।

जापानी शासक के बारे में वह बहुत तल्ख़ी और आक्रोश के साथ बोलता था। बुढ़ापे के कारण उसके पास बहुत कम लोग बाल कटवाने आते थे। उसकी बताई हुई जापानी अत्याचारों की कहानी याद आते ही शरीर पर रोंगटे खड़े हो जाते हैं। वह नाई था ही नहीं बल्कि वह तो यादों का पिटारा था। मुझे बड़े प्रेम से चाय पिलाता। अब तो शायद वह संसार में होगा भी नहीं।

रूस के सैलून में भी महिलाएँ काम करती हैं। ये महिलाएँ सुन्दर और बातूनी होती हैं। उनके साथ राज कपूर, इन्दिरा गांधी, मिथुन चक्रवर्ती, श्रीदेवी, अमिताभ बच्चन जैसे व्यक्तियों पर बातें होती थीं। बीच में ही वे *आवारा हूँ* यह गाना गुनगुनातीं और पूछतीं कि क्या गाने की धुन सही है? वे दावा करतीं कि उनके बाल कटवाने के काम में सुधार के लिए कोई गुंजाइश नहीं है। इसलिए बाल कटवाने के बाद एक सुन्दर महिला ने बाल काटे; इसके आगे सन्तोष कर लेने के सिवाय कोई चारा नहीं होता है। बाल कटवाने की प्रक्रिया के बीच में फ़ोन आते ही रूसी महिला नाई पन्द्रह-बीस मिनट बड़ी आसानी से ग़ायब हो जाती है। और हम अपना भयानक चेहरा आईने में निहारते हुए वहीं बैठे रहने के लिए विवश हो जाते हैं।

मॉरीशस की राजधानी पोर्ट लुई में मैं सहज ही टहलता हुआ जा रहा था। अपने गाँव-खेड़े में नाई की जैसी दुकान होती है; वैसे ही खोखे अथवा गुमटी जैसी नाई की दुकान दिखाई दी। बाल बढ़ गए थे...समय भी था...इसलिए प्रायोगिक सिद्धान्त पर मैं उस गुमटी में घुस गया। वह नाई गुजराती था। पता नहीं क्यों मैं यह मान बैठा था कि गुजरात में नाई होते नहीं हैं। इस नाई की यह दूसरी पीढ़ी थी। बीच में वह स्थायी रूप से बसने के लिए मुम्बई गया था। एक साल में ही वह मुम्बई की बदहाली देखकर लौट आया। उसकी यह गुमटी (खोखा) और बाल काटने के उसके औज़ार मुझे ठेठ हिन्दुस्तानी लगे। दूतावास के अधिकारी के रूप में बड़े अदब के

साथ मेरा सिर पकड़ता। जब मेरा तबादला हुआ तब उसकी आँखों में आँसू आए। उसकी एक बेटी पुणे में पढ़ती है। वह भी साल-दो साल में हरिद्वार जाता है लेकिन वह स्वयं को मॉरीशस का ही नागरिक मानता है। अंग्रेज़ी, फ्रेंच, क्रियोल, हिन्दी और गुजराती भाषाएँ वह बड़ी सफ़ाई से बोलता है। मेरा यह बहुभाषी नाई साधारण गुजरातियों की तरह बड़ा ही प्यारा था।

सभी देशों के नाई अपने-अपने देश की संस्कृति की किताब हैं। भारत के नाइयों के साथ तो मेरा सम्पर्क लगातार बना रहता है। बचपन में गाँव के नाई ने और उसके बाद कोल्हापुर, मुम्बई और दिल्ली के नाइयों ने मेरी सामाजिक जानकारी में अभूतपूर्व वृद्धि की है। 'कल गणपा अर्थात गणपत नाई आने वाला है' यह समाचाार या फिर अफ़वाह घर में फैल जाती; हम सभी बच्चा कम्पनी भयभीत हो जाती। यह अफ़वाह हमेशा सच साबित हो जाती। दिन निकलने से पहले ही गणपा बग़ल में औज़ारों की पोटली दबाए आँगन में हाज़िर हो जाता। हमें बिस्तर में से लगभग खींचकर आँगन में लाया जाता। पाँच साल की आयु से कमवाले बच्चों को पूरे कपड़े उतारने की छूट थी। बाकी सभी निकर में। सबसे पहले छोटे बच्चों का नम्बर लगता। उनको ज़बरदस्ती पकड़कर बिठाया जाता। फिर क्या?...रोना-धोना...तांडव... चीख़ना-चिल्लाना शुरू हो जाता। इस बीच अन्दर नहाने का पानी गरम हो जाता। लगभग सभी बच्चों के सिर सफ़ाचट अर्थात गंजे किए जाते। अगले दस-पन्द्रह दिन स्कूल में बच्चे सिर पर हाथ घुमाकर 'गंजा सिर...बनता है वीर' कहकर चिढ़ाया करते। नौ बजे तक गणपा सभी बच्चों के बारी-बारी बाल काटता और कटे बालों को कपड़े में समेटकर चलने की स्थिति में आ जाता। हम उसे पैसों के बदले वर्ष के अन्त में अनाज दिया करते। गणपा नाई परजा-पौनी और वस्तु विनिमय प्रणाली का अन्तिम सबूत था। कई बार उसके धारदार हथियारों से हमारी गरदनें लहूलुहान हो जातीं। अब गणपा भी न रहा और आँगन में होनेवाला रक्तपात भी रुक गया। गणपा के बेटों-भतीजों ने एस.टी. स्टैंड (राज्य सड़क परिवहन बसों का अड्डा) के पास खोखे अर्थात गुमटियाँ लगाई हैं। अब यहाँ 'बॉबी कटिंग सैलून' 'शोले कटिंग सैलून' नाम के सैलूनों की क़तार लगी है। जब तक बाल हैं तब तक नाई हैं और होंगे। रंक अर्थात ग़रीब से लेकर राजा तक किसी को भी नाई के सिवाय कोई चारा नहीं है। आज भी नई दिल्ली में दीवार से आईना लगाकर और पेड़ के नीचे कुर्सी रखकर प्राकृतिक वातावरण में बाल काटने और हज़ामत करनेवाले नाई मिलते हैं। जब से जंगली मनुष्य ने बाल काटना प्रारम्भ किया तब से सही अर्थ में मानवी संस्कृति की शुरुआत हुई। बाल लम्बे रखने हों या फिर छोटे; नाई (अथवा नाईन) का होना अटल है।

कोल्हापुर के आवासीय स्कूल में पढ़ते समय हमारे अधिकृत नाई को स्कूल का आदेश था कि छात्रों के बाल केवल दो इंच ही लम्बे होने चाहिए। महीने में एक बार सभी की 'बारी' आती थी। हम अपने उस 'उस्ताद' नाम के उस्ताद नाई को बीड़ी के बंडल की रिश्वत देने की कोशिश करते या फिर बहाना बनाते कि वार्षिक उत्सव में हम किसी स्त्री का पार्ट करने वाले हैं। तब वह विशेष छूट के रूप में हमारे बाल दो इंच के बदले सवा दो अथवा ढाई इंच लम्बे रखता। लेकिन उसके बाद पूरा महीना वह अपनी नज़रों से हमें अहसान जताता।

मेरी दृष्टि से नाई प्रत्येक संस्कृति का एक विशिष्ट प्रतीक है। विशेष रूप से यदि विदेश की संस्कृति की एक झलक पाना चाहते हैं तो वहाँ के एक नाई से मिलना आवश्यक है और इसके बदले में बालों का बलिदान कोई बहुत बड़ी क़ीमत नहीं है।